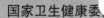

国家卫生健康委"十三五"规划教材

全国高职高专规划教材

供眼视光技术专业用

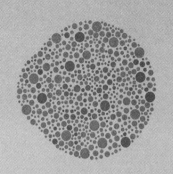

眼镜营销实务
第2版

主　编　张　荃　刘科佑

副主编　丰新胜　黄小明　刘　宁

编　委 （以姓氏笔画为序）

丰新胜　山东医学高等专科学校

叶勇波　深圳市康宁新科技有限公司

刘　宁　郑州铁路职业技术学院

刘科佑　深圳职业技术学院

羊红军　深圳第二高级技工学校

汤　峰　万新光学集团

杨瑜瑕　大理护理职业学院

闵国光　深圳第二高级技工学校健康学院

沈　理　上海汇财企业管理咨询有限公司

张　荃　天津职业大学

张　晟　星创视界集团

金高云　天津市财经大学

黄小明　温州医科大学

董光平　江苏万新光学有限公司

李　晶　辽宁何氏医学院

孙　伟　山东中医药大学附属眼科医院

主编助理　张丙寅

数字资源负责人　张　荃　刘科佑

人民卫生出版社

图书在版编目（CIP）数据

眼镜营销实务 / 张荃, 刘科佑主编. —2版. —北京 : 人民卫生出版社, 2019

ISBN 978-7-117-28785-2

Ⅰ. ①眼… Ⅱ. ①张… ②刘… Ⅲ. ①眼镜—产品营销—高等职业教育—教材 Ⅳ. ①F768.9

中国版本图书馆 CIP 数据核字（2019）第 169505 号

| 人卫智网 | www.ipmph.com | 医学教育、学术、考试、健康，购书智慧智能综合服务平台 |
| 人卫官网 | www.pmph.com | 人卫官方资讯发布平台 |

眼镜营销实务
第 2 版

主　　编：张　荃　刘科佑
出版发行：人民卫生出版社（中继线 010-59780011）
地　　址：北京市朝阳区潘家园南里 19 号
邮　　编：100021
E - mail：pmph @ pmph.com
购书热线：010-59787592　010-59787584　010-65264830
印　　刷：天津画中画印刷有限公司
经　　销：新华书店
开　　本：850×1168　1/16　印张：13
字　　数：394 千字
版　　次：2012 年 6 月第 1 版　2019 年 12 月第 2 版
　　　　　2025 年 5 月第 2 版第 12 次印刷（总第 18 次印刷）
标准书号：ISBN 978-7-117-28785-2
定　　价：48.00 元

打击盗版举报电话：010-59787491　E-mail：WQ @ pmph.com
质量问题联系电话：010-59787234　E-mail：zhiliang @ pmph.com

全国高职高专院校眼视光技术专业
第二轮国家卫生健康委员会规划教材（融合教材）修订说明

全国高职高专院校眼视光技术专业第二轮国家卫生健康委员会规划教材，是在全国高职高专院校眼视光技术专业第一轮规划教材基础上，以纸质为媒体，融入富媒体资源、网络素材、慕课课程形成的"四位一体"的全国首套眼视光技术专业创新融合教材。

全国高职高专院校眼视光技术专业第一轮规划教材共计 13 本，于 2012 年陆续出版。历经了深入调研、充分论证、精心编写、严格审稿，并在编写体例上进行创新，《眼屈光检查》《验光技术》《眼镜定配技术》《眼镜维修检测技术》和《眼视光技术综合实训》采用了"情境、任务"的形式编写，以呼应实际教学模式，实现了"老师好教，学生好学，实践好用"的精品教材目标。其中，《眼科学基础》《眼镜定配技术》《接触镜验配技术》《眼镜维修检测技术》《斜视与弱视临床技术》《眼镜店管理》《眼视光常用仪器设备》为高职高专"十二五"国家级规划教材立项教材。本套教材的出版对于我国眼视光技术专业高职高专教育以及专业发展具有重要的、里程碑式的意义，为我国眼视光技术专业实用型人才培养，为促进人民群众的视觉健康和眼保健做出历史性的巨大贡献。

本套教材第二轮修订之时，正逢我国医疗卫生和医学教育面临重大发展的重要时期，教育部、国家卫生健康委员会等八部门于 2018 年 8 月 30 日联合印发《综合防控儿童青少年近视实施方案》（以下简称《方案》），从政策层面对近视防控进行了全方位战略部署。党中央、国务院对儿童青少年视力健康高度重视，对眼视光相关工作者提出了更高的要求，也带来了更多的机遇和挑战。我们贯彻落实《方案》、全国卫生与健康大会精神、《"健康中国 2030"规划纲要》和《国家职业教育改革实施方案》（职教 20 条），根据教育部培养目标、国家卫生健康委员会用人要求，以及传统媒体和新型媒体深度融合发展的要求，坚持中国特色的教材建设模式，推动全国高职高专院校眼视光技术专业第二轮国家卫生健康委员会规划教材（融合教材）的修订工作。在修订过程中体现三教改革、多元办学、校企结合、医教协同、信息化教学理念和成果。

本套教材第二轮修订遵循八个坚持，即①坚持评审委员会负责的职责，评审委员会对教材编写的进度、质量等进行全流程、全周期的把关和监控；②坚持按照遴选要求组建体现主编权威性、副主编代表性、编委覆盖性的编写队伍；③坚持国家行业专业标准，名词及相关内容与国家标准保持一致；④坚持名词、术语、符号的统一，保持全套教材一致性；⑤坚持课程和教材的整体优化，淡化学科意识，全套教材秉承实用、够用、必需、以职业为中心的原则，对整套教材内容进行整体的整合；⑥坚持"三基""五性""三特定"的教材编写原则；⑦坚持按时完成编写任务，教材编写是近期工作的重中之重；⑧坚持人卫社编写思想与学术思想结合，出版高质量精品教材。

本套教材第二轮修订具有以下特点：

1. 在全国范围调研的基础上，构建了团结、协作、创新的编写队伍，具有主编权威性、副主编代表性、编委覆盖性。全国 15 个省区市共 33 所院校（或相关单位、企业等）共约 90 位专家教授及一线教师申报，最终确定了来自 15 个省区市，31 所院校（或相关单位、企业等），共计 57 名主编、副主编组成的学习型、团结型的编写团队，代表了目前我国高职眼视光技术专业发展的水平和方向、教学思想、教学模式和教学理念。

2．对课程体系进行改革创新，在上一轮教材基础上进行优化，实现螺旋式上升，实现中高职的衔接、高职高专与本科教育的对接，打通眼视光职业教育通道。

3．依然坚持中国特色的教材建设模式，严格遵守"三基""五性""三特定"的教材编写原则。

4．严格遵守"九三一"质量控制体系确保教材质量，为打造老师好教、学生好学、实践好用的优秀精品教材而努力。

5．名词术语按国家标准统一，内容范围按照高职高专眼视光技术专业教学标准统一，使教材内容与教学及学生学习需求相一致。

6．基于对上一轮教材使用反馈的分析讨论，以及各学校教学需求，各教材分别增加各自的实训内容，《眼视光技术综合实训》改为《眼视光技术拓展实训》，作为实训内容的补充。

7．根据上一轮教材的使用反馈，尽可能避免交叉重复问题。《眼屈光检查》《斜视与弱视临床技术》《眼科学基础》《验光技术》，《眼镜定配技术》《眼镜维修检测技术》，《眼镜营销实务》《眼镜店管理》，有可能交叉重复的内容分别经过反复的共同讨论，尽可能避免知识点的重复和矛盾。

8．考虑高职高专学生的学习特点，本套教材继续沿用上一轮教材的任务、情境编写模式，以成果为导向、以就业为导向，尽可能增加教材的适用性。

9．除了纸质部分，新增二维码扫描阅读数字资源，数字资源包括：习题、视频、彩图、拓展知识等，构建信息化教材。

10．主教材核心课程配一本学习指导及习题集作为配套教材，将于主教材出版之后陆续出版。

本套教材共计 13 种，为 2019 年秋季教材，供全国高职高专院校眼视光技术专业使用。

第二届全国高职高专眼视光技术专业
教材建设评审委员会名单

刘科佑　深圳职业技术学院　　　　　杨丽霞　石家庄医学高等专科学校

刘院斌　山西医科大学　　　　　　　杨砚儒　天津职业大学

毛欣杰　温州医科大学　　　　　　　叶佳意　东华大学

齐　备　中国眼镜协会　　　　　　　易际磐　浙江工贸职业技术学院

任凤英　厦门医学院　　　　　　　　尹华玲　曲靖医学高等专科学校

沈梅晓　温州医科大学　　　　　　　于　翠　辽宁何氏医学院

施国荣　常州卫生高等职业技术学校　于旭东　温州医科大学

王　锐　长春医学高等专科学校　　　余　红　天津职业大学

王翠英　天津职业大学　　　　　　　余新平　温州医科大学

王海英　天津职业大学　　　　　　　张　荃　天津职业大学

王淮庆　金陵科技学院　　　　　　　张艳玲　深圳市龙华区妇幼保健院

王会英　邢台医学高等专科学校　　　赵云娥　温州医科大学

王立书　天津职业大学　　　　　　　朱嫦娥　天津职业大学

谢培英　北京大学　　　　　　　　　朱德喜　温州医科大学

闫　伟　济宁职业技术学院　　　　　朱世忠　山东医学高等专科学校

杨　林　郑州铁路职业技术学院

秘书长

刘红霞　人民卫生出版社

秘　书

朱嫦娥　天津职业大学

李海凌　人民卫生出版社

第二轮教材（融合教材）目录

眼科学基础（第2版）　　　　　　主　编　贾　松　赵云娥
　　　　　　　　　　　　　　　　副主编　王　锐　郝少峰　刘院斌

眼屈光检查（第2版）　　　　　　主　编　高雅萍　胡　亮
　　　　　　　　　　　　　　　　副主编　王会英　杨丽霞　李瑞凤

验光技术（第2版）　　　　　　　主　编　尹华玲　王立书
　　　　　　　　　　　　　　　　副主编　陈世豪　金晨晖　李丽娜

眼镜定配技术（第2版）　　　　　主　编　闫　伟　蒋金康
　　　　　　　　　　　　　　　　副主编　朱嫦娥　杨　林　金婉卿

接触镜验配技术（第2版）　　　　主　编　谢培英　王海英
　　　　　　　　　　　　　　　　副主编　姜　珺　冯桂玲　李延红

眼镜光学技术（第2版）　　　　　主　编　朱世忠　余　红
　　　　　　　　　　　　　　　　副主编　高玉娟　朱德喜

眼镜维修检测技术（第2版）　　　主　编　杨砚儒　施国荣
　　　　　　　　　　　　　　　　副主编　刘　意　姬亚鹏

斜视与弱视临床技术（第2版）　　主　编　崔　云　余新平
　　　　　　　　　　　　　　　　副主编　陈丽萍　张艳玲　李　兵

低视力助视技术（第2版）　　　　主　编　亢晓丽
　　　　　　　　　　　　　　　　副主编　陈大复　刘　念　于旭东

眼镜营销实务（第2版）　　　　　主　编　张　荃　刘科佑
　　　　　　　　　　　　　　　　副主编　丰新胜　黄小明　刘　宁

7

眼镜店管理（第2版）　　　　　　　　　主　编　李　捷　毛欣杰
　　　　　　　　　　　　　　　　　　　副主编　王翠英　于　翠

眼视光常用仪器设备（第2版）　　　　　　主　编　齐　备
　　　　　　　　　　　　　　　　　　　副主编　沈梅晓　叶佳意

眼视光技术拓展实训　　　　　　　　　　主　编　王淮庆　易际磐
　　　　　　　　　　　　　　　　　　　副主编　李童燕　顾海东

获取融合教材配套数字资源的步骤说明

1 扫描封底红标二维码，获取图书"使用说明"。

2 揭开红标，扫描绿标激活码，注册/登录人卫账号获取数字资源。

3 扫描书内二维码或封底绿标激活码随时查看数字资源。

4 登录 zengzhi.ipmph.com 或下载应用体验更多功能和服务。

扫描下载应用

客户服务热线 400-111-8166

关注人卫眼科公众号
新书介绍　最新书目

前　言

此版《眼镜营销实务》是在党的十九大胜利召开后，由人民卫生出版社组织编写的"十三五"全国高职高专眼视光技术专业第二轮规划教材。本教材是在原"全国高职高专眼视光技术专业卫生部十二五规划教材"的基础上深入贯彻党的十九大精神，紧紧抓住眼视光专业发展的重要战略契机而编写出版的具有中国特色的高质量的高职高专眼视光技术专业教材。

本次教材的编写充分体现了专业教材评审委员会在顶层设计和把关、考核、评估、推动等方面的作用，同时吸收了业内和社会各界对第1版教材提出的各项合理化建议和意见，也针对《眼镜营销实务》和《眼镜店管理》两本教材容易交叉的内容进行了充分的沟通研讨，并形成统一意见。为适应行业发展的需要，本版教材在第一章充实了眼镜发展史的相关内容，增加了眼镜营销市场调查和营销在眼视光门诊的应用两部分内容，并在每一章中增加了习题，同时对第1版教材中的各章节相关内容进行了认真的修改与更新。

全体编委和相关人员都以饱满的热情和高度的责任感参加了本次教材的编写工作。张荃总体完成了第一章眼镜营销总论的编写，其中第一章第二节第一点营销的核心概念中（四）供用品和品牌中的品牌部分由金高云、杨瑜瑕完成；刘科佑、闵国光、叶勇波、羊红军完成了第二章眼镜产品策略的编写；刘宁、杨瑜瑕完成了第三章眼镜价格策略的编写；汤峰、董光平完成了第四章眼镜产品营销渠道的编写；沈理完成了第五章眼镜产品促销策略的编写；张晟完成了第六章电子商务的编写；丰新胜完成了第七章眼镜营销市场调查的编写；黄小明、李晶、孙伟完成了第八章营销在眼视光门诊的应用的编写。

考虑高职高专学生的学习特点，本教材充分体现了以下原则：

1. 坚持国家行业专业标准，名词及相关内容与国家标准保持一致。

2. 坚持名词、术语、符号的统一，保持全套教材一致性。

3. 坚持课程和教材的整体优化，淡化学科意识，全套教材秉承实用、够用、必需、以职业为中心的原则。

4. 坚持"三基、五性、三特定"的教材编写原则。

5. 坚持编写思想与学术思想结合，出版高质量精品教材。

在人民卫生出版社和编委会全体同仁的共同努力下，第二轮全国高职高专眼视光技术专业规划教材《眼镜营销实务》（第2版）已圆满完成。在此向人民卫生出版社和本版教材的编写秘书张丙寅老师，全体参与编写工作的同仁与家人，以及关心支持本次编写工作的何氏眼科和万新集团表示衷心的感谢！

主　编

2019 年 7 月

目　录

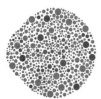

第一章　眼镜营销总论

学习要点

1. 掌握：营销策略中 4P 策略、4C 策略和 4R 策略。

2. 熟悉：营销概念及其主要内容。

3. 了解：眼镜起源及其发展；对我国眼镜行业的生产、批发、零售环境进行分析并展望未来的发展方向。深刻理解我国眼镜市场发展潜力和市场营销学的重要性。

企业财务方面的成功在很大程度上取决于其营销能力。如果公司产品和服务不足以让公司盈利，那么金融、运营、财会和其他业务职能将无法真正发挥作用。因此，营销既是一种组织职能，也是一种创造、传播、传递顾客价值的思维方式。营销（marketing）这个概念是从美国引进的，又称作市场营销（sales&marketing）。因此营销是由市场和顾客拉动的一系列活动的总称。其任务是辨别和满足人类与社会的需要。最简明的定义："满足需求的同时而获利。"美国营销协会（American Marketing Association，AMA）从管理角度给营销的定义是：营销既是一种组织职能，也是为了组织自身及利益相关者的利益而创造、传播、传递顾客价值，梳理顾客关系的一系列过程。

营销是无处不在的，我们周围的人或组织从事的各种活动都可以正式或非正式地算作营销。良好的营销日益成为商业成功的重要因素。营销对我们有深刻的影响，他根植于我们的日常生活中。

既然营销如此重要，那么针对眼镜而言，如何进行有效营销呢？应该从哪些方面入手开展营销工作呢？

首先，需要了眼镜的发展历史，然后了解营销的概念、营销的策略以及眼镜营销的定位和眼镜营销的战略环境。本章主要从五个方面进行阐述。

第一节　眼镜发展史

一、原始记载阶段

（一）最早发现（黄帝时代）

据《世界之最——世界最早的眼镜》载："早在公元前 2283 年，中国皇帝就通过透镜来观察星星，眼镜是由中国传到外国的"。黄帝是中华民族的人文始祖，传说他用透镜"迎日推测"，观察星星。

《古老宝石——水晶》载：远在公元前两千多年，就有君主配戴水晶眼镜。

（二）透镜的孕育时期（新石器时代）

考古发掘证明，世界上第一枚透镜是用天然水晶制成，真正的玻璃透镜用做镜片出现于 13 世纪末期。而水晶透镜远在公元前 1200 年至公元前 600 年就已出现。

（三）透镜的萌芽时期（夏、商、周、春秋）

甲骨文中有对"疾目""目盲"的记载等，为透镜的萌芽提出了需求。据考古发掘，在这段历史时期，水晶器工艺已有很大提高。这时候的水晶圆珠、扁珠、环都已抛光，晶莹剔透，已具备了磨制透镜镜片的工艺要求，扁平的器形本身就具有凸透镜片放大的功能，人们就是在加工水晶的过程中，发现了水晶的透光性、聚光性及抛物面形体的放大性。因此，这时期作为水晶透镜的萌芽期是完全成立的。

（四）透镜的生成时期（战国、秦、西汉）

墨翟在其著作《墨子》一书《经下》和《经说下》两篇著作中，对"光线的直线传播""凹凸镜成像""小孔成像""倒影"以及光的反射、折射等原理进行了翔实的论述，为我国光学之鼻祖，也为眼镜的主要构件——镜片（透镜）的产生奠定了理论基础。西汉刘安《淮南万毕术》一书记载："取大镜高悬，置水盆于下，则见四邻矣。"早在公元前 2 世纪，我们的祖先即成功地利用光的折射原理，制成了具有相当潜望镜功能的器物，以隐蔽观察事物，在世界上居于首创地位。

二、单片镜阶段

单片眼镜最早发现于公元 67 年前（时为东汉初年），1974—1977 年在安徽元宝村一号墓出土了两件聚光玻璃，明亮与水晶相同（体内有微泡）。董园村一号墓出土聚光玻璃三件（边有铜绿），形状为凸透镜聚光镜，这又一次证明，我国早在公元 2 世纪已能磨制玻璃光学聚光镜片，并装有铜质镜框。

北宋沈括在《梦溪笔谈》中，对光学及凹凸镜成像等原理，用自然现象作了很透彻的解释，对墨子《经下》及《经说下》中的光学理论认识进行了更深入的阐释，进一步奠定了我国的光学理论基础。单片镜从东汉到宋代共经历了 1 000 多年的发展演变，分别经历了单片无圈无孔镜和单片无圈穿孔镜两个阶段。

三、双片镜阶段

从南宋开始出现了双片眼镜，双片眼镜发展至今经历了三个阶段：

（一）双片无腿镜阶段（南宋、元、明）

人们经历了 1 000 多年对单片眼镜的使用，觉得用手持镜看物体很不方便，在原始防护眼镜的启发下，经反复实验，进而产生了两枚镜片镶嵌在梁圈中，能用手持或用线绳系于脑后的双片眼镜。双片防护眼镜比矫正屈光镜产生得早，传说有位皇帝用透镜观察星星，孔子时代用水晶眼镜遮阳和治疗眼炎等，都是防护镜，据推论，可能在春秋战国时期，我国已有了双片茶晶防护眼镜。在我国西北新疆吐鲁番出土的公元 3 世纪使用的一种防沙眼镜，是在蚌壳一类的物质上穿若干小孔，用以遮光及防风沙保护眼睛。

双片无腿眼镜经历了以下演变过程：

1. 双片镶梁圈无关节手持式眼镜。
2. 双片镶梁圈有关节手持式眼镜。
3. 双片镶梁圈装合页折叠式眼镜。
4. 双片镶梁圈可折叠双额托式眼镜。
5. 双片拱梁无圈歧合式眼镜。
6. 双片拱梁镶圈有额托歧合式眼镜。
7. 双片门形梁框装额托式眼镜。

经上述七种形式的演变，眼镜在漫长曲折的进程中逐渐成熟，并且发生了质的变化，成为真正意义上的眼镜。

（二）双片直腿眼镜阶段（明、清）

从南宋到明代，人们经过300多年对双片无腿眼镜的使用，感到丝绳挂耳有额托眼镜配戴既不方便，也不美观，且稳定性较差。便开始在折叠式眼镜两个框外侧边沿中部装上两条直腿增强了双片眼镜的稳定性，但该款眼镜使用起来还不够方便，于是铜框门形梁直腿眼镜应运而生。这样，镜梁经历了由拱形梁向门形梁的转变，增加了眼镜的稳定性。中国式的双片直腿眼镜就在明代诞生了。

明末清初，光学仪器制造家孙云球，江苏吴江县人，他会运用凹凸透镜屈光原理，按照人们不同年龄的视力要求，研制出老花、少花、远视、近视等各种镜片。孙云球的《镜史》在我国光学仪器发展史上留下了光辉的一页，对我国光学仪器的发展起到了重大的推动作用。

继孙云球之后，到了清代乾隆、嘉庆年间，苏州又出现了一位制造眼镜的人，名叫褚三山，他进一步发展制造眼镜的技术，在眼镜领域颇有影响力。

孙云球、褚三山两位杰出的眼镜制造技术人才的出现，推动了当时苏州眼镜行业的形成和发展。至1735年，苏州已出现了专门生产眼镜的手工作坊。到了清康熙年间，眼镜的制作与销售已在现在的北京、上海、苏州、天津、广州等地蓬勃发展。眼镜已成为专门的商品。

清刘廷玑在《在园杂志》中记载："自有眼镜，今昏者视之明，小者视之大，真宝物也。"这是对我国清初眼镜的真实写照。

我们根据眼镜形态的发展，总结出双片直腿眼镜有以下十种形态：

1. 双片拱梁直腿眼镜。
2. 双片拱梁折叠式直腿眼镜。
3. 双片"一"字梁全框手持式单直腿眼镜。
4. 双片"一"字梁无框手持式单直腿眼镜。
5. 双片门形梁活式直腿眼镜。
6. 双片门形梁活结有腿尾环式直腿眼镜。
7. 双片雕花梁活结直腿眼镜。
8. 双片龙形活结直腿眼镜
9. 双片"城门洞"形梁活结直腿眼镜。
10. 双片门形无框活结直腿眼镜。

（三）双片屈腿眼镜阶段（清至今）

双片屈腿眼镜在清末、民初广泛流行。它的起始有三种可能：一是孙机、杨泓所著《文物丛谈》中《我国早期的眼镜》一文记载："雍正本人也经常戴眼镜，他的遗物中眼镜种类很多，有车上戴的、安铜钩的、安别簪的、上节骨头下节钢钩的、玳瑁圈的，有近视镜，也有四十、五十、六十岁等不同年龄所戴度数不同的眼镜"。其中安铜钩的和上节骨头下节钢钩的可能是在车上戴的双片弯腿眼镜。按此说，双片屈腿眼镜在雍正年间已经出现了。二是制镜技师们在制作一种红铜双片直腿眼镜时发现红铜和软，将镜腿一弯，挂于耳部，戴起来更稳固，又不易滑落，双片屈腿眼镜也就在制镜过程中出现了。三是西方软屈腿镜的传入，促进了中国眼镜形态的发展。

1840年以后，西方的配镜技术传入我国，为眼镜行业崛起开辟了新的道路。清朝末年，首先是英国人约翰·高德（John Goddard），在上海开设了"高德洋行"，专营机磨检光眼镜。之后其他洋人接踵而来，如托极司（TobiM）开设了"明晶洋行"，英籍犹太人雷茂顿（Ramdon）开设的"蕾茂顿洋行"等。到1919年9月曾在"高德洋行"工作过的中国人筹资开设了"中国精益眼镜公司"(下文称"精益眼镜公司")。精益眼镜公司的开业,使我国眼镜行业有了新的发展,特别是在验光配镜方面有了很大的改革:废除了旧式店铺沿用已久的"对光牌"验光配镜,采用了主客观相结合的验光技术;淘汰了纯手工制作镜片的方法,设置了机械研磨加工设备,推动了研磨技术的发展。这时不仅能磨制各种不同性质、不同规格的镜片,还开始自制或监制各类镜框架。在检、磨、割、装、矫、制等技术方面,由于采用了一些国外的新技术和设备,培养了一代制作眼镜的专业人才。

由于精益眼镜公司生产眼镜适应了我国民众的需要,售价又低于洋行洋货,不久便在全国占领了市场,并在各地开设了分店,到20世纪20年代精益眼镜公司已在北京、香港、天津、济南、沈阳、大连、哈尔滨、南京、无锡、苏州、杭州、扬州、汉口、长沙、南昌、开封、广州、重庆等18处开设了分支机构。1919年,孙中山先生曾到广州分店验光配镜并为之题词:"精益求精"。1922年在天津创立了"天津大明眼镜公司",创始人为王文华。1935年前后,上海除精益眼镜公司之外,还开设了几家大型眼镜公司,其中有"茂昌眼镜公司""吴良才眼镜公司"等。这些专业眼镜公司均设有先进的验光配镜设备和镜片加工研磨、割边专用机器。与此同时,北京的眼镜行业也兴盛起来,1937年10月12日,36位外埠股东集资合办"北京大明眼镜公司",而后又开办了慎昌钟表眼镜行,均为前店后厂的镜片加工模式。同时,原有的家庭手工业作坊,也随之发展增多,并且不断革新其生产技艺,采用一些国外进口材料,不断更新眼镜形式,北京还成了眼镜同业工会,协调全行的共同事宜。

随着经济建设的飞速发展,我国的眼镜行业也得到大力发展,北京、上海、苏州等地区已形成具有了一定规模的眼镜生产基地。如上海眼镜一厂、上海眼镜二厂、北京眼镜厂北京六零八厂、北京六零三厂、苏州眼镜厂等,已经成为我国眼镜工业的大型骨干企业。其产品的数量质量及配套能力均居全国前列,有的名牌产品行销全国,常年出口,驰名中外。

另外,一些国防工业企业、仪器仪表工业企业也转向眼镜生产加工行业,商业服务部门也不断扩大,增加销售网点,增添验光配镜设备、仪器。有些城市还非常重视理论教育,如北京、上海、广州、天津、重庆等还开办了眼镜技术短训班、职工初等专业技工学校和高等教育专业,为眼镜行业培养了大批专业技术人才。

我国眼镜行业经过了近千年的发展变迁,至今发展成具有一定规模和一定配套生产能力的行业。

第二节　营　销　概　述

一、营销的核心概念

营销是商管类专业的必修课程,也是现代企业管理人员的必修课程,经过多年发展和完善,已有一套完整的概念体系,只有理解这些核心概念才能深刻地理解什么是营销,才能更好地运用营销策略展开市场营销活动。同时这些概念也是后面章节经常用到的概念。

(一)需要、欲望和需求

营销者必须努力理解目标市场的需要、欲望和需求。

1. 需要(needs)　是有机体感到某种缺乏而力求获得满足的心理倾向,它是有机体自身和外部生活条件的要求在头脑中的反映,是人们与生俱来的基本要求。

2. 欲望(wants)　是世界上所有动物最原始的、最基本的一种本能。从人的角度讲是心理到身体的一种渴望、满足，它是一切动物存在必不可少的。一切动物最基本的欲望就是生存。欲望也是由人的本性产生的想达到某种目的的要求，欲望无善恶之分，关键在于如何控制。营销中的欲望是指当需要指向具体的可以满足需要的特定物品时，需要就变成了欲望。

3．需求（demands） 是指对有能力购买的某个具体产品的欲望。经济学中需求是在一定的时期，在每个价格水平下，消费者愿意并且能够购买的商品数量。需求可以分为单个需求和市场需求。单个需求是指单个消费者对某种商品的需求。市场需求是指消费者全体对某种商品需求的总和。

需求曲线是根据需求表中商品的不同价格与需求量的组合，在平面上拟合的一条曲线（图1-1）。

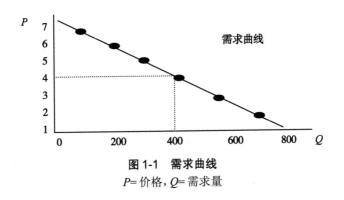

图1-1 需求曲线

P＝价格，Q＝需求量

需求规律的含义：当影响商品需求量的其他因素不变时，商品的需求量随着商品价格的上升而减少，随着商品价格下降而增加，这就是我们常说的需求规律。只有向右下倾斜的需求曲线才符合需求定理。而商品与需求定理在逻辑上是不能并存的。

影响需求量的因素有：

（1）商品本身价格：一般而言，商品的价格与需求量呈反方向变动，即价格越高，需求越少，反之亦然。

（2）替代品的价格：当所谓替代品是指使用价值相近，可以互相替代来满足人们同一需要的商品，比如煤气和电力等。一般来说，相互替代商品之间某一种商品的价格提高，消费者就会把其需求转向可以替代的商品上，从而使替代品的需求增加，被替代品的需求减少，反之亦然。

（3）互补品的价格：所谓互补品是指使用价值上必须互相补充才能满足人们某种需要的商品，比如汽车和汽油、家用电器和电等。在互补商品之间，其中一种商品的价格上升，需求量降低，会引起另一种商品的需求随之降低。

（4）消费者的收入水平：消费者的收入提高时，会增加商品的需求量，反之则反是，劣等品除外。

（5）消费者的偏好：当消费者对某种商品的偏好程度增强时，该商品的需求量就会增加，相反偏好程度减弱，需求量就会减少。

（6）消费者的预期（对未来商品的价格以及对自己未来收入的预期）：当消费者预期某种商品的价格即将上升时，社会增加对该商品的现期需求量，因为理性的人会在价格上升以前购买产品。反之，就会减少对该商品的预期需求量。同样的，当消费者预期未来的收入将上升时，将增加对商品的现期需求，反之则会减少对该商品的现期需求。

（7）消费者规模：当消费者的数量增加时，需求随之增加，反之则少。

需求不等于需要。形成需求有三个要素：对物品的偏好、物品的价格和手中的收入。需要只相当于对物品的偏好，并没有考虑支付能力等因素。一个没有支付能力的购买意愿并不构成需求。需求比需要的层次更高，涉及的因素不仅仅是内在的。所以在经济学中，必须注意不要将两者混淆。经济学的基础分析工具是需求与供给理论，而非需要与供给理论。

（二）交换和交易

1. 交换（exchange）　是指人们相互交换活动和劳动产品的过程。通常说的交换，是指人们在等价基础上的商品交换，即以物换物。交换是营销的核心概念，是自己的某种物品作为代价，从他人那里换取想要的物品的行为。

交换分两个阶段即交换协议阶段和对象属性转移阶段。交换协议阶段是指实行交换之前，双方必须在口头或书面上达成协议，即决定交换对象的属性以及该属性的值。对象属性转移阶段是据协议对双方的交换对象属性进行转移。必须按照两个阶段的顺序进行转移的行为才能叫做交换。

2. 交易（transaction）　是指买卖双方或多方以货币及服务为媒介的价值交换。交易，又称贸易，是买卖双方对有价物品及服务进行互通有无的行为。它可以是以货币为交易媒介的一种过程，也可以是以物易物。

（三）目标市场与定位细分

1. 目标市场是指企业决定进入的、具有共同需求或特征的购买者集合。一种商品在上市时一般只能满足社会中一部分人的需求。如近视眼镜是专门为近视的人所生产的；而羽绒服是专门为御寒人群所生产的。

营销者根据顾客对不同的产品或营销组合的偏好或需求，识别和描述具有明显不同特征的购买者群体，这些细分市场可以通过购买者的人口特征、心理和行为差异来加以区别。营销者就要决定哪些细分市场有更广的商机，能成为自己的目标市场。

所谓目标市场，就是指企业在市场细分之后的若干"子市场"中，所运用的企业营销活动之"矢"而瞄准的市场方向之"的"的优选过程。

2. 目标市场的定位和细分，即关于企业为哪个或哪几个细分市场服务的决定。通常有五种模式供参考：

（1）市场集中化：企业选择一个细分市场，集中力量为之服务。较小的企业一般专门填补市场的某一部分。集中营销使企业深刻了解该细分市场的需求特点，采用有针对性的产品、价格、渠道和促销策略，从而获得强有力的市场地位和良好的声誉。

（2）产品专门化：企业集中生产一种产品，并向所有顾客销售这种产品。例如镜片厂商向青年、中年和老年消费者销售高档镜片，企业为不同的顾客提供不同种类的高档镜片产品和服务，而不生产消费者需要的其他档次的镜片。这样，企业在高档镜片产品方面树立很高的声誉，但一旦出现其他品牌的替代品或消费者流行的偏好转移，企业将面临巨大的威胁。

（3）市场专门化：企业专门服务于某一特定顾客群，尽力满足他们的各种需求。例如企业专门为儿童消费者提供某种档次的镜架。企业专门为这个顾客群服务，能建立良好的声誉。但一旦这个顾客群的需求潜量和特点发生突然变化，企业要承担较大风险。

（4）有选择的专门化：企业选择几个细分市场，每一个对企业的目标和资源利用都有一定的吸引力。但各细分市场彼此之间很少或根本没有任何联系。这种策略能分散企业经营风险，即使其中某个细分市场失去了吸引力，企业还能在其他细分市场盈利。

（5）完全市场覆盖：企业力图用各种产品满足各种顾客群体的需求，即以所有的细分市场作为目标市场，例如上例中的镜片厂商为不同年龄层次的顾客提供各种档次的镜片。一般只有实力强大的大企业才能采用这种策略。例如 IBM 公司在计算机市场、可口可乐公司在饮料市场开发众多的产品,满足各种消费需求。

(四)供应品和品牌

1. 供应品　是指不直接参与生产过程,而是为生产过程的顺利进行提供帮助,相当于消费品中的方便品,是无形价值主张的有形体现。

供应品主要是标准品,并且消费量大,购买者分布比较分散,所以往往要通过中间商来销售,购买者对此类产品也无特别的品牌偏好,价格与服务是购买时考虑的主要因素。供应品可以分成作业用品和维修用品两类。

2. 品牌　品牌是一个名称、术语、标记、符号或图案,或是它们的组合,用以识别企业提供给某个或某群消费者的产品或服务,并使之与竞争对手的产品或服务相区别。

也有认为:品牌是通过以上这些要素及一系列市场活动而表现出来的结果所形成的一种形象认知度,感觉,品质认知,以及通过这些而表现出来的客户忠诚度,总体来讲它属于一种无形资产。因此这时候品牌是作为一种无形资产出现的。

(1)品牌可以依据不同的标准划分为不同的种类

1)根据品牌的知名度和辐射区域划分,可以将品牌分为地区品牌、国内品牌、国际品牌。地区品牌是指在一个较小的区域内生产销售的品牌,例如,地区性生产的销售的特色产品。这些产品一般在一定范围内生产、销售,产品辐射范围不大,主要是受产品特性、地理条件及某些文化特性影响。国内品牌是指国内知名度较高,产品辐射全国,全国销售的产品。国际品牌是指在国际市场上知名度、美誉度较高,产品辐射全球的品牌。

2)根据产品生产经营的所属环节可以将品牌分为制造商品牌和经营商品牌。制造商品牌是指制造商为自己生产制造的产品设计的品牌。经销商品牌是经销商根据自身的需求,对市场的了解,结合企业发展需要创立的品牌。

3)依据品牌的来源可以将品牌分为自有品牌、外来品牌和嫁接品牌。自有品牌是企业依据自身需要创立的。外来品牌是指企业通过特许经营、兼并,收购或其他形式而取得的品牌。嫁接品牌主要指通过合资、合作方式形成的带有双方品牌的新产品。

4)根据品牌的生命周期长短来划分,可以分为短期品牌、长期品牌。短期品牌是指品牌生命周期持续较短时间的品牌,由于某种原因在市场竞争中昙花一现或持续一时。长期品牌是指品牌生命周期随着产品生命周期的更替,仍能经久不衰,永葆青春的品牌。

5)依据产品品牌是针对国内市场还是国际市场,可以将品牌划分为内销品牌和外销品牌。由于世界各国在法律、文化、科技等宏观环境方面存在巨大差异,一种产品在不同的国家市场上有不同的品牌,在国内市场上也有单独的品牌。品牌划分为内销品牌和外销品牌对企业形象整体传播不利,但由于历史、文化等原因不得不采用,而对于新的品牌命名应考虑到国际化的影响。

6)根据品牌产品的所属行业不同可将品牌划分为家电业品牌、食用饮料业品牌、日用化工业品牌、汽车机械业品牌、商业品牌、服务业品牌、网络信息业品牌等几大类。

7)根据品牌的原创性与延伸性可划分为主品牌、副品牌、副副品牌。另外也可将品牌分成母品牌、子品牌、孙品牌。

8)根据品牌的本体特征划分又可将品牌划分为个人品牌、企业品牌、城市品牌、国家品牌、国际品牌等。

9)按照品牌层次理论,品牌可以分为四层:企业品牌、家族品牌、单一品牌(产品品牌)、品牌修饰。

(2)品牌的要素

1)差异化:产品差异化是创建一个产品或服务品牌所必须满足的第一个条件,公司必须将自己的产品同市场内的其他产品区分开来。

2）关联性：指产品为潜在顾客提供的可用性程度。消费者只有在日常生活中实际看到品牌的存在，品牌才会有意义。

3）认知价值：这是创建一个有价值的品牌的要素。即使企业的产品同市场上的其他产品存在差异，潜在顾客发现别人也在使用这种产品，但如果他们感觉不到产品的价值，就不会去购买这种产品。

（3）品牌和商标的区别："品牌"不是"商标"。"品牌"指的是产品或服务的象征。"商标"是品牌中符号性的标记和名称部分，是经过注册获得商标专用权从而受到法律保护的品牌。品牌所涵盖的领域，则必须包括商誉、产品、企业文化以及整体营运的管理。因此，品牌不是单薄的象征，乃是一个企业总体竞争，或企业竞争力的总和。品牌不单包括"名称""徽标"还扩及系列的平面视觉体系，甚至立体视觉体系。但一般常将其狭义化为在人的意识中围绕在产品或服务的系列意识与预期，成为一种抽象的形象标志。甚至将品牌与特定商标画等号。

人们从品牌的经验因素上辨别一个品牌的心理因素。经验因素通常由品牌的使用经验构成，心理因素则由品牌的形象构成，即由于产品或服务相关联的一切信息和预期所创建的符号性的标识。

品牌的意义：营销管理大师科特勒认为，品牌的意义在于企业的骄傲与优势，当公司成立后，品牌力就因为服务或品质，形成无形的商业定位。

品牌首先是独占性的商业符号，也就是商标。然后，这一符号需要被人所认知，才具有意义。

（4）品牌的价值：品牌经济价值，最终体现在它所创造的竞争力及由此为企业带来的巨大经济效益上。品牌资产价值，表现为部分消费者、渠道成员对母公司所起的联想和行为，品牌借此而获得比无品牌产品较大的收入和较大的边际利润，并借此比竞争者获得强势、持续的差异化优势。

凯勒认为：品牌价值是品牌客户、渠道成员和母公司等方面采取的一系列联合行动，能使该品牌产品获得比未取得品牌名称时更大的销量和更多的利益，还能使该品牌在竞争中获得一个更强劲、更稳定、更特殊的优势。

（5）提升品牌价值的策略

1）并购策略：并购指的是两家或者更多的独立企业、公司合并组成一家企业，通常由一家占优势的公司吸收一家或者多家公司，并购一般指兼并和收购。兼并又称吸收合并，即两种不同事物，因故合并成一体。据一家国际权威机构的分析报告，创立一个名牌，仅媒体投入就至少需要 2 亿美元。如果是一家企业试图进入一个全新市场，或者另一个国家的市场，其在品牌拓展上无疑将投入更为巨大的财力和精力，而且还要遭遇原有市场各种力量的排挤。这时，运用资本的力量拓展品牌、提升品牌价值就成为一些企业首选的策略，最为成功的典范之一就是"联合利华"。联合利华在全球的 400 多个品牌，大部分都是通过收购并推广到世界各地，比如，"旁氏"原是一个美国品牌，联合利华将其买下并发展为一个护肤品品牌，推广到中国；"夏士莲"原是在东南亚推广的一个英国牌子，联合利华也将其引入中国；中国牙膏品牌"中华"也被联合利华收购入旗下。

兼并在眼镜行业成功的典范之一就是"依视路"。依视路是在 1972 年由两家法国眼镜公司，依视（Essel）和视路（Silor）合并而成，这两家公司的起源分别可以追溯到 1849 年及 1931 年。20 世纪中期，依视和视路曾在法国的光学眼镜市场中享有重要地位，后来两家公司都遇到了生意瓶颈，但合并后，依视路却逐步发展成为世界视光行业的领导者。

2）"强强"联手战略：品牌价值的提升同样也可以通过与其他品牌联手来迅速扩展自己

的品牌形象，从而创造更多的附加值。对于知名的国际级大企业，他们往往很善于利用其在各自行业中的强大品牌号召力和市场优势，与其他行业的领导者进行"强强"品牌联手，一起在更大的市场深度和广度上进行扩展，来强化自己的品牌形象。而由于这种联手往往是基于合作双方或多方的品牌共赢，因此也较容易得到来自合作伙伴和市场的积极反馈。例如，星巴克作为"咖啡快餐业"知名品牌与联合航空公司携手，一方面拓展了新的业务领域，使自己的产品覆盖到更广的市场空间；另一方面也正是由于这种优势合作，使它们在各自领域中的品牌价值得到了确实的提升。

3）品牌延伸策略：品牌延伸是把现有品牌名称延伸到新品类中的新产品或者改进产品上。品牌延伸有利于降低新产品的市场导入费用，可以使新产品借助成功品牌的市场信誉顺利进占市场。品牌延伸不仅使消费者更容易接受新产品，提高新产品成功的可能性，还能为母品牌和公司提供正面反馈信息。品牌延伸能够阐明品牌的意义和它的核心品牌价值，提高消费者的忠诚度，有助于扩展母品牌的市场覆盖面，并引发新产品的延伸。例如，海尔集团成功地推出了海尔（Haier）冰箱之后，又利用这个品牌及图样特征，成功地推出了洗衣机、电视机等新产品。宝洁公司利用清洁先生（Mr.Clean）品牌的优势推出了清洁布（Magic Eraser）、浴室清洁工具（Magic Reach）和家用自动清洁套装（Mr.Clean AutoDry），甚至推出了清洁先生品牌的洗车服务。

中国企业和日本企业一样，大多采用统一品牌战略，以一个品牌覆盖企业的全部产品，而较少采用品牌延伸战略。品牌延伸战略包括副品牌战略和多品牌战略。副品牌战略是介于一牌多品和一牌一品之间的品牌战略。它是利用消费者对现有成功品牌的信赖和忠诚，推动副品牌产品的销售。

4）渠道密集渗透策略：拓展、提升一个品牌首先就要让你的目标及潜在用户经常见到你的品牌，因为品牌价值最终要归结到用户的购买行为上，而要使用户完成购买行为就首先要降低实施这一行为的成本，这包括心理成本和行为成本，也就是说要让用户比较容易想到你、熟悉你、买你产品的时候少一些不信任和担心，之后在想到你时比较容易地买到你。而要达到这种效果就需要强有力的渠道支持，特别是要"密集"销售终端，加大对区域市场的渗透。例如，可口可乐公司遍设销售渠道，在全球范围内广泛地发展地域经销商，不但自动售货机、喷嘴式饮水器、超市、便利店里有卖，而且在电影院、音像商店都有销售。

5）挑战行业领导者：挑战行业领导者容易被认同为具备行业领导能力，在与行业领导者较量的过程中可以学到许多有价值的东西，也比较容易成为真正的行业领导者。另一方面，挑战行业领导者也是一件很危险的事，重要的是找好挑战的切入点，这样才有可能达到双赢的局面。

（五）价值和满意

1．价值　价值是凝结在商品中的无差别的人类劳动或抽象的人类劳动。它是构成商品的因素之一，是商品经济特有的范畴。它反映了顾客对有形和无形利益以及成本的认知。

商品的价值量由两部分构成：一部分是商品生产者的劳动力耗费即活劳动所创造的新价值；另一部分是生产者的具体劳动把劳动对象和劳动资料上原有的旧价值转移到产品中去。但无论是前者或后者，加到一个商品中去的都只限于社会必要劳动时间。决定商品价值量的社会必要劳动时间随着劳动生产力的变动而变动。劳动生产力提高，同量劳动会生产更大量的商品，或生产同量商品所耗费的社会必要劳动时间减少，从而单位商品的价值量就会降低。反之亦然。所以商品的价值量与体现在商品中的劳动的量成正比，与这一劳动的生产力成反比。

2．满意　是指个人通过对产品的可感知效果与他的期望值相比较后所形成的愉悦或失望的感觉状态。反映了一个人根据对产品的认知性能或效果与其预期的对比之后得出的判断。

客户满意是一种心理活动，是客户的需求被满足后形成的愉悦感的状态，是客户的主观感受。当客户的感知没有达到期望时，客户就会不满、失望；当感知与期望一致时，客户是满意的；当感知超出期望时，客户就感到"物超所值"，就会很满意。

顾客满意包括产品满意、服务满意和社会满意三个层次：

"产品满意"是指企业产品带给顾客的满足状态，包括产品的内在质量、价格、设计、包装、时效等方面的满意。产品的质量满意是构成顾客满意的基础因素。

"服务满意"是指产品售前、售中、售后以及产品生命周期的不同阶段采取的服务措施令顾客满意。这主要是在服务过程的每一个环节上都能设身处地地为顾客着想，做到有利于顾客、方便顾客。

"社会满意"是指顾客在对企业产品和服务的消费过程中所体验到的对社会利益的维护，主要指顾客整体社会满意，它要求企业的经营活动要有利于社会文明进步。

（六）营销渠道

1．营销渠道　是指某种货物或劳务从生产者向消费者移动时，取得这种货物或劳务所有权或帮助转移其所有权的所有企业或个人。简单地说，营销渠道就是商品和服务从生产者向消费者转移过程的具体通道或路径。

传统营销渠道按照有无中间环节可以分为直接分销渠道和间接分销渠道两种。由生产者直接把产品销售给最终用户的营销渠道称为直接分销渠道，即直销；至少包括一个中间商的营销渠道则称间接分销渠道，即分销。还可以根据中间商的数量对传统营销渠道分类，直接分销渠道两端为生产者和消费者，没有中间商，称为零级渠道；间接分销渠道则根据中间环节的环节数量分为一级、二级、三级甚至多级的渠道。

2．营销渠道在营销过程中可创造以下三种效能

（1）营销渠道时间：即营销渠道能够解决商品产需在时间上不一致的矛盾，保证了消费者的需求。

（2）营销渠道空间：即营销渠道能够解决商品产需在空间上不一致的矛盾。

（3）营销渠道所有权：即营销渠道能够实现商品所有权的转移。

网络市场使营销渠道的三种作用得到了进一步的加强。在时间和地点上，它使产需不一致的矛盾得到了较为有效的解决，消费者在家中能以最近的地点，以较快的时间获得所需的商品。商家也能在较短的时间内，根据消费者的个性化需要进行生产、进货，并在最近的地点、以最小的费用将货物送到消费者手中。

3．营销渠道影响因素

（1）目标市场：目标市场的状况如何，是影响企业营销渠道选择的重要因素，是企业营销渠道决策的主要依据之一。市场因素主要包括：目标市场范围的大小及潜在需求量，市场的集中与分散程度，顾客的购买特点，市场竞争状况等。

（2）商品因素：由于各种商品的自然属性、用途等不同，其采用的营销渠道也不相同。主要包括：商品的性质，商品的时尚性，商品的标准化程度和服务，商品价值大小，商品市场寿命周期等。

（3）生产企业本身的条件：主要包括：企业的生产、经营规模，企业的声誉和形象，企业经营能力和管理经验，企业控制渠道的程度等。

（4）环境因素等。

（七）供应链

1. 供应链　是指围绕核心企业，从配套零件开始，制成中间产品以及最终产品，最后由销售网络把产品送到消费者手中，将供应商、制造商、分销商直到最终用户连成一个整体的功能网链结构。

2. 供应链特性

（1）复杂性：因为供应链节点企业组成的跨度（层次）不同，供应链往往由多个、多类型甚至多国企业构成，所以供应链结构模式比一般单个企业的结构模式更为复杂。

（2）动态性：供应链管理因企业战略和适应市场需求变化的需要，其中节点企业需要动态地更新，这就使得供应链具有明显的动态性。

（3）响应性：供应链的形成、存在、重构，都是基于一定的市场需求而发生的，并且在供应链的运作过程中，用户的需求拉动是供应链中信息流、产品 / 服务流、资金流运作的驱动源。

（4）交叉性：节点企业可以是这个供应链的节点企业，同时又是另一个供应链的节点企业，众多的供应链形成交叉结构，增加了协调管理的难度。

3. 供应链的基本要素

（1）供应商：指给生产厂家提供原材料或零、部件的企业。

（2）厂家：即产品制造企业。产品生产的最重要环节，负责产品生产、开发和售后服务等。

（3）分销企业：分销企业为实现将产品送到经营地理范围每一角落而设的产品流通代理企业。

（4）零售企业：将产品销售给消费者的企业。

（5）物流企业：即上述企业之外专门提供物流服务的企业。其中批发、零售、物流业也可以统称为流通业。

4. 供应链的四个流程　供应链一般包括物流、商流、信息流、资金流四个流程。四个流程有各自不同的功能以及不同的流通方向。

（1）物流：这个流程主要是物资（商品）的流通过程，这是一个发送货物的程序。该流程的方向是由供货商经由厂家、批发与物流、零售商等指向消费者。由于长期以来企业理论都是围绕产品实物展开的，因此目前物资流程被人们广泛重视。许多物流理论都涉及如何在物资流通过程中在短时间内以低成本将货物送出去。

（2）商流：这个流程主要是买卖的流通过程，这是接受订货、签订合同等的商业流程。该流程的方向是在供货商与消费者之间双向流动的。目前商业流通形式趋于多元化：既有传统的店铺销售、上门销售、邮购的方式，又有通过互联网等新兴媒体进行购物的电子商务形式。

（3）信息流：这个流程是商品及交易信息的流程。该流程的方向也是在供货商与消费者之间双向流动的。过去人们往往把重点放在看得到的实物上，因而信息流通一直被忽视。甚至有人认为，国家的物流落后同它们把资金过分投入物质流程而延误对信息的把握不无关系。

（4）资金流：这个流程就是货币的流通，为了保障企业的正常运作，必须确保资金的及时回收，否则企业就无法建立完善的经营体系。该流程的方向是由消费者经由零售商、批发与物流、厂家等指向供货商。

（八）竞争和营销环境

1. 竞争　主要是两个或两个以上的主体（有意识的个体或群体）在特定的机制、规则下，为达到各方共同的目的而作的较量，并产生各主体获取不同利益的结果。

竞争基本特征:

(1) 竞争必须发生在两个或两个以上的企业之间,如果在特定的市场里只有一个企业想参与竞争,则不称其为竞争。在特定的市场里虽然有两个或两个以上企业可以参与竞争,但由于其中一个企业实力过强,其他企业无法与之匹敌,则该企业即独占整个垄断,竞争就在于让特定的市场存在两个或两个以上的企业,使两者之间形成竞争关系。

(2) 竞争必须发生在同行业企业的生产经营活动中。首先,在生产或经营同类商品的企业之间,或提供同类服务的企业之间发生竞争一般是不可避免的。其次,竞争必须是在企业生产经营活动中的争夺。

(3) 竞争必须发生在同一个特定的商品市场或劳务市场上。

竞争还有卖方竞争和买方竞争之分,前者是作为卖方主体的商品和劳务提供者之间的竞争,后者则是作为买方主体的商品和劳务的接受者之间的竞争。

(4) 竞争的基本原则:指的是市场竞争的参与者在市场交易行为中必须遵循的基本准则。它适用于一切市场中的交易行为,适用于一切市场经济的主体,既是衡量市场经济主体交易行为的善恶、是非、美丑的道德标准,也是带有法律强制性的法律准则。只有遵循这些基本原则的民事法律行为,法律才予以保护;否则法律不承认其相应的合法性,自然不能受到法律的保护。经济合同法、反不正当竞争法都相应地把这些基本原则列为自己调整的领域的基本原则。一切不正当竞争行为,都是违背这些基本原则的行为。当这些原则适用到反不正当竞争这个特殊领域时,呈现出它特有的不同于其他领域的特点。

《反不正当竞争法》第二条第一款规定:"经营者在市场交易中,应当遵循自愿、公平、诚实信用的原则,遵守公认的商业道德。"这一款规定,就是竞争的基本原则。

2. 营销环境　市场营销环境泛指一切影响和制约企业市场营销决策和实施的内部条件和外部环境的总和。市场营销环境是指企业在其中开展营销活动并受之影响和冲击的不可控行动者与社会力量,如供应商、顾客、文化与法律环境等。

关于市场营销环境存在三个关键的观点:宏观环境(macro-environment)、微观环境(micro-environment)、内部环境(Internal environment)。

(1) 宏观环境:是指企业无法直接控制的因素,是通过影响微观环境来影响企业营销能力和效率的一系列巨大的社会力量,它包括人口、经济、政治法律、科学技术、社会文化及自然生态等因素。由于这些环境因素对企业的营销活动起着间接的影响,所以又称间接营销环境。

(2) 微观环境:是指与企业紧密相连、直接影响企业营销能力和效率的各种力量和因素的总和,主要包括企业自身、供应商、营销中介、顾客、竞争者及社会公众。这些因素与企业有着双向的运作关系,在一定程度上,企业可以对其进行控制或施加影响。由于这些环境因素对企业的营销活动有着直接的影响,所以又称直接营销环境。微观市场营销环境和宏观市场营销环境之间不是并列关系,而是主从关系。微观市场营销环境受制于宏观市场营销环境,微观市场营销环境中的所有因素均受到宏观市场营销环境中的各种力量和因素的影响。

(3) 内部环境:所有从内部影响公司的因素都称之为"内部环境"。内部环境可以归纳为:员工、资金、设备、原料、市场。对于应对市场变化而言,内部环境和外部环境同样重要。作为市场营销人员,我们把应对市场变化的过程称为"内部市场营销"。

二、营销的模式

营销模式是指人们在营销过程中采取不同的方式方法,它其实有多种方式,一种是关

于市场,一种是关于客户两种渠道进行营销。本教材结合眼镜行业的特点,选取以下几种进行介绍:

(一)体验营销模式

从宏观上看,体验式经济的到来是因为社会高度富裕、文明、发达而产生的。对于那些刚刚满足温饱或者勉强达到小康的人们来说,"体验"只是一种奢侈。其次,从微观上看,体验营销的兴起是由于企业对产品及服务在质量、功能上已做得相当出色,以至于顾客对基本特色和利益已经淡化,而追求更高层次的"特色和利益",即"体验"。

体验营销是要站在消费者的感官、情感、思考、行动、关联等五个方面,重新定义、设计营销的思考方式。此种思考方式突破传统上"理性消费者"的假设,认为消费者消费时是理性与感性兼具的,消费者在整个消费过程中的体验,才是研究消费者行为与企业品牌经营的关键。

当眼镜片和眼镜架被分别批量采购时,它们只是屈光矫正眼镜的零部件。对于屈光不正顾客,只有经过验光师的屈光检查,模拟矫正眼镜的试戴,再经过眼镜定配师的加工装配、质量检验和专业调试后才是顾客需要的产品。所以对于眼镜验配和视觉训练机构,体验营销是企业的主要营销模式。

一般将体验分为五种类型,但在实际情况下企业很少进行单一体验的营销活动,一般是几种体验的结合使用,将其称之为体验杂型。进一步来说,如果企业为顾客提供的体验是涉及所有的五类体验,就会被称为全面体验。一般来讲,体验可分为被分为两类:一种是消费者在其心理和生理上独自的体验,即个人体验,例如:感官、情感、思考;另一种是必须有相关群体的互动才会产生的体验,即共享体验,例如:行动、关联。

通常,企业的营销人员为了达到体验式营销目标,需要一些工具用来创造体验,我们将这些工具称之为体验媒介。作为体验式营销执行工具的体验媒介包括:沟通、视觉与口头的识别、产品呈现、共同建立品牌、空间环境、电子媒体与网站、人员。另外,五种体验模块在使用上有其自然的顺序:感官 - 情感 - 思考 - 行动 - 关联。"感官"引起人们的注意;"情感"使得体验变的个性化;"思考"加强对体验的认知;"行动"唤起对体验的投入;"关联"使得体验在更广泛的背景下产生意义。

目前很多企业在其产品和服务的质量、特色、功能上还不是很明确,这样不仅不会给顾客带来全新的体验,反而会带来负面的体验,导致消费者的不满。传统的营销理念,企业强调"产品",但是合乎品质要求的产品,消费者不一定满意。现代的营销理念强调客户"服务",然而即使有了满意的服务,顾客也不一定忠诚。未来的营销趋势将崇尚"体验",企业只有为客户造就"难忘的体验",才会赢得用户的忠诚,维持企业长远发展。

(二)一对一营销模式

目前大多数商家都追求表面上的"一对一"。教会一个销售人员做到热心周到相对简单,至于真正掌握如何识别、跟踪并与一个个的客户打交道,进而做到产品或服务的"量体裁衣",那就不是一件简单的事了。

"一对一营销"的核心思想是:以"顾客份额"为中心,与顾客互动对话以及"定制化"。

企业应该从关注市场占有率到关注个体顾客的"顾客份额"上来,关注本企业产品在顾客所拥有的所有该产品中的份额,并努力提升对这个份额的占有。

了解"顾客份额"的目的是用来对顾客进行区分,"顾客份额"又可称为钱夹份额。我们可以以顾客未来一段时期内的采购计划与现有钱夹份额为二维标准,进行分类,把顾客归属到"需去争取的""需进行培养的"和"需进行维系的"三个不同的阶段,以便有针对性地进行市场营销活动并提供差异化、定制化的产品及服务。

企业应该"与顾客互动对话"，企业应当对顾客个体及其消费习惯和行为都要了解，这种了解是通过双向的交流与沟通来实现的。

企业要"定制化"。企业要想实施"定制化"不需要对现有的产品与生产模式作很大的改动。可以采取的方式有：捆绑销售、在一定范围内可变的配置、个性化的包装、提供灵活的送货以及个性化的售后服务、支付方式等。

目前有许多公司可能急于从"一对一"的学习关系中获取丰厚的利润而忘了关系必须有双方参加这一基本常识，从观念上将"一对一营销"视同为直接邮购或电视直销的等价物，从而使"一对一"成了"单行道"。

"一对一营销"的实施是建立在定制利润高于定制成本的基础之上，这就要求企业的营销部门、研究与开发部门、制造部门、采购部门和财务部门之间通力合作。

营销部门要确定满足顾客需要所要达到的定制程度；研究与开发部门要对产品进行最有效的重新设计；制造与采购部门必须保证原材料的有效供应和生产的顺利进行；财务部门要及时提供生产成本状况与财务分析。

（三）品牌营销模式

品牌是一种错综复杂的象征，它是品牌属性、名称、包装、价格、历史声誉、广告方式的无形总和。品牌同时也因消费者对其使用的印象，以及自身的经验而有所界定。

信息不对称现象的无处不在，就像身边的各种名牌商品，对名牌的推崇也在印证这一理论：一般来说，在任何类型市场中，消费者在对产品信息的占有上较生产者都为弱势；这种现象的存在使得交易中弱势的一方因为信息的不完整而对交易缺乏信心，对于交易来说，这个成本是高昂的，解决方法就是品牌。

当一个产业正经历从卖方市场转变为买方市场，产业增长方式从数量规模型向质量效益型转变。在这种变革过程中，品牌作为一种重要力量，对市场对决的输赢作用巨大。一个有影响的品牌可以征服消费者，取得越来越大的市场份额，这种现象已在家电、服装等领域中充分表现出来，现在的眼镜市场也在应用这一品牌制胜的市场竞争规律。品牌竞争就是以品牌形象和价值为核心的竞争，是一种新的竞争态势。

如何树立品牌呢？

第一步：卓越的品质支持。必须以质量为根本树立形象。这里所指的质量，是一个综合性品质的概念，包括产品质量、文化质量，还有服务质量等。

第二步：分析行业环境，寻找区隔概念。你得从市场上的竞争者开始，弄清他们在消费者心中的大概位置，以及他们的优势和弱点。你要寻找一个概念，使自己与竞争者区别开来。

第三步：整合、持续的传播与应用。企业要靠传播才能将品牌植入消费者心智，并在应用中建立自己。企业要在每一方面的传播活动中，都尽力体现出品牌的概念。

（四）连锁营销模式

依据社会化大生产原理，结合经营特点加以运用，在专业分工基础上通过系统化和规模化，达到规模效益与灵活方便的统一。连锁营销也指经营同类商品或服务的若干个企业，以一定的形式组成一个联合体，在整体规划下进行专业化分工，并在分工基础上实施集中化管理，把独立的经营活动组合成整体的规模经营，从而实现规模效益。

说到连锁经营，企业面临的一个至关重要的问题，就是如何将自己的门店进行复制扩张，把自己企业的成功经验发扬光大。核心因素是具有完全的克隆功能，连锁经营在经营过程中当然是需要进行企业模式的复制，进而完成企业的连锁化发展。

在使用这个工具的时候，企业应当从以下方面入手：首先就是要有摸清自己的家底，了解自己的实际能力和现状，扬长避短进行发展；其次就是要将企业的成功经验或所谓的核心竞争力归结出来,进行进一步的提炼,制定出自己企业的标准化管理流程,以便于企业的进一步发展扩张;然后,企业在进行连锁扩张的时候要了解实际情况,要因地制宜,不能盲目照搬。

连锁营销应遵循以下原则:

一是经营上的分工原则:总部是法人,实行统一管理、统一进货、统一核算、统一商号、统一库存、统一定价、统一服务规范。

二是管理上的3S原则:即专业化、标准化、简约化。

三是物流上的集中配送:配送中心由商品转运中心(TC)系统、商品发展中心(DC)系统和加工配送(PC)系统构成。

四是信息上的网络化:连锁营销包括直营连锁型(又称正规连锁、公司连锁、联号商店等)、自愿连锁型(又称自由连锁、任意连锁)、合作连锁型和特许连锁型(商品商标型特许、经营模式特许、分支特许和转换型特许)。连锁制可以节省广告费用和大量流通费用,创造规模效益,使其大规模快速发展。

(五)互联网营销模式

互联网营销,又称为网络营销,是指企业为适应和满足消费者的需求,借助互联网、网络通信技术和数字交互式媒体等工具,来实现公司和顾客、公司和公司、顾客和顾客之间交易活动的市场营销过程。

网络营销其本质是一种商业信息的运行。所谓商业信息可分解为商品信息、交易信息和感受信息三个要素。任何一种商业交换,其实都包含这三种信息,而基于互联网的营销方法就是根据企业经营的不同阶段,制订不同的信息运行策略,并主要通过网络方法来实现的营销设计与操作。

客户与企业之间进行信息交换的循环,根据不同的阶段循环不同的信息要素,并分别对商品信息、交易信息、感受信息三个要素进行定制化处理。

第一循环:商品信息的循环,即企业与客户之间交换商品信息。这一循环中,关键是要求客户达到海量,传统方式是用媒体广告、店面或经销商铺货等方式进行,而网络营销的主要是通过对网站的宣传或电子邮件定向发送来完成。

第二循环:商品信息的定制化交换。企业向客户发送定制化的信息,客户接受了定制的商品信息后,与企业发生了交易。第二循环中,处理的主要是在第一循环中得到的愿意与企业交换信息或已发生交易的客户信息,但这样的客户信息也要达到一定量才有必要进行商品信息的定制。

第三循环:交易信息的定制化交换。也就是说,使老客户产生多次购买。同前面的循环一样,当客户群达到一定规模时才有必要进行这个循环。

第四循环:感觉信息的定制化,或者称为服务信息的定制化,使不断购买的老客户得到不同的服务感受。

上面各个循环中,各类定制化处理后,与企业发生交易的客户占客户群的比例是逐渐增大的。

模型运行中有几个关键:

定制化的前提是处理的客户群达到一定规模,否则不仅没有营销方面的意义,而且会增大运行成本,达到什么程度时开始定制化,是第一个关键点。

营销方法创新必须与信息处理工具的运用能力相结合,当数据到达海量时,你的企业有没有能力进行定制化处理,这是第二个关键点。

以客户为核心的企业文化不可或缺,否则一切都无法长久。

第三节 营 销 策 略

所谓营销策略是指企业以顾客需要为出发点，根据经验获得顾客需求量以及购买力的信息、商业界的期望值，有计划地组织各项经营活动，通过相互协调一致的产品策略、价格策略、渠道策略和促销策略，为顾客提供满意的商品和服务而实现企业目标的过程。营销学经过多年发展和沉淀，最为核心的营销策略有4P策略、4C策略和4R策略。

一、4P策略

麦卡锡（E. Jerome McCarthy）于1960年在其《基础营销》（*Basic Marketing*）一书中第一次将企业的营销要素归结四个基本策略的组合，即著名的4P理论：产品（product）、价格（price）、渠道（place）、促销（promotion），由于这四个词的英文字头都是P，再加上策略（strategy），所以简称为4P。

1967年，科特勒在其畅销书《营销管理：分析、规划与控制》第一版进一步确认了以4P为核心的营销组合方法。

产品（product）：注重开发的功能，要求产品有独特的卖点，把产品的功能诉求放在第一位。

价格（price）：根据不同的市场定位，制订不同的价格策略，产品的定价依据是企业的品牌战略，注重品牌的含金量。

分销（place）：企业并不直接面对消费者，而是注重经销商的培育和销售网络的建立，企业与消费者的联系是通过分销商来进行的。

促销（promotion）：企业注重销售行为的改变来刺激消费者，以短期的行为（如让利，买一送一，营销现场气氛等）促成消费的增长，吸引其他品牌的消费者或导致提前消费来促进销售的增长。

4P策略是各种策略中最为基础的一种，4P具有的特点也十分明显。首先这四种因素是企业可以调节、控制和运用的，如企业根据目标市场情况，能够自主决定生产什么产品，制订什么价格，选择什么销售渠道，采用什么促销方式。其次，这些因素都不是固定不变的，而是不断变化的。企业受到内部条件、外部环境变化的影响，必须能动地作出相应的反应。最后这四种因素是一个整体，它们不是简单的相加或拼凑集合，而应在统一目标指导下，彼此配合、相互补充，能够求得大于局部功能之和的整体效应。

二、4C策略

随着市场竞争日趋激烈，媒介传播速度越来越快，4P理论越来越受到挑战。1990年，美国学者劳特朋（Robert Lauterborn）教授提出了与传统营销的4P相对应的4C营销理论。具体表现为产品（production）向顾客（consumer）转变，价格（price）向成本（cost）转变，分销渠道（place）向方便（convenience）转变，促销（promotion）向沟通（communication）转变。

顾客（customer）：主要指顾客的需求。企业必须首先了解和研究顾客，根据顾客的需求来提供产品。同时，企业提供的不仅仅是产品和服务，更重要的是由此产生的客户价值。

成本（cost）：不单是企业的生产成本，或者说4P中的价格它还包括顾客的购买成本，同时也意味着产品定价的理想情况，应该是既低于顾客的心理价格，亦能够让企业有所盈利。此外，这中间的顾客购买成本不仅包括其货币支出，还包括其为此耗费的时间，体力和精力消耗，以及购买风险。

便利（convenience）：即为顾客提供最大的购物和使用便利。4C营销理论强调企业在制订分销策略时，要更多的考虑顾客的方便，而不是企业自身的方便。要通过好的售前、售中和售后服务来让顾客在购物的同时，也享受到便利。便利是体现客户价值不可或缺的一部分。

沟通（communication）：被用以取代4P中对应的促销。4C营销理论认为，企业应通过同顾客进行积极有效的双向沟通，建立基于共同利益的新型企业与顾客关系。不再是企业单向的促销和劝导顾客，而是在双方沟通中同时找到能激发顾客自身的购买欲望实现各自目标的通途。

顾客策略就是强调"忘掉产品，考虑消费者的需要和欲望"，即企业不仅关心产品的功能如何、质量如何、包装如何，而且还要多想一想企业的产品是否符合顾客的需要，是否能够给顾客带来实际的价值；企业在设计和开发产品时要考虑顾客的需求，使顾客的需求真正融入企业生产、投资、开发与研究等计划的制订中。

成本策略就是强调"忘掉价格，考虑消费者为满足需求而愿意支付多少"。方便策略是企业根据顾客的利益和需要构建分销渠道，以减少流通环节，降低流通成本，从而将流通成本让利给顾客。随着生产力的提高和竞争的加剧，商家越来越注重减少中间环节，减低成本，以最低的价格把最好的产品提供给消费者。

沟通策略就是强调"忘掉促销，考虑双向沟通"。从心理学角度来说，沟通就是"请注意消费者"，在市场日益成熟的今天，肯定是"请注意消费者"比"消费者请注意"更有利于企业的长期发展。

三、4R策略

顾客战略为核心的4C说，随着时代的发展，也显现了其局限性。当顾客需求与社会原则相冲突时，顾客战略也是不适应的。例如，在倡导节约型社会的背景下，部分顾客的奢侈需求是否要被满足。这不仅是企业营销问题，更成为社会道德范畴问题。同样，建别墅与国家节能省地的战略要求也相背离。于是2001年，美国学者唐•舒尔茨（Don E. Schultz），又提出了关联（relevancy）、反应（retrenchment）、关系（relationship）和报酬（rewards）的4R新说，"侧重于用更有效的方式在企业和客户之间建立起有别于传统的新型关系"。总之，营销理论是一个不断发展的过程。

关联（relevancy）：企业通过某些有效的方式在业务、需求等方面与顾客建立关联，形成一种互助、互求、互需的关系，把顾客与企业联系在一起，减少顾客的流失，以此来提高顾客的忠诚度，赢得长期而稳定的市场。

反应（reaction）：在相互影响的市场中，对经营者来说最现实的问题不是如何控制、制订和实施计划，而是如何站在顾客的角度及时地倾听和测性商业模式转移成为高度回应需求的商业模式。

关系（relationship）：在企业与客户的关系发生了本质性变化的市场环境中，抢占市场的关键已转变为与顾客建立长期而稳固的关系。与此相适应产生了5个转向：从一次性交易转向强调建立长期友好合作关系；从着眼于短期利益转向重视长期利益；从顾客被动适应企业单一销售转向顾客主动参与到生产过程中来；从相互的利益冲突转向共同的和谐发展；从管理营销组合转向管理企业与顾客的互动关系。

回报（reward）：任何交易与合作关系的巩固和发展，都是经济利益问题。因此，一定的合理回报既是正确处理营销活动中各种矛盾的出发点，也是营销的落脚点。

4R营销理论强调企业与顾客在市场变化的动态中应建立长久互动的关系，以防止顾客流失，赢得长期而稳定的市场；其次，面对迅速变化的顾客需求，企业应学会倾听顾客的意见，及时寻找、发现和挖掘顾客的渴望与不满及其可能发生的演变，同时建立快速反应机制以对市场变化快速作出反应；企业与顾客之间应建立长期而稳定的朋友关系，从实现销售转变为实现对顾客的责任与承诺，以维持顾客再次购买和顾客忠诚；企业应追求市场回报，并将市场回报当作企业进一步发展和保持与市场建立关系的动力与源泉。

第四节　营销定位

营销定位即企业对自己的产品在市场上面的消费者人群的分析，比如产品的消费者人群的年龄阶段、消费者的性别、消费者的爱好，消费者的职业、消费者的居住地等，都需要企业进行分析，当分析透彻之后，就瞄准分析中需要自己产品的人群营销自己的产品。这样就能够使企业的产品销售达到事半功倍的效果。做好自身的定位是企业进行其他定位活动的基础。

现在企业营销定位报告里，SWOT 分析算是一个众所周知的工具了。SWOT 是来自麦肯锡咨询公司用于分析代表企业优势（strength）、劣势（weakness）、机会（opportunity）和威胁（threats）的一个营销定位模型。是将对企业内外部条件各方面内容进行综合和概括，进而分析组织的优劣势、面临的机会和威胁的一种方法。

一、SWOT 分析

SWOT 分析（企业战略分析方法），即态势分析法，就是将与研究对象密切相关的各种主要内部优势、劣势和外部的机会和威胁等，通过调查列举出来，并依照矩阵形式排列，然后用系统分析的思想，把各种因素相互匹配起来加以分析，从中得出一系列相应的结论，而结论通常带有一定的决策性。

运用这种方法，可以对研究对象所处的情景进行全面、系统、准确的研究，从而根据研究结果制订相应的发展战略、计划以及对策等。SWOT 分析法常常被用于制订集团发展战略和分析竞争对手情况，在战略分析中，它是最常用的方法之一。

（一）优势与劣势分析（SW）

每个企业都要定期检查自己的优势与劣势，这可通过"企业经营管理检核表"的方式进行。企业或企业外的咨询机构都可利用这一格式检查企业的营销、财务、制造和组织能力。每一要素都要按照特强、稍强、中等、稍弱或特弱划分等级。

当两个企业处在同一市场或者说它们都有能力向同一顾客群体提供产品和服务时，如果其中一个企业有更高的赢利率或赢利潜力，那么，我们就认为这个企业比另外一个企业更具有竞争优势。换句话说，所谓竞争优势是指一个企业超越其竞争对手的能力，这种能力有助于实现企业的主要目标——赢利。但值得注意的是：竞争优势并不一定完全体现在较高的赢利率上，因为有时企业更希望增加市场份额，或者多奖励管理人员或雇员。

竞争优势可以指消费者眼中一个企业或它的产品有别于其竞争对手的任何优越的东西，它可以是产品线的宽度、产品的大小、质量、可靠性、适用性、风格和形象以及服务的及时、态度的热情等。虽然竞争优势实际上指的是一个企业比其竞争对手有较强的综合优势，但是明确企业究竟在哪一个方面具有优势更有意义，因为只有这样，才可以扬长避短，或者以实击虚。

由于企业是一个整体，并且由于竞争优势来源的广泛性，所以在做优劣势分析时必须从整个价值链的每个环节上，将企业与竞争对手做详细的对比。如产品是否新颖，制造工艺是否复杂，销售渠道是否畅通，以及价格是否具有竞争性等。如果一个企业在某一方面或几个方面的优势正是该行业企业应具备的关键成功要素，那么该企业的综合竞争优势也许就强一些。需要指出的是，衡量一个企业及其产品是否具有竞争优势，只能站在现有潜在用户角度上,而不是站在企业的角度上。

　　企业在维持竞争优势过程中,必须深刻认识自身的资源和能力,采取适当的措施。因为一个企业一旦在某一方面具有了竞争优势,势必会吸引到竞争对手的注意。一般地说,企业经过一段时期的努力,建立起某种竞争优势;然后就处于维持这种竞争优势的态势,竞争对手开始逐渐作出反应;而后,如果竞争对手直接进攻企业的优势所在,或采取其他更为有力的策略,就会使这种优势受到削弱。

(二)机会与威胁分析(OT)

　　随着经济、社会、科技等诸多方面的迅速发展,特别是世界经济全球化、一体化过程的加快,全球信息网络的建立和消费需求的多样化,企业所处的环境更为开放和动荡。这种变化几乎对所有企业都产生了深刻的影响。正因为如此,环境分析成为一种日益重要的企业职能。

　　环境发展趋势分为两大类:一类表示环境威胁,另一类表示环境机会。环境威胁指的是环境中一种不利的发展趋势所形成的挑战,如果不采取果断的战略行为,这种不利趋势将导致公司的竞争地位受到削弱。环境机会就是对公司行为富有吸引力的领域。在该市场领域里,企业将拥有竞争优势,可以将市场机会转为营销机会,利用营销机会获得营销成功。

(三)整体分析

　　从整体上看,SWOT可以分为两部分:第一部分为SW,主要用来分析内部条件;第二部分为OT,主要用来分析外部条件。利用这种方法可以从中找出对自己有利的、值得发扬的因素,以及对自己不利的、要避开的东西,发现存在的问题,找出解决办法,并明确以后的发展方向。根据这个分析,可以将问题按轻重缓急分类,明确哪些是急需解决的问题,哪些是可以稍微拖后一点儿的事情,哪些属于战略目标上的障碍,哪些属于战术上的问题,并将这些研究对象列举出来,依照矩阵形式排列,然后用系统分析的方法,把各种因素相互匹配起来加以分析,从中得出一系列相应的结论而结论通常带有一定的决策性,有利于领导者和管理者作出较正确的决策和规划。

(四)SWOT分析的步骤

1.确认当前的战略。

2.确认企业外部环境的变化。

3.根据企业资源组合情况,确认企业的关键能力和关键限制。

4.按照通用矩阵或类似的方式打分评价。

5.将结果在SWOT分析图上定位。

6.战略分析。

(五)SWOT分析简图(图1-2)

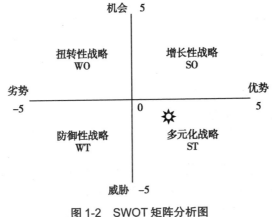

图1-2　SWOT矩阵分析图

（六）SWOT分析组合

SWOT分析有四种不同类型的组合：优势-机会（SO）组合、弱点-机会（WO）组合、优势-威胁（ST）组合和弱点-威胁（WT）组合。

1. 优势-机会（SO）战略　是一种发展企业内部优势与利用外部机会的战略，是一种理想的战略模式。当企业具有特定方面的优势，而外部环境又为发挥这种优势提供有利机会时，可以采取该战略。例如良好的产品市场前景、供应商规模扩大和竞争对手有财务危机等外部条件，配以企业市场份额提高等内在优势可成为企业收购竞争对手、扩大生产规模的有利条件。

2. 弱点-机会（WO）战略　是利用外部机会来弥补内部弱点，使企业改劣势而获取优势的战略。存在外部机会，但由于企业存在一些内部弱点而妨碍其利用机会，可采取措施先克服这些弱点。例如，若企业弱点是原材料供应不足和生产能力不够，从成本角度看，前者会导致开工不足、生产能力闲置、单位成本上升，而加班加点会导致一些附加费用。在产品市场前景看好的前提下，企业可利用供应商扩大规模、新技术设备降价、竞争对手财务危机等机会，实现纵向整合战略，重构企业价值链，以保证原材料供应，同时可考虑购置生产线来克服生产能力不足及设备老化等缺点。通过克服这些弱点，企业可能进一步利用各种外部机会，降低成本，取得成本优势，最终赢得竞争优势。

3. 优势-威胁（ST）战略　是指企业利用自身优势，回避或减轻外部威胁所造成的影响。如竞争对手利用新技术大幅度降低成本，给企业很大成本压力；同时材料供应紧张，其价格可能上涨；消费者要求大幅度提高产品质量；企业还要支付高额环保成本等，这些都会导致企业成本状况进一步恶化，使之在竞争中处于非常不利的地位，但若企业拥有充足的现金、熟练的技术工人和较强的产品开发能力，便可利用这些优势开发新工艺，简化生产工艺过程，提高原材料利用率，从而降低材料消耗和生产成本。另外，开发新技术产品也是企业可选择的战略。新技术、新材料和新工艺的开发与应用是最具潜力的成本降低措施，同时它可提高产品质量，从而回避外部威胁影响。

4. 弱点-威胁（WT）战略　是一种旨在减少内部弱点，回避外部环境威胁的防御性技术。当企业存在内忧外患时，往往面临生存危机，降低成本也许成为改变劣势的主要措施。当企业成本状况恶化，原材料供应不足，生产能力不够，无法实现规模效益，且设备老化，使企业在成本方面难以有大作为，这时将迫使企业采取目标聚集战略或差异化战略，以回避成本方面的劣势，并回避成本原因带来的威胁。

（七）成功应用SWOT分析法的简单规则

1. 进行SWOT分析的时候必须对公司的优势与劣势有客观的认识。

2. 进行SWOT分析的时候必须区分公司的现状与前景。

3. 进行SWOT分析的时候必须考虑全面。

4. 进行SWOT分析的时候必须与竞争对手进行比较，比如优于或是劣于你的竞争对手。

5. 保持SWOT分析法的简洁化，避免复杂化与过度分析。

6. SWOT分析法因人而异。

二、眼镜企业的营销定位

（一）定位的意义

1. 定位是战略而不是战术　企业绝对应该从战略的高度认识定位的重要性。品牌定位不是一种短期的战术行为，每一个品牌的定位都是试图为自己树立一个持久的形象，而这就需要企业对自己的品牌和竞争对手的品牌现状、未来目标有着清晰透彻的了解。采用定位策略,目的就是要让自己的品牌与市场同类别品牌有效隔离,建立与消费者长久稳定的联系。

2．定位应强调品牌的核心价值　定位必须以品牌的真正实力为基础,这种实力直接反映着品牌的市场竞争优势,所以说采用何种定位策略,都需要进行知己知彼的明智分析。例如眼镜镜架品牌的典故、功能、属性、个性、风格都可能成为镜架产品定位选择的依据。

3．定位是对消费者认知的确认　眼镜消费者认知眼镜品牌主要通过眼镜零售终端和周边亲朋好友体验消费经验获得,他们可能没有产品生产厂家和经销商那样对产品和服务悉数了解,但这并不影响他们对品牌作出喜好、漠然或抗拒的选择。消费者通常以对品牌的期望和购买后获得的实际感知与体验(功能属性或情感愉悦方面)来评判一个品牌的好劣,而且随着消费者经验的丰富,他们会将品牌分类。消费者对品牌主动的、有意识的区分,即是定位。从企业或品牌建设的角度,定位即是梳理出消费者对品牌有利的认识,并发展和巩固这种认识。企业对品牌进行定位时,实质上就是对消费者作出一种承诺。这种承诺,从另一个角度,是对消费者品牌认知的确认。

定位分析完成后,需要进行进一步经营定位。如品牌的定位,是确定为高档奢侈品还是定位于一般消费品。

（二）品牌定位

1．眼镜品牌定位　完整的品牌包括品牌名称和品牌标记两部分。

品牌名称是指品牌中可以用语言称谓表达的部分。

品牌标记是指品牌可以被识别、认识,但不能用语言称为表达的部分,如独特的符号、图案、色彩或字体造型等。

眼镜产品定位是眼镜(镜架、镜片、接触镜、太阳镜等)品牌建设的关键,一个眼镜品牌没有定位,它在消费者心目中就没有独特的价值。

眼镜生产品牌(眼镜生产商)建设目的是增加眼镜生产商的积极性,维护企业发展。但生产的基本为半成品,半成品的产品特性导致了市场运作上的诸多问题,这样诸多问题的存在增加了建设品牌的难度,从某一种程度上来说,眼镜生产企业只是一个原料的生产企业。

眼镜产品(眼镜零售企业)品牌建设过程的目的在于为公司、产品或服务创建一种独一无二的个性,从而使其变得与众不同。因为通常眼镜产品品牌个性是借由定位表达的,眼镜消费者也是借助品牌定位策略树立对品牌的看法,增强对眼镜品牌的印象。

2．眼镜品牌定位实现眼镜建设的三大突破

（1）做渠道品牌:由于眼镜"半成品"的产品特性,眼镜企业不仅在销售上对渠道的依赖,产品的同质化让消费者对产品生产企业的认知趋向于零,所以,不同于很多行业的企业品牌＋产品品牌,渠道品牌为企业品牌服务的模式,眼镜行业企业的品牌弱势与渠道品牌的强势,让我们的品牌建设必须一切以渠道品牌为核心。

（2）做服务品牌:忘掉产品做服务,做服务品牌,关键是做培训,树立全员服务意识,不放弃每一次留下好感的机会。

（3）做概念品牌:用概念把我们品牌的个性表现出来,时尚也好、健康也好,有型也好,给我们自己一个说辞,也就是给消费者一个选择我们的理由。概念品牌,提高人们对品牌的认知度。

品牌定位的准确性为品牌延展创造基础:如果某个眼镜品牌在某一市场表现良好,则人们往往认为,在相关的市场上该眼镜品牌的质量也比较高,所谓的"爱屋及乌"就是这个道理。这也就为一个眼镜品牌的品牌延伸提供了捷径与可能。因此,一个眼镜品牌要进行品牌延伸,开发新的市场,就需要转嫁消费者对品牌已有市场眼镜产品的品质认知度。

（三）广告定位

眼镜广告定位策略是研究思考如何在各种激烈的市场竞争态势中,将眼镜产品品牌或眼镜店服务品牌打入消费者的心中以便占有一席之地与分量。

1. 定位在顾客心里　即广告定位要"定"在顾客心中,表现在商品的名称、价格和包装上,而不是在商品本身。基本上这是一种表面的有形改变,其目的是希望能在顾客的心目中,占据有利的"情有独情"的地位。

2. 广告定位策略法则

（1）在广告活动中一再强调眼镜产品是"第一的"或"最好的",并不能改变顾客心目中根深蒂固的商品印象,得有出奇制胜的定位策略方能奏效。

（2）定位策略的法则乃强调"眼镜在顾客的心中是什么分量",而不是"只强调商品是什么,有多棒"。亦即定位是从顾客的眼光和心目中来看商品,而不是从商品广告者的角度来衡量。

（3）最好的定位策略就是抢先攻下顾客心中的深处,稳坐第一品牌,后来者通常是无法居上的。要让顾客对广告的商品有先入为主的印象与观念,才能领导目标市场。

（4）要找到市场上的"商品利基"（merchandise niche）与生存空间,有时候商品"不是什么""反而比商品"是什么"更为重要。商品"不怎么第一"反而比商品"多么棒、多么第一"来得有效。

广告定位的制胜策略即是采取"打洞策略"或"找洞策略"（gapping strategies）,亦即从消费者的心中找出缝隙来,然后钻进去填满。其最重要的定位理念为:别人没有,我有;别人不做,我做;别人做不到,我做得到。例如眼镜镜架产品可以从消费者年龄、职业、性别、消费行为特征等信息来分析目标群需求和期望。

第五节　中国眼镜行业状况

资料显示:在我国近 14 亿人口当中,需要配镜的人口超过 5.5 亿,但由于中国地域辽阔、各地区经济发展不平衡等诸多原因的制约,实际配镜人口只有 2 亿多,只占总人口的 14.3%,占总需配镜人口的 36.4%。从该组数据中可见中国眼镜市场可挖掘的潜力巨大、前景广阔。

纵观近几年我国眼镜业的发展,从发展局面来看,我国眼镜行业形成了国有、集体、私营、合资、独资等多种所有制企业;从分布格局来看,中国眼镜企业主要分布在华东地区,现已形成广东深圳、福建厦门、浙江温州、江苏丹阳、上海、北京等主要的生产基地,眼镜业出口主要集中在浙江温州、江苏丹阳和广东深圳,其中江苏丹阳已成为世界上最大的镜片生产基地和亚洲最大的眼镜产品集散地,镜架产量占国内三分之一,镜片产量占国内 75%、占全球 50%;从企业性质来看,外商和港澳台投资企业所占比重最大,其次是股份制企业。小型企业较多,大中型企业较少,且多为外商和港澳台投资企业或是股份制企业。

在眼镜行业百花绽放的势头下我们不得不正视这个行业的发展越来越需要正确的专业扶持,权威的行业规划,以及健康的发展模式。

2017 年 1~12 月,我国眼镜产品（不含仪器设备）出口达 53.7 亿美元,同比增加 7.25%。从眼镜产品类别分析:太阳镜、老视镜等成镜出口 29.81 亿美元,同比增加 5.28%,占总额的 55.52%。（其中太阳镜出口 16.58 亿美元,同比增加 7.51%,占总额的 30.88%）;眼镜架出口 11.48 亿美元,同比增加 2.11%,占总额的 21.38%;眼镜片出口 10.73 亿美元,同比增加

19.24%，占总额的 19.98%。

2017 年 1～12 月，我国眼镜产品（不含仪器设备）进口 12.23 亿美元，同比增加 17.06%。从眼镜产品类别分析：太阳镜、老视镜等成镜进口 3.12 亿美元，同比减少 8.45%，占总额的 25.53%；眼镜架进口 1.59 亿美元，同比增加 10.36%，占总额的 12.96%；眼镜片及其毛坯进口 4.39 亿美元，同比增加 52.16%，占总额的 35.9%；角膜接触镜 2.58 亿美元，同比增加 19.56%，占总额的 21.09%。

（根据海关总署提供资料的分析、统计。内容来源：中国眼镜协会）

一、中国眼镜生产状况

（一）中国眼镜生产环境（eyeglasses production environment）总体状况

经过多年发展，中国已成为世界领先的眼镜生产大国，产业主要分布在深圳、厦门、温州和丹阳四个地区，其中深圳由于地理优势和政策支持，已成为中国最重要的中高端眼镜生产基地和出口基地，目前深圳共有各种眼镜制造企业近 500 家，年产眼镜架 2 亿副，占全球同类市场份额的 60%。

深圳眼镜主要以港资企业为主，有传统国际市场销售渠道的优势，故生产的产品主要外销，国际大公司的贴牌产品主要集中在那里，因此，深圳的镜架产品档次较高。温州产品以中低档镜架与太阳镜为主，产品主要外销，产量与企业规模都较大。厦门眼镜企业主要以台资企业为主，产品以太阳镜为主，现国内较高档次的太阳镜基本出自厦门。丹阳眼镜主要是通过眼镜市场发展起来的，可以说是产业滋生了市场，市场又推动了产业的发展，目前，丹阳眼镜产业的状况是以树脂镜片生产为主，国内市场上所卖的树脂镜片 75% 产自丹阳。

（二）深圳眼镜产业发展状况

深圳市是世界眼镜生产基地，其在全球眼镜产量中占据 50% 份额，在欧洲的市场占有率达 70%。横岗生产的眼镜又占了深圳产量的一半。资料显示：全球 75% 的眼镜从香港走向世界，而香港的眼镜 70% 产自横岗。拥有 70 万人口及各类企业 2 000 多家的横岗街道，现已成为深圳东部集研发、生产、销售为一体的眼镜等产业集聚基地。

纵观整个国际环境及行业现状，可知包括深圳在内的广东很多生产型企业面临发展瓶颈有：深圳眼镜生产产量全球很高，但缺乏在国际知名的自主品牌，以中小企业为主，缺少大的企业集团，市场整体竞争力不强。针对这一现状，龙岗区计划在横岗打造一个眼镜产业总部基地。该总部基地旨在加快深圳眼镜产业的整体升级。做精细化经营和调整企业经营模式。经济全球化和世界经济一体化将行业的竞争从企业对企业的竞争转变成产业链对产业链的竞争，深圳眼镜生产厂家通过产业基地化可以建立同业联盟，如 10 个眼镜厂合作开辟渠道，合作做终端，也可以注册共有品牌共同发展，或者建立产业链联盟，制造和终端直接合作等，通过发展模式转变做大做强。

近年来，眼镜产业虽取得了长足发展，但也有一些亟待解决的问题。行业内存在相当部分企业以简单生产、制造和代工模式发展，处于产业链低端，利润最低；少有自创品牌，更缺乏国际知名的品牌；眼镜研发和营销的高级人才匮乏等。因此整体产业的转型升级迫在眉睫。预计随着眼镜总部基地的建成，横岗的眼镜业将迎来一个快速发展的春天。为此广东省眼镜业作出以下模式改变：

1．调整企业发展战略　现在深圳眼镜行业企业培养自主品牌，并已经通过自主品牌抢占国际市场。从而实现贴牌生产到自主生产的转型。

2．建立完整的横岗市场发展格局　横岗正式发布了首个"深圳制造"品牌，深圳眼镜行业开始"突围"。深圳市眼镜产业标准联盟正式进驻横岗。未来，联盟将直接为各眼镜企业解决标准化建设工作的相关问题，推动"横岗眼镜"区域品牌建设。为此深圳市标准技术研究院发起，市场监督管理局龙岗分局和横岗街道办直接推动成立眼镜产业标准联盟，同时推动企业实施创新发展战略。深圳眼镜产业标准联盟整合区域眼镜产业集群内企业在研发设计、产品制造、品质把控、现代营销以及人才培训等方面的优势资源，加强产业内的技术交流与合作，提升深圳眼镜企业在国内外标准化领域的参与度，积极探索以团体标准评估产品品牌价值的方法。

被誉为"眼镜王国"的横岗，对提升"横岗眼镜"的品牌美誉度和推动眼镜产业往高端化、品牌化方向发展以及加快深圳眼镜产业转型升级具有重要意义。

（三）厦门眼镜生产业发展状况

福建省厦门市是全国 5 个计划单列市之一，同时也是全国首批实行对外开放的五个经济特区之一，享有省级经济管理权限并拥有地方立法权。厦门市眼镜制造业主要是 20 世纪 80 年代末 90 年代初，台湾一批优秀的眼镜生产企业及配套厂移师厦门，逐渐建立完善起来。之后，随着一批国内眼镜工厂的建立发展和外省眼镜企业在厦门投资设厂，厦门市以建成以太阳镜为主体，兼有偏光镜片、光学镜片、眼镜架、生产设备等门类相对齐全的眼镜制造行业，形成了从材料、零件、电镀、成镜、包装到批发零售等完整的产业链，企业规模大、工艺完整、品种齐全、档次高、品牌优势明显，生产规模、技术水平在国内乃至世界上都已达到较高的水平，厦门于 2009 年获得中国轻工联和中国眼镜协会颁发的"中国太阳眼镜生产基地"荣誉称号。中国大部分的太阳镜都是由厦门生产制造的。由于厦门的眼镜生产企业都是自己的产房，所以厦门没有建立太阳镜工业园区。

目前，厦门是眼镜产业密集度最高的地区之一，生产企业近百家，年产值过亿元的企业有 11 家；年产值过 5 000 万元的企业有 10 家。生产的品种基本涵盖了高中低各档以及各种材质、类型的太阳镜。2014 年，厦门市眼镜行业的总产值超 45 亿元人民币，成品出口额超约 3 亿美元。

中国眼镜太阳镜生产基地在厦门落户，为厦门市增添了一张崭新的名片。因此，厦门眼镜业在国内有着举足轻重的地位。经过这些年发展，厦门眼镜产业链非常完整，企业规模较大、工艺完整、品种齐全、档次高、品牌优势明显，获得中国眼镜太阳镜生产基地称号是实至名归。

厦门生产的太阳镜已是国内太阳镜市场的主流产品。当前，厦门太阳镜出口占全国太阳镜出口额近一半；全国各地卖场中，大部分的太阳镜是由厦门眼镜企业生产的。此外，经过不断开发研究，厦门已经拥有部分自创品牌，并代理销售国际品牌，成为了国内同类产品的主要代表和国内太阳镜的主要潮流引导者。

（四）温州眼镜生产业发展状况

20 世纪 70 年代末，温州眼镜业还处于一片空白，温州人凭借自己的能力，创造了从无到有，从小到大的局面。20 世纪 90 年代中后期，温州眼镜也取得长足发展，全市专业生产眼镜的企业已超过 500 家，从业人员在 4 万人左右，年产值 1 000 万元以上的企业接近 30 家，拥有自营出口权的企业达到 20 余家，眼镜产品 95% 出口至世界各地。温州市于 2003 年 1 月被中国轻工业联合会正式授予"中国眼镜生产基地"荣誉称号。到 2006 年左右，温州眼镜业又迈进一个新的发展局面。企业数量增加到 1 000 余家，眼镜配件、设备、模具、电镀等都形成了规模化产业链，产品质量大幅度提升。企业渐渐规模化，集约化，现代化发展。经过 40 年的持续发展，经历从价格到新材料到品质三个阶段的不断发展，现已成为引人瞩目的眼镜业生产基地。

据温州海关统计，2017 年上半年温州眼镜出口 32.85 亿元，同比增长 19.64%。目前，温州眼镜出口产品主要以光学眼镜为主,出口企业主要集中在瓯海、鹿城和龙湾。温州眼镜企业代工几十个国际知名品牌,涉及代工的企业多达40～50家。最近几年国际大牌逐步将订单转到温州眼镜企业生产,主要是温州眼镜的性价比有所提升。同类眼镜,温州产的比深圳的要便宜1～2美元。大量采用自动化设备后,温州眼镜产品变得标准化了,质量也得到了保证。

目前,眼镜制造业发展势头迅猛,但仍存在产品结构亟待优化、平台支撑有待提升、代工模式难以为继等问题。为此,温州提出今后要在光学仪器和眼镜制造产业改造提升和创新发展取得突破性进展,产品研发能力和品牌建设取得成效,在国际产业分工和价值链中的地位明显提升,着力打造国际性光学仪器和眼镜制造业基地。

未来,温州计划打造千亿级别产业的中国(瓯海)眼镜小镇。小镇核心区面积1.05平方公里,布局规划"三个基地""四个中心"体系,包括中国眼镜时尚设计、眼镜运营总部经济、校地校企合作示范三个基地,拥有眼镜交易(市场)中心、眼镜设计(创意)中心、国家级眼镜监测中心、旅游中心四个体系。

(五)江苏省眼镜生产业发展状况

自20世纪70年代首批专业眼镜生产企业在丹阳诞生以来,经过40多年的发展、整合,现已形成了从设计、生产、物流、销售、品牌策划、零配一条龙的完整产业链及社会化分工、规模化配套、上下衔接的产业体系。目前,在丹阳从事眼镜行业及相关配套的工贸企业有2 000多家,眼镜生产企业近600家,从业人员超10万人,产品涵盖眼镜产业各领域,每年生产1.2亿副镜架,约占全国市场份额的30%;镜片产量则达到4.7亿副,不仅占据全国市场份额的75%,还因拥有45%的全球市场,成为世界最大镜片生产基地。

近年来,江苏丹阳的眼镜产业发展突飞猛进,在增加社会就业、扩大出口创汇、提高江苏丹阳知名度、积累建设资金等方面发挥了重要作用,为江苏丹阳市的经济建设做了很大贡献。呈现出突出的行业优势和眼镜产业特色主要有以下几点:

1. 眼镜产业链条完整　江苏丹阳眼镜专业协作配套健全,分工精细,由眼镜原料配件、镜架制造及电镀、镜片生产及加硬镀膜、眼镜机械、镜盒生产、印刷、包装等企业组成了较完整的眼镜产业链条。企业间分工协作,各司其职,眼镜生产所需的各种原辅材料及配件,基本上都可以就地取材,很多企业都是前店后厂,市场内都有批发门市部,产品出厂直接上市交易,大大降低了经营成本。眼镜市场,从原材料到成镜,从零配件到加工机械,从光学镜到太阳镜,品种齐全,应有尽有。

2. 眼镜产业集群历史悠久、基础厚实　江苏丹阳眼镜业起源于20世纪60年代末期,经过50多年的发展、整合,现已形成了从设计、生产、销售一条龙整齐的眼镜产业链及社会化分工、规模化配套、上下衔接的产业体系、成为江苏丹阳的"支柱产业之一"。并于2005年获得"中国眼镜生产基地"的荣誉称号。江苏丹阳拥有全国最早、规模最大的眼镜市场和国家级的眼镜质量检验检测中心。眼镜市场成交额已超过10亿元,成为世界一流的眼镜交易市场。江苏丹阳眼镜生产企业主要集中于司徒镇和开发区,聚集效应明显,信息交换快捷,产品周期缩短,行业自律严格,眼镜产业升级迅速。

3. 质量兴业意识浓厚　江苏丹阳眼镜业经过持续快速发展,质量意识不断强化,现已走上质量兴业之路。到目前为止,全市眼镜行业拥有注册商标2 000多个。现在,江苏丹阳眼镜业已有30多家企业通过了ISO国际质量体系认证。据质监部门的数据显示,连续几年来,江苏丹阳眼镜质量检测合格率达到90%以上。2006年,国家眼镜产品质量监督检验中心在江苏丹阳设立,使江苏丹阳获得了眼镜国际标准参与制定权。也确立了江苏丹阳眼镜业在全国行业中的重要地位。

4. 人才研发优势显现　江苏丹阳已成为全国最大的集眼镜研发、生产、市场销售为一体的综合性基地之一。现有各类眼镜科研机构 15 家、专业技术人员 2 000 人,其中具有中、高级职称的科技人员达 130 多人。自主开发了 CR-39 树脂镜片、高档全钛镜架等产品。

5. **区域发展环境造势**　江苏丹阳专为眼镜企业设立了科技创新奖、外贸出口奖、品牌建设奖、境外投资奖、中小企业国际开拓奖、基地建设奖、引进外资奖,用于培植新型企业和高科技产品,重点支持眼镜企业出口品牌建设、质量认证、国外参展以及境外设厂、成立研发中心等。

(六)中国眼镜生产企业的发展策略

国内眼镜生产面临全球经济压力,人民币汇率波动,出口退税减低,国外诉讼低价倾销,出口订单减少,原材料涨价,劳动力成本增加,利润倒挂,缺乏先进的管理技术和人才等诸多问题的情况下,怎么突出重围,做到继续发展的确不是一件容易的事情。我国的眼镜生产企业要保持企业稳定、持续发展,应从以下方面加强努力:

一是树立我国产品的自主品牌:以前我们的产品出口只是半成品或出口后换成国外品牌销售,利润相当低。塑造我们自己的品牌,提高产品利润空间,从长远看这是必经之路。

二是加大技术研发投入:我们的产品技术含量和附加值都比较低。参考国外企业,研发投入占到利润的 10%~15%,而我国眼镜生产企业研发投入不超过利润的 2%。我们应该加大研发投入,提高产品技术含量,提高产品附加值。

三是充分发掘国内市场潜力:我国眼镜零售企业和戴镜人数远远超过整个欧洲。每年1.2 亿副眼镜的巨大市场需求,中国市场在外国人眼里都是十分巨大的,外资眼镜店纷纷进入中国眼镜零售业足以证明这一点。

四是加强国内企业的管理水平,提高生产效率和产品质量:在国外开设分厂和分支机构,从长远看有利于占领国际市场,我们考虑采取收购或参股的方式取得国外的先进技术和市场来实现海外拓展。

二、中国眼镜批发状况

(一)中国眼镜批发业的现状

我国眼镜批发企业以前主要集中在江苏丹阳和北京潘家园眼镜批发市场,这两个批发市场基本上覆盖了全国的眼镜零售企业,但最近几年在很多省会城市开设了眼镜批发市场。以东北三省为例,在哈尔滨、长春、沈阳三个省会城市相继开设了眼镜批发市场,因此批发企业数量也猛增,致使批发企业都处于惨淡经营状态。一些批发商不得不在批发市场做起零售,以维持生存。同样批发企业也面临着房租涨价、雇员工资增加以及员工出差费用的增加的压力,再加上批发价格竞争,给零售企业免费铺货,以及付款期限不断延长等压力,最终批发企业把自己逼到没有出路。

20 世纪 80 年代末 90 年代初,杜桥浙江眼镜城、河南长垣眼镜市场、湖南廉桥眼镜市场、江西鹰潭眼镜市场并称当时中国四大眼镜市场。其后,江苏丹阳眼镜批发市场、北京眼镜城、广州眼镜各大市场纷纷入市登场,或依托生产基地,或凭借区域优势,形成均衡发展。进入 21 世纪,中国眼镜批发市场更是蓬勃发展,西南、西北、东北等地眼镜批发市场与华东、华北、华南、中原等地眼镜市场遥相呼应,格局由集中逐步走向分散,网络遍布全国。与此同时,中心城市如北京、上海、广州等地眼镜市场数量呈扩张态势,高度密集。

(二)江西省眼镜批发状况

鹰潭市余江县是我国著名的"眼镜之乡"。早在清代嘉庆年间,余江县中童镇就出现了眼镜作坊和销售组织,迄今已有 200 多年的历史。改革开放 40 年来,只有 36 万人口的余江县，有近5万人在国内外从事眼镜销售工作，而只有3万多人的中童镇更是有1.2万余人常年在外销售眼镜。在广州、北京、上海、丹阳、成都等大型眼镜批发市场中，鹰潭眼镜经销商的销售额占到40%。鹰潭眼镜人的销售足迹遍布全国各地及40多个国家和地区，国外贸易网点有310多个，辐射国内外2 980多个城市，鹰潭眼镜人的年销售额达60多亿元。

2006年3月，经江西省人民政府批准，鹰潭市余江工业区升格为省级工业开发区，并成为"江西省眼镜产业基地"。经过不断努力，鹰潭眼镜产业基地现已形成生产、销售两轮驱动的良性发展态势，形成了完整的眼镜产业链条。贸易基地由余江县中童镇、"鹰潭国际眼镜城"和"鹰潭眼镜一条街"组成。"鹰潭国际眼镜城"总投资10.3亿元，建筑面积45万平方米，是以眼镜批发零售为核心产业，以眼镜文化旅游为补充，以物流仓储、酒店、商务办公、研发培训等产业为配套的大型综合眼镜商贸集散基地。鹰潭国际眼镜城于2013年6月正式营业，现已签约入驻商户、贸易公司300家。鹰潭"眼镜一条街"现有眼镜商家177户，主要从事眼镜批发业务。目前，鹰潭眼镜行业已从产业链目标、产能目标、技术目标和市场目标着手，培育壮大了一批具有国际竞争力的龙头企业和品牌企业。配套建设了一批省级创新平台和企业技术中心，使金属、板材、产品外观的开发、应用和产业化水平总体达到国内先进水平，鹰潭市已成为全国眼镜生产研发基地和区域眼镜贸易中心，并带动了一大批下游产业。

鹰潭市委、市政府始终从战略高度将眼镜产业作为"富民产业"放在优先发展位置，走工贸一体化道路。着力加强品牌建设，推动外贸转型升级。已成立鹰潭眼镜销售联盟公司，全力整合鹰潭眼镜销售优势资源，打造中国眼镜销售第一品牌。

（三）江浙一带眼镜批发业状况

从"路边摊"到专业市场，浙江眼镜城经历"三部曲"。现在，只要谈论起眼镜，很多人自然而然地会联想到杜桥，位于杜桥的浙江眼镜城是台州第一个专业眼镜批发市场，也是当时全面四大眼镜市场之一，并一度成为全国眼镜主要批发市场之一。

1986年10月，建起了中国第一家专业眼镜批发市场。这一事件最直观的效应就是使丹阳这座城市的经济发展，将全国众多的同等级别城市远远抛在脑后。可以说，丹阳眼镜批发市场繁荣了一座城市的经济，因为在20世纪80年代末，丹阳眼镜批发市场的年销售额就是以亿为单位进行统计。

丹阳眼镜批发市场的繁荣，一是受惠于建市早，二是得益于它建市之时正是我国眼镜零售业的跃升阶段。丹阳眼镜批发市场的建立正好解决了零售商进货难的问题。

丹阳眼镜批发市场的繁荣还有一个重要的因素就是浙江籍眼镜批发商以及浙江眼镜。早期丹阳市场的货源几乎都来自浙江。浙江眼镜价格低廉，浙江批发商善于经营，因此推动了丹阳市场的蓬勃发展。但有一利就有一弊。限于浙江眼镜工厂的设备、技术、管理等条件的不足，当时浙江眼镜的质量有待进一步提高。因此，早期丹阳市场的批发档次不高。但不管怎样，抢占先机的丹阳市场同时成为了东南亚地区最大的眼镜集散地之一。目前丹阳建有中国（丹阳）眼镜城与中国（丹阳）国际眼镜城，两城紧临丹阳火车站与汽车站比邻而立。丹阳眼镜城经过三期工程改造后，占地27亩，建筑面积为3.7万平方米，商铺800余间，分为品牌区、精品区、配件和仪器区、办公展示区、购物中心及商业步行街等。中国（丹阳）国际眼镜城完全摆脱了传统眼镜市场的单一商业模式，是集休闲娱乐、餐饮住宿、商务办公、影视表演等为一体的体验式商业。该模式表现的是一种城市生活休闲中心，在建筑层面上体现为商业街区模式。目前丹阳眼镜批发市场的交易规模位居全国前列。

（四）北京眼镜批发业状况

北京潘家园眼镜市场是指位于北京市东三环潘家园桥原北京眼镜厂旧址的眼镜系列产品批零市场，以规模大、品种多、价格低在全国很有影响。经过扩建的北京眼镜城由 3.1 万平方米扩建到 5.2 万平米，以单体建筑交易面积而言，是目前我国华北最大的眼镜批发市场之一。该市场为国内、国际眼镜批发商提供了良好的交易平台，也为京城居民验光配镜提供了更加方便的商业环境。

北京名镜苑眼镜城总建筑面积 10 000 多平方米，经营面积近 7 000 平方米。目前市场共进驻商户 100 多家，批发销售各种眼镜架、太阳镜和接触镜及各类镜片。目前经营的品牌有国内国际各种产品的上百个品牌，适合不同消费者的需求。为了促进中国和世界间的经济贸易往来，扩大世界各国产品在中国市场的知名度，促进世界眼镜企业迅速在中国大市场占有一席之地，城内专门划出一部分区域作为国际产品区。在此区域内，欢迎各国眼镜企业前来展示、销售、购买产品，建立自己的产品专卖店，扩大世界多种品牌的眼镜在中国市场的知名度和销售量。

北京眼镜批发市场主要为我国北部地区和蒙古国及俄罗斯等国家和地区提供眼镜相关产品和仪器设备销售、维护等技术服务。

（五）其他地区眼镜批发业状况

随着时间的推移，南京华东眼镜城、沈阳钟表眼镜批发市场、开封眼镜城、西安眼镜城、济南眼镜城、义乌眼镜城、杭州神州眼镜城、武汉眼镜城等在我国先后建立。到 20 世纪 90 年代末至 21 世纪初，已经建立了近 30 家正规专业的眼镜批发市场，以及更多的自发形成的非正规眼镜批发市场。

在哈尔滨、长春、沈阳三个省会城市相继开设了眼镜批发市场，因此批发企业数量也猛增，致使批发企业都处于惨淡经营状态。一些批发商不得不在批发市场做起零售，以维持生存。同样批发企业也面临着房租涨价、雇员工资增加以及员工出差费用增加的压力，再加上批发价格竞争，给零售企业免费铺货，以及付款期限不断延长等压力，最终使批发企业运行更加艰难。

中国眼镜批发市场经过多年的积累以及市场"洗礼"，已取得长足的发展，其整体现状表现为：

1. 交易会所，设有专职管理机构的专业市场数量上呈扩张态势。
2. 竞争由局部蔓延全国各大市场。
3. 软硬件环境的不断改善，完善的现代眼镜批发市场显形。

经营管理中，各大眼镜市场站在理性的角度上，在长远的发展中形成自己独特的经营模式和经营特色。例如：江苏丹阳眼镜城主要以内销为主，市场辐射全国各地；广州各大眼镜批发市场主要以外销为主，市场依托港、澳、台，并架构欧美市场；北京眼镜批发市场则占据有利的区域优势，内销外销兼而有之，形成"双腿"并驾齐驱的格局。

（六）国内眼镜批发企业的发展策略

我国眼镜批发企业面对资金压力，大量资金用来给零售商铺货，还有零售企业大量卖不出去的退货。随着积压成本加大，再有人力成本和差旅费的加大，批发商现在越来越举步维艰。我国的批发商应该如何跳出这个恶性循环呢？我们结合中国现状总结如下：

1. 镜片批发企业可以利用自身优势做对外加工，主要面对零售眼镜企业，为零售业提供成眼镜加工，既保障了加工质量，还减少了批发商自己和眼镜零售企业的库存；既可以赚取批发利润，还可以赚取加工利润。这种模式在欧洲和中国香港已经非常成熟，而且在北京、深圳已经有人开始尝试。

2．镜架批发商可以注册自己的商标。采取订单的模式，根据市场需要，设计自己的镜架款式。

3．严格控制铺货数量，严格限制汇款速度，加快货物的周转效率。

4．开设眼镜零售点，通过自己的零售企业，可以消化眼镜店退回来的库存，降低退货损失。

5．提高经销产品质量和档次。高档产品一般可以要求零售企业现金交易，而且不退不换，降低资金压力。

三、中国眼镜零售状况

（一）中国眼镜零售业的现状

中国眼镜零售市场每年总配镜数量可达到 2 亿多副，每年眼镜市场零售额达到 500 亿元。如今一些大城市的眼镜消费可以说已经达到中等发达国家水平。但各地的发展速度并不均衡，大城市的旗舰店、中心店平均客单价 1 000 元以上的比比皆是，而众多的县城小店、眼镜超市以及大城市的批发商零售店的客单价仍然较低。因此，近年来我国眼镜零售市场变化应该归纳为——总量上升，单价拉开，消费多元。眼镜零售企业的竞争日益激烈、同质化趋势更加明显。目前眼镜零售行业出现如下现象：

1．知名企业数量增加但核心竞争力不突出　全国性和地区性知名眼镜零售企业的规模扩张和影响力已经达到了相当的程度，而且还在继续扩张。眼镜零售商店的数量已经显著增加，但大多数小型或非知名眼镜店的生存空间遇到了很大压缩。目前这些强势品牌商家品牌信誉度较高、资金相对雄厚、专业技术力量也比较好，所以总体经营状况良好。但是，如果从发展的眼光来看也存在许多隐患。其中主要的问题是他们缺乏其各自企业的真正核心竞争力。目前的眼镜商店普遍非常雷同，没有太多明显个性化、差异化的东西，眼镜店互相模仿的状况还在越演越烈。目前，品牌连锁经营和规模扩张依然是现代商业零售业态发展的热点。但应该指出，品牌是需要独特而且丰富内容来支撑的。眼镜类产品毕竟不是普通的零售商品，它们属于医疗器械，需要更多、更好、更专业的销售服务。而这一点却是现在眼镜零售企业需要着力加强的。

2．医疗背景企业快速进入　眼科医院或医院眼科越来越重视以验光配镜为核心内容的视光学服务，并取得了巨大的成功。这些企业依仗其良好的医学背景和雄厚的专业实力，在消费者心目中具有吸引力，经营状况火爆。这样的情况至少说明了这样的一个道理，眼镜零售需要相关的医学知识和眼科技术来支撑，消费者特别能够认同或者更加愿意将眼镜作为医疗行为来对待。然而，视光学服务或者"验光配镜"毕竟不属于或者不仅仅是眼科医疗，视光学是以眼科医疗为基础之一的全新学科。许多医院在视光学服务方面有待进一步完善。因此，医院要提高专业视光学服务并不是仅限于设立相关机构。此外，眼镜零售行业究竟是否有必要建立医学服务的权威形象，以及眼镜零售行业如何建立或者重塑专业权威的形象。这个问题值得进一步探讨和研究。

3．成本加大利润降低　目前，眼镜店的专业技术、经营水准、服务能力已经有了显著提高。同时，包括店铺租金、装潢设备、员工薪资、广告投放经营成本也明显在增加，但业绩和利润却没有得到同比增加。眼镜行业是一个门槛低，行业结构层次复杂的一个行业，不可能形成垄断。目前，眼镜行业包括零售环节其生存压力越来越大。眼镜零售企业必须考虑如何减少成本、增加营业额。

要增加收入就必须扩大顾客队伍，增加店堂的客流量。同时还应该努力提供更加丰富多彩的产品，改善我们的服务，引导新的消费观念，有效增加人们的购买率和购买量。据调查，目前大多数眼镜零售点的客流严重不足，服务能力严重浪费。眼镜店的支出主要由店租、装潢、仪器设备、广告费用、员工工资等组成。这里就有一些理念的问题需要大家去思考或讨论：眼镜店到底需不需要在黄金闹市中心？眼镜店需要豪华装修吗？一家好的眼镜店应该装修成什么样子？眼镜零售广告应该怎样做？如何用更少的广告投入来达到最佳的广告传播效果？

4.实体零售模式正在改变　传统眼镜零售行业的服务形式比较单调，那种个性化、差异化的眼镜零售服务还不多见。但是值得注意的是，一些新的眼镜经营方式正在萌芽，它们似乎具有很强的生命力。传统眼镜商店的店堂成列、装潢形式依然是那样一成不变甚至不合时宜。不知道为什么一定要将那么多的各式各样眼镜架成列在店堂主要的地方，虽然说眼镜的功能不仅是矫正视力，也是一种重要的装饰美容产品，人们需要为自己选择一副别致、漂亮的镜架。但是人们选择眼镜的主要的目的还是解决视力问题。所以，我们认为眼镜店不妨更换一种思路：是否可以在展示你们的视光产品的同时，更加重视将先进视光设备、仪器和专业服务空间展示出来，让消费者了解到眼镜消费是一种更加需要高质量专业服务的行为。另外，眼镜店的店铺位置一直以占据黄金地段的闹市中心店为要点。现在人们认为眼镜店选址的重要因素是交通便利已与停车或居民区周边。此外，如果您是个细心的人，一定会注意到，大多数眼镜店在大多数时间几乎没有顾客或者只有很少顾客。这说明两个问题：我们真的需要那么多眼镜店吗？或者怎样才能使眼镜店的顾客多起来。

（二）沿海经济发达城市眼镜零售业发展状况

由于眼镜零售业属于半商半医的行业，消费群体的针对性相对高，这在经营管理与技术角度提高了眼镜零售企业快速扩张的门槛，加之眼镜零售与地方经济、文化氛围有着不可分割的密切关系。而沿海经济相对发达地区就拥有很大的优势，地理条件是得天独厚的，受教育程度高、旅游业、人口的比重、人们的生活收入的提高、资源上的优势，专业化上都是比较成熟的。

零售业具有的特点：

1.市场容量与经济水平和知识群体集中度，密切相关。

2.眼镜零售业的发展与当地经济的发展密切相关，人均可支配收入的提高，直接拉动了眼镜产品零售的平均单价，奠定了眼镜零售业快速发展的基础，经济因素影响并决定眼镜零售业的发展外，地区人口群体的知识结构也深刻影响着当地的眼镜零售市场和眼镜零售企业的发展。

3.城市人口集中度是眼镜零售企业规模壮大的关键。

4.区域性强，同城无霸主。

5.地区差异大，多业态并存。

6.技术靠前，营销滞后。

（三）中西部地区眼镜零售业业发展状况

2001年和2004年中国眼镜科技杂志曾先后组织过"西北视光万里行"和"西南视光万里行"，走访了西北、西南地区不少的眼镜零售企业。也曾对他们当时的发展状况有所记录。2009年，中国眼镜科技杂志和厦门某公司合作举办了规模更大、范围更广的"西部视光万里行"，拜访了西部几个重要省市的数十家大中型眼镜零售企业，与经营者进行更直接、更深入的交流。若干年过去了，在市场经济大潮的推动下，各地眼镜零售市场都发生了不小的变化。取得了惊人的发展。同时，不少的优秀眼镜零售企业，通过自身的努力。充分利用"天时、地利、人和"，在残酷的市场竞争中脱颖而出，成为当地眼镜零售业的佼佼者。

1.**民营企业突飞猛进**　过去，西部的一些省会城市往往是几家具有代表性的国营眼镜店为主导。如今,在许多西部省会城市,如成都、西安等地,都已拥有大大小小数百家眼镜店,且多以民营为主。有的大型民营眼镜零售企业,通过数年乃至十几年、二十几年的发展已拥有为数众多的直营门店和加盟店,占据了当地市场人流量最旺的地段,如商业步行街、市中心广场、大型商场的附近。

2．传统国有企业改制焕发生机　传统国有企业通过改制,不但成功转变了企业的结构,更在思想意识上保持了"与时俱进"。总的来看,这些改制企业经历了改革开放的洗礼和改制的艰难蜕变。思想放得更开了,视野变得更宽阔了。在"变"与"不变"的道路上做到了"优良技术传统的继承"和"因地制宜、突破创新"的有机结合,从而走出了一条具有自身特色的发展道路。

3．市场容量不容小觑　以前,由于东、西部地区的地理阻隔和信息的不对称,不少东部的眼镜供货商对西部地区的经济发展和眼镜市场不够了解。认为西部地区的消费者收入有限,购买力较低,生意难做。因此,他们在很长一段时间内都对西部地区的市场开发持一种观望的态度。有大胆一点的厂商选择"投石问路",也有不少保守的厂商选择了"裹足不前"。但是,通过调研,我们在看到西部地区眼镜零售业规模扩张的同时,也惊喜地发现了西部眼镜零售市场正在高速扩容,西部地区眼镜市场拥有的容量和潜力,着实不可小觑。

4．服务意识显著提高　在走访眼镜店的时候发现,几乎每位进店的顾客都能在第一时间看到店内专业服务人员亲切的微笑,得到热情的接待。除了享用到免费的茶水,还能在配镜等待的时候在店内的"顾客专用休息区"静静休息一会儿,有的眼镜店甚至还专门提供了免费的上网服务。上述这些细节,处处都体现了"以客为尊"的理念。此外,不少眼镜店都开始重视购物环境的改造,给消费者一种惬意的购物体验。

（四）边远经济相对落后地区眼镜零售业发展状况

实际配镜人口只占总人口 15% 的偏远地区市场开发工作刻不容缓。在国内近 14 亿人口当中,需要配镜的人口超过 5.5 亿。但由于中国地域辽阔、各地区经济发展不平衡等诸多原因的制约,实际配镜人口只有 2 亿左右,只占总人口的 15% 左右。从该组数据中可见中国眼镜市场可挖掘的潜力巨大、前景广阔,而广大眼镜零售企业也已经逐渐认识到这一点。近年来,在加强市场拓展,特别是对偏远地区市场的开发、引导、培育工作上都已有了不同程度的发力。

1．眼镜零售企业发展的集中表现

（1）旗舰店与单店的面积越来越大、装修水平越来越高、装修周期越来越短。

（2）验配设备更新提速,设备高端化发展趋势显著,组合式验光仪大量引进,可以说在这方面,部分国内大型眼镜零售店水平已达到世界一流水平。

2．存在的问题

（1）如由于费用增长较快,各种负担加重,零售店利润的增幅低于销售增幅。

（2）人才的培养和储备并没有及时跟上零售企业开店的速度,一方面由于目前整个行业的教育培训方式不正规、不系统,另一方面在于零售企业在专业培训和商业培训等方面花的力气仍然不够。

（3）企业资源配置的不合理,一些大型零售店为吸引风投资金与外资并购,期望在与风投公司在谈判中拥有更多的砝码,把连锁店越开越多。发展速度过快,缺乏系统规划,缺乏合理考察,很多都是靠拖欠应付货款来加大开店的步伐,使门店赚钱效应越来越差、利润越来越低。这些问题都是值得我们深入反思的。

（五）中国眼镜零售企业的发展和策略

随着改革开放 40 年的发展,我国眼镜零售业已从最初的产品匮乏、服务单一,转变为产品结构层次丰富,服务项目多样的局面。而且随着眼镜零售企业的快速发展和布局相对集中,当今眼镜零售市场在部分区域已出现严重竞争现象。所以,为我国眼镜零售企业的健康发展应注重在经营战略与方法上深入研究,不断完善企业的内部管理从而提高企业发展的质量与效益。

1. 明确战略方向　企业经营的战略要建立在清晰的顾客价值主张上。当前,随着市场消费的不断饱和,如何争取顾客,已经成为决定企业经营成败的关键。在这样的形势下,需要企业将自己的发展战略定位在以顾客为中心的价值体验上,即从最初的主要出售产品转变到着力于传递顾客的价值。同时,随时保持警觉,根据市场的起伏、变化对企业经营战略进行动态调整。市场发展中存在诸多变量,例如新法规的颁布、新技术的应用、新潮流的出现、竞争对手的市场突破等,均需要经营者及时对企业发展战略进行动态修正,以适应变化了的市场形势。持续扩大核心业务,谨慎面对自己不熟悉的领域,避免盲目涉足陌生行业。

2. 抓好执行环节　战略方向确定后就需要团队全面正确地实施并执行既定的战略。为此,首先要增强员工责任心,加大对员工形势任务教育力度,让员工清醒地认识到企业发展所面临的形势、承担的任务,提高危机感和紧迫感,并要求领导者必须适度授权第一级员工回应顾客的需求。其次要营造执行文化的氛围,培养企业的执行文化,就是把"执行"作为所有行为的最高准则和终极目标的文化。所有有利于执行的因素都予以充分而科学的利用,所有不利于执行的因素都立即排除,从而引导员工树立主动执行的意识。另外还要通过建立健全约束和激励机制保障员工执行力的提高。提高执行力,仅靠自觉性是不行的,还要有健全的执行约束机制,形成规范、持久的执行力。

3. 构建扁平组织　建立迅速并富有弹性的扁平组织是企业提高管理效率的重要保障。在企业中去除多余的组织层次和行为。促进整个公司的精诚合作和信息交流,加强横向沟通,积极采纳合理化建议。让最好的人才上第一线,让最优秀的第一线人员各尽其能、各得其所,增加权利的下放。迅速并富有弹性的扁平组织能使组织的效率大大提高。

4. 注重人才储备　培养并留住更多的人才,事关企业兴衰和成败,其意义显而易见。企业应尽量选拔德才兼备的内部人才担任中、高层职位。科学设计并持续推动一流的教育培训和人才引进计划。为最优秀的员工安排既有吸引力又具有挑战性的工作,吸引有专业能力的人员进入企业团队。

5. 做好消费分析　从营销学的角度看,消费分析包括范围较广,主要是消费者需求、消费行为模式、影响消费行为的主要因素、消费者购买决策过程等。而对于广大眼镜零售企业来讲,不一定要分析得如此详细,但必须要分清谁是您的可能的顾客,顾客为什么要购买您的产品,又是如何作出购买决策的。

6. 注意竞争分析　对于身处激烈市场竞争的企业来说,必须要花时间去了解对手、分析对手,这样才能占据市场的制高点。作为眼镜零售企业,在分析竞争对手时,首先要识别真正的竞争对手;其次要分析竞争对手的战略和战术;另外还要掌握竞争对手的行动和变化。

7. 确定目标市场　通过消费分析,我们清楚了顾客群体和产品需求;通过竞争分析我们也明白了对手的战略、战术以及其行动变化。这样,企业经营者就清楚地看到了市场的机会、风险和困难。当我们分析了客观环境所提供的外在机会包括风险后,还要分析企业自身的优势和劣势。最终锁定企业自身的目标市场。

四、中国眼镜行业的未来发展

由于高新技术的不断投入和人民生活水平的逐步提高,眼镜行业已成为21世纪的朝阳行业,据调查,我国戴眼镜人口约占全国总人口的 35%,近 5.5 亿人,按每人 2 年更新 1 副计算,每年市场需求量就达 2.7 亿副,每副单价平均 300 元,就有 810 亿元的产业总值,其中,青少年近视人群正在迅速扩大,已引起国家相关部委的高度关注与重视。为贯彻落实习近平总书记关于"共同呵护好孩子的眼睛,让他们拥有一个光明的未来"学生近视问题的重要指示批示精神,切实加强新时代儿童青少年近视防控工作,教育部会同国家卫生健康委员会等八部门制定了《综合防控儿童青少年近视实施方案》(教体艺〔2018〕3 号),以提高我国青少年视觉健康水平。

据原国家卫生部调查,中国从小学到初中、高中、大学,近视率在不断上升趋势,所以学生配镜占比较大。随着生活水平的提高,消费者更加注重高品质眼镜,对于个性化、高档化、品牌化追求也是日益显著。由于消费者追求舒适度和个性化,以及中国眼镜行业市场不断细分,定制眼镜市场方兴未艾,被视为未来产业提升及品牌发展的方向之一。中国的接触镜消费有较快增长,年龄段从 15 岁到 35 岁扩大到 49 岁甚至以上,随矫正型接触镜和双光型接触镜问世,配戴者年龄跨度将更加宽泛。据中国人口普查数据及统计年鉴数据显示,中国正面临人口老化的问题,老花眼是人类生活的必然现象,可推断出未来老花镜的市场容量不可小觑。

太阳镜具有保健的功能,能够有效防止紫外线对眼睛的伤害,无论是户外出行还是旅游度假。目前,越来越多的人购买太阳镜,是作为一种配饰,来体现自己的个人气质。太阳镜成为时尚的象征,越来越受到人们的青睐。另外,市场存在对儿童太阳镜和近视太阳镜的需求。近年来,近视低龄化现象显现突出,加之多数父母都愿意花钱为儿女配好的眼镜,因此,儿童已经越来越成为眼镜市场上关注和抢夺的群体。

国内的眼镜产品消费存在着一个良好的契机,需要各行业的专业人员利用专业知识提高商品的附加值。今后,眼镜行业的发展有以下几个大的方向:

(一)向免维护方向发展

人们都追求舒适、卫生、便利的生活,随着接触镜在以日抛为代表的免维护隐形镜片技术上的不断成熟,以前需要不断维护的年抛、半年抛和季抛将会被日抛所替代。同样在普通眼镜片上由于智能离子技术的应用,眼镜在免维护方面的卖点亦将层出不穷。

(二)向时尚靠拢

眼镜不论是从功能性还是时尚性上,都应该是个性化的东西。随人们对个性化的追求越来越强烈,从人种、脸形、视觉习惯和服饰搭配的差异上,眼镜都需要从不同设计、款式和舒适性上来满足人的不同需求。近期面世的根据亚洲人眼的构造、屈光状态、脸部轮廓特征和阅读姿势而精心设计的眼镜,使眼镜设计在个性化方面取得的重大突破,未来眼镜设计的方向一定是向个性化方向发展。

从一副眼镜向多副眼镜方向发展。我们常说戴眼镜、穿服装。不同的季节、不同的场合,人们有不同的时装,为什么不能像穿服装一样"穿"眼镜呢?眼镜的需求必将从单一化向时装化方向发展,一人多镜的情况已经为时不远了。

(三)向视觉健康方向发展

随着国民对视觉健康需求和专业科技水平的提高,行业将在早期眼病筛查、近视防控等方面加强政策引导和专项治理工作;产品生产企业将更加重视对儿童镜架、镜片材料和功能镜片的开发与研制,使行业发展更加符合国家提出的大健康战略。

(四)产业链及产业模式变化

因为眼镜行业新的技术体系的执行,将使得眼镜行业的产业链分工发生较大的变化,从而引起产业模式发生相应的变化,将会引发专业验光机构的出现,同时造成眼镜制造企业生产职能的进一步集中。总之,随着社会的进步,科技的更新,中国的眼镜行业必然会迎来变革，我们的主要任务就是注重人才培育、提高自主创新能力；重视质量管理、加强自主品牌建设；推动视光技术发展、提高企业核心竞争力，使我们眼镜行业的发展方式从数量扩张型向质量效益型转变。

（五）企业两极分化趋势将愈加明显

由于原材料价格和劳动力成本的提高，以及贸易壁垒尤其是技术性贸易措施被广泛使用，缺乏核心技术的中小型企业的生存将更加困难，势必造成眼镜行业兼并重组。未来眼镜行业将呈现强者恒强，弱者恒弱的马太效应，行业的集中度会进一步提高。

（六）眼镜行业的地位将得到提高

眼镜产品除了具有视力矫正和视力保健的基本功能，还具有与服装一样的广阔艺术、审美功能和市场发展空间，其已经成为引领时尚的消费品；同时眼镜行业与工、商、科研、原材料、医疗卫生行业联系密切，同时又兼有服务性特点，其与多个行业形成了密切的产业链条。以上这些特点提高了眼镜行业在国民经济中的地位。

（七）眼镜行业与互联网的融合

在互联网信息技术高度发达的当今社会，市场需求瞬息万变，产品及业务的需求转变迅速，巨大的竞争压力已从线下延伸至线上，并在以"互联网+"为基础的互联网营销平台中形成了新的竞争战场，而这个战场也已逐步展现出无与伦比的巨大商机，正是推动这场商业变革的最有力的营销手段。目前，"互联网+"的商业模式正在悄然兴起，传统零售业的业态形式受到了一定程度上的影响和冲击。但这两者之间并不冲突，而是相辅相成，互相促进的作用。合理利用好互联网的特点和优势，就能有效地促进传统批发零售业务的开展，提高交易效率，降低营运成本的同时提高整体收益率。

从市场环境来看，线上线下融合是必然趋势，线上的眼镜电商巨头带着已有的流量进入线下市场，打造的新零售模式，势必对传统门店带来影响，那么传统门店又当如何应对呢？目前行业存在长尾效应，大型连锁眼镜店占比大约在10%，3～5家门店连锁占10%，1～2家门店占80%，那么市场是否存在一个平台或者组织为这些独立小型眼镜店进行综合的服务呢？帮助这些企业提高效率，降低成本。因此这两年行业不断涌现一些B2B供应链服务平台，以互联网作为工具，打通行业的上下游供应链环节，为这些独立门店进行多方位、高效率的服务，包括眼镜采购、营销策划、技术支持、金融服务、仓储管理和咨询培训。

对照欧美成熟市场，我们可以发现，他们有相对完整高效的采购联盟体系，例如法国一家名采购联盟，在法国市场中，很多眼镜店都希望保持自己的独立自主，而不是依附于某一连锁品牌。这些中小门店的需求不仅仅停留在优价供货，而是更多元化的增值服务，采购联盟在过去的28年中帮助中小门店保持他们的独立性，为他们提供一站式服务，从而形成的一种供应链服务的商业模式。

因此，今后无论B2C、B2B都将逐渐回归商业的本质，不再只是以价格作为主要因素抢占市场，更多的是要以互联网作为工具，提高效率的同时，为客户输出更多的价值与服务，从而不断地将行业蛋糕做大，因此当前是行业通过信息化进行升级、武装的阶段，市场的力量会引导行业走向理性。中国眼镜占全世界90%的生产占比，因此利用好数字化以及生产基地这双重优势，必将引领中国眼镜通过互联网化的运作，不断提升中国眼镜行业发展的质量与效益。

小　结

本章概括介绍了我国眼镜发展的历史和营销的基本概念，并着重分析了营销策略中的4P策略、4C策略和4R策略。最后针对我国眼镜行业的生产、批发、零售环境进行了分析和未来发展方向的展望。

参 考 文 献

1. 智妍数据研究中心.《2014-2020 年中国眼镜行业深度研究与产业竞争现状报告》2014.

2. 杨学成,陈章旺. 网络营销. 北京: 高等教育出版社, 2014.

3. 菲利普·科特勒, 著. 营销管理. 第 10 版. 梅汝和, 梅清豪, 周安柱, 译. 北京: 中国人民大学出版社, 2001.

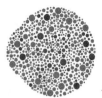

第二章 眼镜产品策略

第一节 眼镜产品策略概述

眼镜产品（product），是提供给眼镜市场，能够满足眼镜消费者或用户某一需求或欲望的任何有形物品或无形物品。科特勒提出了产品的整体概念，即核心产品、形式（一般）产品、期望产品、延伸产品、潜在产品。眼镜产品的策略主要采用眼镜产品组合策略。所谓眼镜产品策略，即指眼镜企业制订经营战略时，首先要明确眼镜企业能提供什么样的产品和服务去满足消费者的要求，也就是要解决眼镜产品策略问题。它是眼镜市场营销组合策略的基础，从一定意义上讲，眼镜企业成功与发展的关键在于眼镜产品满足消费者需求程度，以及眼镜产品策略正确与否，产品最基本的层次是核心利益，即向消费者提供的眼镜产品基本效用和利益，也是消费者真正要购买的利益和服务。消费者购买某种产品并非是为了拥有该眼镜产品实体，而是为了获得能满足自身某种需要的效用和利益。如眼镜的核心利益体现在它能让消费者方便、时尚、正确地配戴眼镜。眼镜策略，目前眼镜厂家都希望自己能直接去展会上接单，而不是通过从外资公司上接单，所以每年世界上所有的大小展会，如果条件许可，眼镜生产厂家都会去租一个档位展示自己。中国改革开放政策的实施，使得中国经济得到迅速发展，尤其在加入世贸之后，更多机会接触世界各国经济贸易模式，在这方面比较成功的案例有很多，如汽车行业的4S店。4S店是1998年以后由欧洲传来的，它是一种以"四位一体"为核心的汽车特许经营模式，包括整车销售、零配件、售后服务、信息反馈等。4S专卖店能够为顾客提供低廉的价格、专业的技术支持和深入的售后服务。因此，4S的销售模式历来在发达国家受到汽车生产商和顾客的青睐。4S理念彰显以服务为本、增加服务品种的特质，拥有"全"而"精"的服务品种。汽车行业4S店的这种整体销售模式，以其优质的产品和服务在汽车销售市场低迷的时候都取得了不错的销量，足以证明在4S这种注重整体销售的模式，具有前瞻性与可行性。在眼镜行业，也可以引用汽车行业4S模式，并在此基础上结合眼镜行业的特点，提升为5S模式。5S模式，即管理、品质、技术、服务和营销,从管理、产品、服务等方面的全面覆盖。在管理体系上,制度可以先行,利用严格完善的制度规范及其管理,使之进入正规中;在品质方面,严格执行国际标准的相关条约,创造真正消费者信得过的品牌;在技术体系上,最先进的国际仪器和技术的运用,并利用强大的培训力量,保证了每一位工作人员都是专业的;在服务体系上,力求从技术和服务内容做到非常专业;而在营销体系上,全方位的营销战略及多元化的营销策略,使得在多元化的市场变化下游刃有余。目前中国眼镜市场逐渐成熟,用户的消费心理也逐渐成熟,用户需求多样化,对产品、服务的要求也越来越高,越来越严格,原有的代理销售体制已不能适应市场与用户的需求。5S店的出现,恰好能满足用户的需求,专业的技术指导培训、现代化的设备和服务管理、高度职业化的气氛、良好的服务设施,通过5S店的服务,可以使用户对品牌产生信赖感,从而扩大眼镜的销售量。之所以5S店能取得这么好的成绩,是因为这种模式正是适合现代时代发展的需求。当前不比过去产品单一、竞争力小的市场特点,其服务是追求品质的共同推进,而整体的服务是现在更多消费者的首选,所以取得这么好的成绩也是必然的。

一、眼镜产品属性

一个眼镜品牌首先给人带来特定的属性选料上乘,做工考究,经久耐用,物美价廉等。如:哥伦比亚咖啡标榜它的咖啡,是由盛产咖啡的安第斯山脉的咖啡豆精工烘制而成的。眼镜产品属性是指眼镜产品本身所固有的性质,是眼镜产品在不同领域差异性(不同于其他产品的性质)的集合。也就是说,眼镜产品属性是产品性质的集合,是眼镜产品差异性的集合。决定眼镜产品属性的因素,由以下眼镜不同领域组成。每个因素在各自领域分别对眼镜产品进行性质的规定。眼镜产品在每个属性领域所体现出来的性质在眼镜产品运作的过程中所起的作用不同、地位不同、权重不同。呈现在消费者眼前的眼镜产品就是这些不同属性交互作用的结果。眼镜产品属性的决定因素:需求因素、消费者特性、眼镜市场竞争、眼镜价格档次、眼镜渠道特性、社会属性、眼镜产品安全属性、法律政策。其中马斯洛的需求层次论告诉我们,人们的需求分不同层次,从生理需求、安全需求、社交需求、尊重需求到自我实现需求,实现了一个从物质需求到社会、精神、文化需求的升华。不同眼镜产品满足消费者不同层次的需求。需求的层次决定了眼镜产品的物质与精神是如何在功能与文化层面实现统一的。眼镜产品属性的差异性,决定着不同眼镜产品类别的传播属性也是不同的。眼镜产品属性还决定了消费者体验的心理属性。眼镜产品从属性上大致可以分为感性眼镜商品、理性眼镜商品和介于感性和理性之间的眼镜商品,而与之相应的不同顾客心理属性也越来越多地成为营销成败的关键因素。

二、眼镜产品目标人群

眼镜消费者中高学历者居多,大专以上学历属主力消费群。在读中小学生属重要消费群,但其不是直接消费对象,直接消费群体是他们的父母或亲人。据有关资料显示:消费者中青年及中青年消费群体的购买需求大概比例分别为34.2%、30.3%,其中高学历者居多,因其有独立的经济和购买能力,可以自己决定购买何种款式及品牌的眼镜。由于该消费群体以追求时尚的年轻人为主,他们前卫、充满青春、活力,不喜欢一成不变的事物,对眼镜的需求是新、奇、特,并喜欢独具一格,随心、随时换眼镜,设计时尚的眼镜对他们的吸引力很大,他们对眼镜的价格不会太在意。眼镜的另一大消费群体是少年,其购买需求比例为29.6%,因其大多为中小学生,由于课业繁重,导致眼镜更换频繁,而且没有经济能力,父母在帮他们选购眼镜时对质量要求比较高,而在价格上则希望低一些,减少经济负担。中老年消费群体虽然对眼镜有需求,但是由于其对眼镜的使用频率较低,因此他们对眼镜的购买需求不大,仅占 7.4%。该消费群体对眼镜的款式几乎没有要求,只注重眼镜的实用性,同时希望眼镜的价格越低越好。据有关统计数据显示顾客平均回转周期为:镜框 4.5 年,镜片 3.5 年,接触镜 1 年,接触镜护理液及眼药水 0.2 年。青少年(在学校读书期间)的回转率比较高,约 1.5 年,女性的回转率周期也较高,约 1.2 年。男性是回转率最低的群体,一般超过 5 年,年纪越大,回转率周期越长。

(一)屈光不正者

正确选配眼镜要符合配戴者的脸形、眼镜框架的高度、宽度和长度,视其屈光状态、眼部位置及视功能情况而定。

近视眼(采用):屈光状态不同,先配眼镜时分两种情况:①屈光度数较低:可以选择轻材料与时尚美观相结合的眼镜框架,镜片可采用大视野,较为舒适为好。②屈光度数较高:可采用小镜框、小鼻桥梁,较为轻盈的眼镜框架。原因是近视度高,如果是大框大鼻梁则镜片边厚,不美观,且棱镜效应大,容易产生视觉疲劳。而且周边像差大,产生复视现象。

远视眼选择眼镜架同样分为两种情况:①屈光度数较低:不可设计选配大眼镜框,特别是无框、半框眼镜架,因为边缘薄,很容易破损,安全系数低,有的还达不到国家标准。②屈光度数较高:更要慎选眼镜架、镜片,眼镜架以脸型相配则可,镜片一定要用公式计算,选择合适的,既不太大也不能太小,刚好符合镜架镜圈的几何尺寸即可。其公式如下:

$$M=L+X\times2+m$$

式中:M 代表所需镜片的最小直径;

L 代表所需眼镜架镜圈的最大直径尺寸;

X 代表水平移心量;

m 代表镜片磨损量。

散光眼选眼镜框架更要注意,眼镜架一定要选择方形、棱形、长方形、多边形等有固定形状的眼镜架,切忌圆形、椭圆形还有大框,因为散光是有轴位的,如果是圆、椭圆则轴位难以固定,很容易移位,影响散光矫正效果,如果是大框,则边缘易产生严重像差,即畸变现象,导致患者配戴者头晕、头痛、视物复视,不能接受其效果,甚至放弃配戴。

(二)老视者

老视是年龄所致的正常生理过程,随年龄增长,晶状体弹性下降,调节功能减弱,看近时不能将光线成像在视网膜上,患者多因阅读吃力发现老视。正视眼的老视一般出现在 40 岁左右,临床表现为阅读时视力下降,视物不适感。远视眼者老视出现较早,40 岁以前即开始。近视眼者出现较晚,大部分 40 岁以后才出现。老视患者用凸镜片矫正改善近视力。老视眼因为既要看远,又要看中、近,所以选配是特别要注意镜架与镜片类型。以前一般有单光、双光,随着全社会经济的发展和一些中老年人自身文化素质的提高,使用渐进镜片代替单光镜和双光镜来解决中老年人的"老视"问题,但是渐进镜的选配要求较高,第一,眼镜稳定性要好,一般不使用容易变形的无框架。第二,眼镜要有一定高度,最好垂直高度≥33mm,否则易将近用区割掉。第三,眼镜靠鼻侧部不能有大斜角,否则影响近用阅读。第四,眼镜要有鼻托,并且为可调试鼻托。第五,眼镜与眼要有一定距离,S≥12mm,选配时,最好让配戴者试戴,适当作调整。第六,眼镜要与脸型相符合,面弯与配戴者一致。第七,眼镜要有一定倾斜角,保证视中、视近视野。第八,眼镜要有一定长度,保证配戴者舒适、稳定的效果。

(三)斜弱视者

儿童斜弱视的矫正最佳年龄为 3~8 岁。此类患者在选择眼镜产品时固然重要,千万不可到眼镜店随便选择产品,因眼镜产品本身是一种光学矫正器具,可直接关系到斜弱视患者的黄斑固视、进步视力、视觉抑制以及融合功能等问题的发生。斜视眼选配眼镜时要注意，眼镜框架要选择大框、椭圆形的，不宜选用方形、棱形、多边形等镜架。因为斜视的矫正一般存在镜片移心问题，大框、椭圆形眼镜框架可以较好地满足通过镜片移心解决矫正斜视所需的棱镜度，且不对视野产生影响。例如：一位患者，女性，4岁，无明显其他器质性病变，诊断为双眼调节性内斜视，睫状肌麻痹扩瞳验光结果是：OD +3.25DS/+1.75DC×75→4.5 OS +1.75DS/+1.25DC×105→4.7，最后确定配镜处方为：全矫配镜。眼镜框架最佳选择：粉红色、全框、椭圆形、塑胶材料，镜架规格为46-16-136。

（四）接触镜者

接触镜的选配要考虑以下几点：第一，要考虑其对身体的影响　视觉要素：包括矫正散光、稳定视力、与眼睛的光学特性；医学要素包括：自觉要素（戴用感觉、适应性），他觉要素：对角膜的影响。第二，要考虑其对材质的影响。操作诸要素：包括污染、破损和丢失；主要费用：接触镜的价格、附属品的价格、接触镜的日常保养；消耗要素：接触镜的使用寿命。第三，制造特征。主要是要考虑设计诸要素，包括：接触镜的价格、戴用的安全性和接触镜的使用寿命。例如：一位患者，男性，12岁，双眼屈光参差，无明显其他器质性病变。睫状肌麻痹扩瞳验光结果是：OD：−6.75DS/−1.25DC×90→4.8；OS +0.75DS/+0.50DC×105→5.1，诊断结果为：右眼全矫配镜（CL）。

（五）不同脸型者

1. 椭圆脸　椭圆脸形脸部比例均衡，被认为是"理想完美"的脸型。选择眼镜框型是宽松的或较宽松搭配脸型（图2-1）。一个比例失衡的脸型，是要求眼镜产品选择相当高的脸型。此时你要选择一个有特点的眼镜框架给该患者，使她脸型达到最佳平衡。

2. 钻石脸　钻石脸形状是非常罕见的。钻石脸形是比较狭窄的，脸颊骨是高的。选择的眼镜框架一定宽过额和颚线，避免选择过重的镜架。眼镜框架可能是长方形或圆形的。最好是无框的眼镜框架（图2-2），眼镜架要与脸部一样宽。

图2-1　椭圆脸选择眼镜框型

图2-2　钻石脸选择眼镜框型

3. 圆脸　圆形脸比较宽，眼镜框架的棱角或者水平线可以帮助圆脸修饰出更有轮廓感。眼镜框架边上的棱角要缩小至脸部，正常来说避免圆形或正方形镜框加重脸部形状。眼镜的鼻梁拓宽了眼线。达到理想的效果（图2-3）。目前，圆脸在选择眼镜框架更需要更广泛更深入地研究。

4. 方脸　方脸的特点是有个很宽的下巴，前额宽阔和很突出的颧骨。搭配下巴选择眼镜,眼镜框架的下半缘要有弧度呈圆形状。这种脸型关键是选择脸型相反的眼镜框架(图2-4)。眼镜框架也应该让脸型变得比较长些,这样的效果是把眼镜架所带来的色彩或装饰性的细节展现在脸部,让人有舒适的造型感。理想的眼镜框架是颜色较浅及眼镜框架较宽的部分装饰在脸上。

图2-3 圆脸选择眼镜框型

图2-4 方脸选择眼镜框型

5.三角形脸 三角形脸型的特点是有个很窄的额头和一个很饱满的下巴。观察并在脑海中有眼镜大概的轮廓,将注意力集中于眼部区。眼镜框架的宽度增加额头的饱满、缩小显露的下巴。所选择眼镜框架的顶部应稍显重量,效果几乎与下巴基本一样宽(图2-5)。几乎所有的三角脸型都有个很宽的下巴,和一个很有棱角的脸部。尝试用长方形金属眼镜框架或无框的眼镜框架帮助患者挑选。

6.倒三角脸型 倒三角脸的是最难面挑选合适的镜架,额头宽及很窄的下巴。无框眼镜、圆形的镜框边缘可以修复面部失衡。理想情况下,应该增加眼镜框架上边缘到下边缘的宽度低于眼线,并抵消眼部位过窄(图2-6)。另外选择眼镜框架类型包括飞行员蝴蝶形或低三角形状,眼镜框架圆形顶部和底部也是一个不错的选择。

图2-5 三角形脸选择眼镜框型

图2-6 倒三角脸选择眼镜框型

7. 矩形脸　矩形脸比其他脸部更要协调脸型与镜架的平衡，你必须选择一个眼镜框架，这是将广阔的脸型变成理想宽度的长方形（图 2-7）。缩短长脸尝试把脸部变成圆形，或低三角形状。眼镜框架的水平线也需要很显露。装饰或对比的桩头可以增加脸部宽度，低的桩头会显得脸型更加长。

图 2-7　矩形脸选择眼镜框型

（六）讲究时尚的人群

讲究时尚的人群属于社会上高端人士有一定的社会地位，经济实力较强，对自身安全非常重视，在消费行为中注重眼镜产品功能，对眼镜价格不太敏感。讲究时尚的人群在选择眼镜产品时，一定要注意眼镜产品的时尚元素和眼镜产品的材质，另外，时尚的屈光不正患者不要忽略了眼镜框架与眼镜片光学中心移心的关系。妥善处理好这种关系再追求时尚，才是最佳方案的选择。

三、眼镜产品企业

（一）眼镜生产制造企业

20 世纪 90 年代以来大规模定制生产模式的成功实施，使眼镜企业满足顾客个性化需求的同时，又保持较低的生产成本和较短的交货期，为眼镜企业赢得了竞争优势。而眼镜作为一种时尚产品，个性化需求强，种类款式繁多。其传统的劳动密集型产业特点使得原有的大规模生产管理模式成为制约产业发展的瓶颈。眼镜生产制造眼镜企业互相压价销售现象时有出现缺乏行业内的有效监督和协调。产品自主创新开发能力不强品牌产品不多在产品设计、开发和宣传上投入较少多数眼镜企业仍是采取来样加工和贴牌生产。随着社会经济的发展与市场环境的变化，眼镜企业之间的竞争越来越激烈，要赢得市场，首先要赢得顾客。顾客满意是顾客忠诚的前提，只有使顾客满意才能赢得顾客，赢得市场，赢得竞争优势。但是眼镜企业的顾客满意度到底多高才能给眼镜企业带来最大的效益呢？研究表明：眼镜企业无限制地追求顾客满意度的提高是不明智的，因为满意度的提高带给眼镜企业的收益率是递减的，满意度有它的最佳点，并非越高越好。从另外一个角度来看，任何一个眼镜企业不可能使得所有顾客对它的产品达到 100% 的满意，即完全满意，因为顾客的期望是无止境的。对于制造眼镜企业来说，如何进行生产决策使投入成本最小或投入一定的成本，获得一定的顾客满意度或最大的顾客满意度，是眼镜企业在激烈的竞争中面临的一个新挑战。眼镜生产制造眼镜企业的策略有：第一，分析眼镜制造眼镜企业面临的主要问题和需求,描绘系统的总体需求和建设目标,并设计系统主要功能和业务流程,为大规模定制系统的开发提供总体建设方案。第二,在深入分析眼镜产品结构、生产工艺以及顾客需求特征的基础上,提出构件的基本概念,并采用面向对象技术对其进行描述,建立基于构件的眼镜产品族模型。第三,从基于客户需求角度探讨眼镜产品的优化配置,针对配置过程中构件形成多节点网络路径选择问题,提出采用蚁群优化算法建立模型。通过影响因子定义和配置流程设计等工作,建立基于蚁群优化算法的产品配置模型,较好地实现了面向大规模定制的眼镜产品优化配置。第四,对眼镜生产眼镜企业定价模式以及成本组成项目进行深入研究,提出并建立了一种精确有效的眼镜产品在线成本和报价估算模型,通过该模型成功实现基于订单的实时在线成本和报价计算。

1. 眼镜架生产企业　眼镜架的制造方法包括如下步骤:镜框平板成形步骤,在平板型材上加工出具有镜框基本形状的镜框平板;构件折叠成形步骤,在镜框平板上对应于桩头、鼻托的位置多次折叠相应部位的镜框平板,形成桩头和鼻托;以及镜腿枢接步骤,将两镜腿分别枢接于该桩头。在生产和设计过程中,先将桩头、弹性枢接件和鼻托等各构件集成在一片镜框平板,再将这一片镜框平板多次折叠,从而制造出眼镜架。这种制造方法的整个工艺过程十分巧妙,容易实现,且省略了复杂耗能的烧焊工艺,简化了组装工序,方便生产过程中半成品的运输,极大地简化了物流和生产管理,有利于提高眼镜架的生产效率;所制造的产品结构稳定、牢固,使用寿命长,结实耐用,富于美感。随着中国经济的快速发展,中国已成为世界眼镜生产和消费大国。我国眼镜零售市场规模从 2006 年的 208.20 亿元增长到 2015 年的 673.94 亿元,年均复合增长率达 13.94%。据中国眼镜零售市场在未来 5 年将保持 4.79% 的年均复合增长率,到 2020 年行业整体规模将达 851.77 亿元。目前,我国眼镜生产眼镜企业超过 4 000 家,有一定规模的验光配镜店超过 2 万家,并已形成广东东莞、深圳,福建厦门,浙江温州,江苏丹阳,上海,北京等主要生产基地。眼镜的材质、品种、款式日益多元化,能够生产纯钛、钛合金、记忆金属等眼镜架、接触镜、CR-39 光学树脂镜片、镀膜镜片、渐进镜片、非球面镜片等高技术含量的新型眼镜产品,眼镜行业发展到今天已基本形成了一条比较完整的产业生产链。眼镜行业已成为中国经济发展支柱之一。

2. 眼镜片生产企业　镜片生产眼镜企业在眼镜行业只是原料生产眼镜企业,镜片对于终端的消费者来说,只是一个半成品。由于镜片"半成品"的产品特性,镜片的销售很大程度上依赖于渠道的销售和服务能力;在品牌建设上,眼镜品牌更多的时候也只能通过渠道品牌来体现,首先一种眼镜镜片加工机,具备:设置在主体内部前方且根据输入到步进电动机的旋转角使升降导向器垂直移动相当位移的垂直移送手段;沿着移送轨道进行水平移送以及跟随升降导向器的垂直移送向垂直方向联动的移送部件;可转动地设置在上述移送部件上部的感应部件;在上述感应部件和移送部件上相近、相对而设置的贴紧传感器;插入设置在上述感应部件上、贯通支撑端部和移送长槽并在上端设置有压板的移送杆;贯穿上述传感部件和移送部件被固定在支撑端部上的一对导杆;设置在上述水平移送台的一侧面的感知杆。根据本实用新型,维持上述调节位移的垂直位移机构的不透水性,改善机器故障发生率和因错误作业引起的不良加工率。

眼镜片的生产类别举例:眼镜镜片的制造方法、标记装置、标记系统以及眼镜镜片。首先使激光在眼镜镜片内部会聚,形成标记。标记与眼镜镜片的光轴大致平行。并且,通过使眼镜镜片的光学基准位置和标记装置的基准位置吻合来进行对准,把眼镜镜片安装在标记装置的保持部上,之后根据眼镜镜片的光学基准位置进行定位。然后,使眼镜镜片移动到标记开始位置,进行标记。通过根据形成在眼镜镜片内的一对暗标记,进行眼镜镜片的位置调整,可使光学基准位置和标记装置的基准位置一致。眼镜镜片自动清洗装置:一种眼镜镜片自动清洗装置包括一本体，一容器，它与本体枢接而盛清洁液；一对镜片，可盛眼镜镜片并可在容器内旋转；一马达，它设于本体内，具有一轴杆，借该轴杆可与减速装置等连接；一正逆转机构，它与减速装置借皮带连动，并可与镜片篮枢接，经由马达及减速装置，传输至正逆转机构，而令正逆转机构带动镜片篮在容器内快速正反转动，如此借水冲力可将镜片自动清洗干净。游泳眼镜镜片结构：一种游泳眼镜镜片结构：一种游泳眼镜镜片结构，具有镜片，所述镜片包括主透光面和副透光面，主透光面设置在眼睛的前面，主透光面外侧联接有副透光面，并在镜片主透光面的外侧联接副透光面，既节省了游泳眼镜附件的用料，又实现了增大使用者双侧视野的目的，提高了游泳者游泳时的安全性。三棱镜的渐进复合眼镜片：一种三棱镜的渐进复合眼镜片，属于光学领域，涉及一种光学树脂眼镜片，镜片形状为圆形，直径可以为 65mm、70mm、75mm 之中的任意一种，主要由远用区、近用区、远用区与近用区之间的过渡区、远用区与近用区两端的鼻侧和颞侧的像差区及配镜十字交叉点构成，其特征是：棱镜度为零的光心点与配镜十字交叉点的位置不重合，镜片最薄点不在镜片边缘最厚点与镜片光心点连线相对应的一侧边缘，镜片边缘的最薄点位置在镜片边缘最厚点与光心点连线相对应的一侧边缘的 90°～-90° 范围内，即在配镜十字交叉点附加上一个与眼斜视方向同底的朝向相反方向的棱镜。采用这样的设计方案可以达到对患有先天性、后天性隐斜视和斜视均有控制和矫正作用。眼镜镜片加工装置：眼镜镜片加工装置，其包括：打孔部，所述打孔部包括用于形成将无边镜框连接到眼镜镜片上的孔的打孔工具；断裂检测器，所述断裂检测器检测是否与所述打孔工具发生断裂。实用新型眼镜镜片：本实用新型涉及一种眼镜镜片，包括硬质镜片，在硬质镜片的表面中心下方真空吸附柔性凸透镜，柔性凸透镜的形状为半圆形、圆形、方形或三角形，柔性凸透镜真空吸附在硬质镜片的内表面。本实用新型克服了现有技术中普通眼镜镜片功能单一、多副携带更换使用非常麻烦的缺陷，通过上述设计，使眼镜镜片同时具有太阳镜、平光镜、老花镜或太阳镜、近视镜、老花镜的功能，具有结构简单、成形方便、生产成本相对低、产品质量稳定可靠的优点。多用途驾驶眼镜片：实用新型多用驾驶眼镜片属于一种护目眼镜片，它由普通眼镜片、金属陶瓷膜、氟化镁增透膜构成。本实用新型不仅能衰减刺目光、缩短视觉瞬盲期，而且能滤除紫外光和大部分蓝紫光，因此本实用新型对驾驶人员（机动与非机动车辆的驾驶人员）是一种理想的护目镜，对长期在室外作业的人员也是一种有效的作业防护眼镜。带有彩色透明图案的眼镜片：带有彩色透明图案的眼镜片，包括有眼镜片，眼镜片上覆有一图文层，所述图文层由一个以上细小的点或线构成，所述点与点间、点与线间或线与线间具有一定间距；所述点为空心点；所述点或线由一种或一种以上颜色构成，实现了在镜片上构成各种图案，配戴者不会因此影响视觉，可以清晰地看清外界事物，其他人看其眼镜片却是一幅图案。

3. 接触镜生产企业　近年来，随着科技发展、社会进步与人民生活水平的提高，角膜接触镜（contact lens, CL），特别是以聚甲基丙烯酸羟乙酯（polyhydroxyethyl methacrylate, HEMA）为主要原料生产的软性角膜接触镜（soft CL, SCL）逐渐成为一种重要的屈光不正矫正手段。然而散光问题对 SCL 提出了严峻的挑战。虽然 CL 对不规则散光的矫正作用为人们所熟知，但是长期以来，有许多人一直认为 SCL 不能矫正散光。美国接触镜理事会调查发现，对接触镜有兴趣的配镜者约有 1/3 被其验配师告知因为他们的散光度数太高，不能配戴接触镜。据 Holden（1975 年）统计，配接触镜者约 45% 有 0.75D 以上的散光，因此，散光的矫正效果直接关系到 SCL 配适的成败。现认为，对散光的矫正，不宜单从物理光学的角度考虑，致力于全部矫正，可根据验光结果与患者耐受情况，采取部分矫正措施。根据国外近期文献重点就如何应用 SCL，包括普通球面 SCL（spherical SCL, SSCL）与复曲面 SCL（toric SCL, TSCL）矫正散光进行综述。硬性接触镜是一种很精密的眼科工具，用来提高视力、改善视觉质量已有 200 年历史,根据接触镜材质及受压后有无抵抗、能否产生弯曲分为硬性接触镜和软性接触镜。硬镜的材质最初为玻璃,由于加工困难、比重大、易破碎的缺点,在 20 世纪中期,基本被重量轻、耐破损的聚甲基丙烯酸甲酯(PMMA)所代替。聚甲基丙烯酸甲酯(PMMA)在光学性质上却不如玻璃材质,且容易吸水变形。大约在 20 世纪 70 年代,人们用醋酸丁基纤维素(CAB)制成了具有透气功能的硬镜(RGPCL)。且于 1978 年获得了 FDA 的生产制作许可,使得硬性接触镜在临床上得到广泛使用。

4.配件生产企业　眼镜架、镜片、配件、电镀、机械、模具等完全配套的产业链,创造了一批眼镜特色优势产品,一副眼镜消费的过程,除了生产的镜片、镜架以外,还需要完成验光、加工等一系列加工服务程序才能真正转变成消费者的需求。浙江是我国眼镜的主要生产地之一,有眼镜生产企业近 2 500 家,年产值近 200 亿元人民币,2017 年其中温州从事眼镜配件生产与眼镜制造的企业有 1 000 余家,眼镜产品年产值超过 100 亿元。丹阳相关配套的工贸眼镜企业共有 1 153 家,眼镜生产企业 600 多家,从业人员 6 万多人。年产眼镜架 1.2 亿副,占全国 1/3,年产光学玻璃和树脂镜片 2.5 亿副,占全国总产量的 70% 以上,占世界总产量的 40% 左右。

(二)眼镜零售连锁眼镜企业

根据《中国眼镜科技杂志》2000 年所做的一份市场调查报告显示,20 世纪 90 年代初,中国内地的眼镜零售眼镜企业年销售额在 100 万元以内的有 1 000 余家,1 000 万元以上的微乎其微;而在 1999 年,年销售额在 100 万元以内的有 345 家,1 000 万元以上的达到 42 家;经过十几年的发展,2015 年统计数据显示,1 000 万元以上的达到 246 家。这样的变化从一个侧面反映了中国眼镜行业的一个趋势,那就是不规范的中小眼镜店的市场占有率急剧萎缩,大型眼镜连锁店的规模越来越庞大,市场份额也越来越高,眼镜零售市场将朝着规范化、现代化、集团化方向发展。眼镜零售连锁业作为传统的商业项目,正在发生悄然的变革,其主要市场特征的变化,反映在眼镜零售市场正从传统的大众市场步入分众市场(细分市场),越来越多的新入行者(如眼科医疗系统、超市等)和电商不断挤压传统眼镜店的生存空间。以下举例说明(部分):

1.超市眼镜店　眼镜直通车继在山东、浙江两地发展出 3 个授权加盟商之外,其后再未踏出广东地界;眼镜人虽说信誓旦旦地立志要将"平价眼镜运动"进行到底,但从全国各地眼镜超市的实际状况来看,其产品供应链并未发生结构性调整,眼镜企业的成本控制手段也并未得到有效升级,除了继续抛出一篇又一篇以标榜"打破行业暴利坚冰"为醒目标题的文章进行自我炒作和围绕价格大做文章之外,很难看出其在验配专业服务水准、经营管理理念等实质方面有何过人之处,即便其中有的平价店也开始建立客户档案,做到定期回访、跟踪服务,采取免费验光咨询、免费维修眼镜、免费清洗保养眼镜等经营策略,但这些也都是从传统眼镜店那里继承过来的,算不上什么突破和创新,于是在业界看来,所谓"平价眼镜运动"便更像一场换汤不换药的商业秀。

2.眼科中心眼镜店　眼科中心眼镜店和普通眼镜店一样的门店,却有着"完全不同"的服务水平,专业人员进行镜架、镜片、接触镜的展示和销售,对青少年近视眼防治体验,通过视觉训练帮助青少年进行近视防治及帮助白领解决视疲劳问题。他们仅仅是普通的验光师和销售人员,然而,他们的服务流程又大大不同于普通眼镜店。眼科中心眼镜店生存空间取决于其专业水平程度和接待患者的服务水平。

3.互联网眼镜店　随着互联网技术的迅猛发展,网络营销已延伸到人们生活的各个方面,当然也包括眼镜产品。在某电商网站上输入"眼镜"二字,搜索结果显示出与眼镜有关的产品共有 989 492 件。互联网改变了这个时代,也改变了很多行业的游戏规则。在眼镜行业里,不少行业人士谈到网络营销都显得有点忧心忡忡,零售商认为网络营销的迅猛发展将会使传统的营销模式受到巨大的冲击,而供货商则担心网络营销会造成渠道混乱,从而引发价格大战;零售商旗帜鲜明地反对厂商开设网店,厂商则反感一些经销商开设网店把自家产品拿到网上杀价。结合传统眼镜店同步推出互联网上配镜业务,相比实体眼镜店,网上互联网商城拥有更为便利的信息检索,更利于进行顾客消费体验的分享,更容易进行市场细分与精细营销,打破服务的时间、空间限制,将有限的产品提供给更多的顾客等优势。

案例

××市接触镜目标人群策略

接触镜消费者多为15～40岁的近视患者,其中包括学生和上班族两大消费群体。这类消费者用眼时间长,大部分追求美观、时尚而选用接触镜,还有一部分是为了方便而选取接触镜。由于接触镜的质地相对硬一些,而且弧度大,容易配戴,也很合适,就像其广告语"舒适源于专业"一样,因此接触镜初戴者一般选用"知名品牌接触镜"。这些知名品牌的公司首先在产品的开发与生产、产品的包装、产品的商标和产品的质量保证下足工夫。然后通过对产品的价格、渠道和促销把产品投入市场。同时细分目标市场,按消费者年龄、适合款型和价格将消费者分成5个层次。通过一系列的营销推广活动,加强顾客对产品的了解,激起顾客购买欲望,在顾客心中塑造完美的公司形象,最终获得较大成功,占领了相当份额的目标市场。

第二节　眼镜生产企业产品策略

一、产品生命周期规划

传统的,尤其是眼镜营销学中的产品生命周期是根据产品的市场寿命划分的,即从产品进入市场开始至退出市场的时间内,依次经历介绍期、成长期、成熟期和衰退期。随着可持续发展观念的不断深入,新的从可持续发展角度出发划分眼镜产品生命周期的方法正更多地被提出,R.Zust等人的划分方法便是其中之一。R. Zust等人将眼镜产品的生命周期划分为以下四个阶段:眼镜产品开发、眼镜产品制造、产品使用和最后眼镜产品的处置。基于眼镜产品生命周期的眼镜企业可持续发展,即为在不牺牲眼镜企业产品的质量和功能前提下,系统地考虑到眼镜企业的生产过程及活动对环境造成的影响,使眼镜产品在整个生命周期中对环境的负面影响最小,资源利用率最高,从而达到眼镜企业生产的可持续性。从产品生命周期可分为:

从眼镜产品开发的角度看,应该在概念设计和详细设计过程中,着眼于眼镜产品整个生命周期的各阶段,强调眼镜产品设计开发的生态性,这是可持续发展对产品开发提出的新要求,也是产品开发基于可持续发展思想的新思路这种思路应该贯穿于整个眼镜产品生命周期,是有别于传统观念的可持续发展思想的具体体现。它要求在眼镜产品设计中除了要考虑产品的生产费用最小,经济效益最高,以及保证眼镜产品功能、质量等原则外,还要将生态原则体现在设计中。例如在原材料的选择中要尽量选择那些既能满足功能要求,又具有良好的环境兼容性的材料,也称为生态材料(eco-material)。具体选择中应遵循以下几条资源替代性原则:优先选用与环境友好兼容的材料和零部件来替代有毒、有害及有辐射特性的材料,降低产品对人体健康的危害,减小安全风险;优先选用节能、清洁型材料来替代耗能、污染型材料,减小资源与能源的消耗,提高资源利用率;优先选用可再生、可循环利用的新材料或易于降解和再加工的材料来替代浪费严重的旧材料。此外,产品的设计还应有利于减少加工工序,如进行可循环设计、可拆卸设计和模块化设计等,以便于生产制造和降低能耗。

从眼镜产品制造的角度看,可持续发展具有更宽泛意义的内涵,一方面眼镜企业通过清洁生产减少产品制造过程中产生的环境污染,使眼镜企业实现与环境友好兼容意义上的可持续发展;另一方面,通过降低资源的消耗,进行技术创新或改进现有的生产工艺和机器设备,提高资源利用率和劳动生产率,从而降低眼镜企业的生产成本,实现节约意义上的可持续发展。传统的眼镜企业生产忽视眼镜产品制造的绿色工艺过程,只重视产生后带来的经济效益,导致了"先污染,后治理"的末端治理的被动局面,因此只有绿色工艺和清洁生产才是眼镜企业实现可持续发展的根本保证。

从眼镜产品使用的角度看,实现可持续发展主要有两个方面的途径。一是应用先进的技术手段增加产品的可维护性,延长产品的使用周期,以减少眼镜产品报废后的各项处置工作,从而延缓眼镜产品使用对环境产生负面影响的周期,达到提高资源利用率的目的;二是运用先进的技术手段,减少眼镜产品使用过程中的能源浪费和污染排放。目前,眼镜产品使用中的能源浪费问题越来越引起人们的高度重视,众多学者在眼镜产品设计阶段就对眼镜产品使用过程中的能耗问题进行了研究,以期减少能源的浪费。从产品的最终处置看,既要考虑眼镜产品对人体健康的影响,还要考虑其对环境造成的影响,其中后者的问题主要集中在产品的包装上,尤其是眼镜产品处置的问题成为研究的焦点。

二、代工生产

眼镜属于劳动密集型传统产品,科技含量少,加工生产成本主要集中于人力成本。近年来,由于中国劳动力比较优势的吸引,法国、意大利、德国、日本等国大部分世界名牌眼镜已在我国加工生产,使世界名牌眼镜的生产成本大大降低。大部分世界名牌眼镜已在我国加工生产,中国香港的眼镜工厂也移师深圳、东莞等地。某省质监局近年公布的眼镜质量报告显示,这些世界名牌眼镜的生产成本大大降低,不少名牌产品与国内品牌货材质是一样的。

OEM生产,即代工生产,也称为定点眼镜生产,俗称代工,基本含义为眼镜品牌生产者不直接生产眼镜产品,而是利用自己掌握的关键的核心技术负责设计和开发眼镜新产品,控制销售渠道,具体的加工任务通过合同订购的方式委托同类产品的其他厂家生产。之后将所订产品低价买断,并直接贴上自己的品牌商标。这种委托他人生产的合作方式简称OEM,承接加工任务的制造商被称为OEM厂商,其生产的产品被称为OEM产品。可见,定点眼镜生产属于加工贸易中的"代工生产"方式,在国际贸易中是以商品为载体的劳务出口。OEM是社会化大生产、大协作趋势下的一种必由之路,也是资源合理化的有效途径之一,是社会化大生产的结果。OEM(original equipment manufacturer)是受托厂商按原厂之需求与授权,依特定的条件而生产。所有的设计图等都完全依照委托公司的设计来进行制造加工。

(一)整体代工

品牌代工关系首先再介绍一下代工的概念。一般认为代工就是指OEM(original equipment manufacturer,原始设备生产商)。上文提到,OEM的简单解释就是委托加工,指品牌拥有者将生产制造业务外包给其他厂家的业务模式。由于缺乏核心技术,中国的眼镜行业就难以形成具有核心竞争力的大品牌,但这只是中国缺乏眼镜知名品牌的客观原因。从主观上,长期以来从事眼镜生产的厂商过分重视眼前利益,缺乏现代商业经营管理的知识,品牌意识淡,这也是造成中国缺乏眼镜名牌的重要原因。

（二）部分代工

部分代工，即代为生产。就是由初始设备制造商（original equipment manufacturer），或称定牌加工，即 OEM 来生产，而再贴上其他公司的品牌来销售。部分代工现象，在中国比较普遍，代工可以理解为国际大分工环境下，生产与销售分开的大潮流。但是相对而言，代工方虽然免却了销售等诸多环节的注意力分散，可以专注订单下的生产，但是不能分享到品牌的价值。OEM 和 ODM 的不同点，核心就在于产品究竟是谁享有知识产权，如果是委托方享有产品的知识产权，那就是 OEM，也就是俗称的"代工"；而如果是生产者所进行的整体设计，那就是 ODM，俗称"贴牌"。在中国制造业有这样一些工厂，虽然知名度不高但却是世界知名品牌的代工生产厂家。这些工厂接获世界知名品牌的生产订单后进行生产，由中国 OEM（代工）工厂生产出来以后往往以极其高昂的价格出售。品牌方获得高额利润的同时，而代工工厂只能获得微薄的利润。这些代工工厂就被称为隐身名牌或者名牌背后的名牌，专指为国际知名品牌加工定做产品的品牌，如：广东省深圳、东莞等城市，以及浙江温州等地的一些眼镜企业，也曾被指从事国际奢侈品代工生产。

部分代工中的商标侵权行为种类有：

定牌加工是指委托方提供商标样式或商标标识，并提出产品规格、质量要求，由承揽方按要求加工产品的行为。随着工业生产分工专业化及对外贸易的发展，定牌加工业务日益活跃，随之而来的商标侵权行为也逐渐增加。定牌加工中的商标侵权行为表现形式多样，但主要有以下几种：定牌加工中承揽方将加工数量中超额部分或因质量不合格被委托方退货部分，未经委托方的许可擅自销售，这种现象具有普遍性。定牌加工业务中，委托方在未依法取得注册商标所有权人许可的情况下，通过一层或多层转手加工的形式，委托承揽方在定作物上标注他人注册商标标识。一些眼镜企业利用外贸单子做幌子，加工生产国际、国内名牌产品，由于涉及对外贸易业务，外商是否是该商标注册人或合法使用者，该外贸业务是否真实存在，查清有一定难度，也需要较长时间，工商部门在没有确凿证据情况下，又难以制止这种行为，违法行为人便利用这一时间差进行商标侵权活动。

三、原始设计制造商

ODM（original design manufacturer）意为"原始设计制造商"，是指一家公司根据另一家公司的规格来设计和生产一个产品。例如计算机公司可能会就其想推向市场的一款笔记本电脑作出具体规格，它们会具体地列明产品的外观要求，如屏幕的尺寸和技术要求、输入／输出端口、键盘的前倾度、电脑包的外形和颜色、扬声器的位置等。它们还通常会具体列明对产品的主要内部细节，如 CPU 或视频控制器的规格要求。但是，它们并不设计图样，不具体列明电源用的交换晶体管的型号，也不对背光变流器频率加以选择。这些都是 ODM 的工作。ODM 根据计算机公司提出的规格要求来设计和生产笔记本电脑。有时候，ODM 也可根据现有样品来生产。ODM 方式往往更加注重合作，而在 OEM 的情形下，购买方对产品的具体规格的要求基本不参与意见。OEM 与 ODM 的区别：OEM 和 ODM 的主要区别就在于前者是由委托方提出产品设计方案，不管整体设计是由谁完成的，且被委托方不得为第三方提供采用该设计的产品；而后者从设计到生产都由生产方自行完成，在产品成形后贴牌方买走。生产方是否能为第三方生产同样的产品，取决于贴牌方是否买断该设计方案。OEM 产品是为品牌厂商度身订造的，生产后也只能使用该品牌名称，绝对不能冠上生产者自己的名称再进行生产。而 ODM 则要看品牌眼镜企业有没有买断该产品的版权，如果没有，制造商有权自己组织生产，只要没有眼镜企业公司的设计识别即可。简单来说，OEM 和 ODM 不同点的核心就在于产品究竟是谁享有知识产权，如果是委托方享有产品的知识产权，那就是 OEM，也就是俗称的"代工"；而如果是生产者所进行的整体设计，那就是 ODM，俗称"贴牌"。

四、自主品牌生产

自主品牌（self-owned brand）是指由眼镜企业自主开发，拥有自主知识产权的品牌。它有三个主要衡量因素：市场保有量、生产研发的历史及其在整个行业中的地位。眼镜企业自主品牌首先应强调自主，产权强调自我拥有、自我控制和自我决策，同能对品牌所产生的经济利益进行自主支配和决策。主要有两方面：对品牌知识产权的控制权和所有权。如果对眼镜品牌只有使用权如进行贴牌生产的眼镜企业，而其处理权和最终的决策权在他人手中，就不是真正意义的自主眼镜品牌。

1. 眼镜品牌是眼镜企业开拓市场、占领市场的最强有力的武器之一。站在市场的角度看，品牌是眼镜企业的第一生产力。从产品的角度看，生产的技术、工艺和质量决定生产产品的价值，而眼镜品牌则可以使产品产生更大的附加值，即超价值。以美国市场上畅销的芭比娃娃为例，现在美国市场上销售的芭比娃娃，基本是中国内地的工厂生产和加工的。芭比娃娃在美国市场的平均售价为 10 美元，而我们的眼镜平均出口价仅为 0.4 美元。这就是眼镜质量价值和眼镜品牌价值的最直接体现。

2. 眼镜品牌竞争在很大程度上克服了商品在质量和价格竞争中存在的对消费者信息不对称的弊端，使消费者在市场品牌的价值面前实现了商业和消费上的人人平等，最大限度地保护了消费者的消费利益和消费权利，是市场经济公开、公平、公正这一优越性的充分体现。

3. 眼镜品牌也是一个国家国际竞争力的一个体现。如果说质量是产品的生命，那么品牌就是眼镜企业的生命。质量体现在产品上，而产品和眼镜企业则必须聚焦在品牌上。

4. 眼镜品牌有时代表的不仅仅是眼镜企业的信誉。有些国际知名大品牌的背后还隐含着国家、民族、社会甚至是政府的信誉。国际知名大品牌中不仅包含商业和经济因素，更有文化和地缘政治甚至国际政治的因素。对此，我们要有明确而清醒的认识。在我们进行品牌培育、发展和创新时，要充分考虑到这一点，以此确定我们发展的正确方向和准确定位，从容应对来自外界的挑战和冲击。例如：深圳某眼镜制造在入行的第三个年头，就着手创建自主品牌。现在，该眼镜企业已拥有 8 个自主品牌，产品以中高档为主，年产量在 70 万副左右。"在国际市场上推出自有品牌，虽然艰难，但不能放弃，自有品牌始终是长久之计。"中国眼镜制造给外国人代工，一副镜架只能赚 15 元，而贴上眼镜企业的自主品牌后，就能挣到 30～40 元，利润整整翻 1 倍多。只有引进一些眼镜设计和营销方面的人才，加强镜架创新设计能力，并加大品牌营销力度，才是最佳出路。

在眼镜行业快速发展，竞争日益激烈的今天，眼镜企业必须要依托核心竞争力形成自主品牌。目前，创建品牌、培育品牌已经被提升到战略高度，品牌建设关系到眼镜企业的存亡，关系到一个行业的发展和兴衰，关系中国眼镜企业在国际市场上的竞争力。要搞好品牌建设，壮大我国的眼镜行业，就要做到：①树立品牌观念，加强品牌意识。要树立品牌观念就要深刻认识到品牌建设的重要性，只有成功地实施品牌战略才能更有力地参与市场竞争，争夺市场份额，获得生存发展的机会。②深入研究市场，确立品牌定位。要确立品牌的核心价值，就要给产品以准确定位，也就是确定产品的目标市场和目标用户，考虑市场和用户的真正需求。据此细分市场，用产品特定价值满足用户特定的需求。③加强国际合作，实现技术、管理经验等快速嫁接。④整合行业资源，提升综合竞争力。中国的眼镜产业已经颇具规模，但行业内眼镜企业各自为战，始终徘徊在产业链的底端互相竞争。举例说明这种现象：江苏丹阳的眼镜企业达 600 余家，然而产出的镜片却大多以"白包装"为主，即使是一些已经有些知名度的眼镜企业，"代工"和"贴牌"仍是主要的生存手段。

五、渠道特供

分销渠道是连接眼镜企业与市场，沟通产品与顾客的桥梁。眼镜企业生产出来产品，通过产品这个桥梁，走进市场，进入消费领域，实现商品的价值转移。分销渠道的正确选择和成功管理在某种程度上决定着眼镜企业营销目标的顺利实现。所谓分销渠道，指产品或服务在其所有权转移过程中，从生产者手中到消费者手中的途径，它包括生产者、中间商和用户。眼镜企业生产出来的产品只有通过一定的分销渠道，才能在适当的时间、地点、以适当的价格供应给用户，从而克服生产者和消费者之间的差异和矛盾，满足市场需要，实现眼镜企业的营销目标。

渠道特供，指厂家专门供应给特定销售渠道和主要经销商的产品。与普通的零售相比价格较低，质量却完全一样。其中特定销售渠道的主要经销商指行业内有影响力的连锁系统的知名眼镜企业，一般在这些系统之外买不到他们的特供产品。

眼镜生产和销售的过程就像一把大茶壶，巨大的产能和产量受制于销售渠道的瓶颈。通常人们以为卖眼镜是暴利的，这是人们认识的一个误区。虽然眼镜店的毛利很高，但实际利润并不高，问题都出在渠道上。以广州市中心商业地段北京路的眼镜店为例，面积以 $60 m^2$ 计，光铺租每月就要 15 万～20 万元，每天仅铺租费用就在 6 000～7 000 元之间，而品牌眼镜店每天都只能卖 20 副眼镜，每副眼镜分摊铺面租金约 300 元。因为地处旺铺，房租贵，为了拉低成本，只有走高档路线，精致装修，采用一对一或多对一的贵宾服务。因此它只能为很少的人提供服务，销量很难提高；眼镜店的销售人员要学会从验光、试镜等全程服务，一个合格的员工需要 1 年培养，人员成本也很高；由于房租高，店铺一般面积不大，所能容纳的眼镜数量有限，不能走批量路线，眼镜进货价自然也很难降下来。眼镜行业的特殊性造成眼镜销售的高价位。眼镜业亦医亦商，信息高度不对称，消费者无法准确判断眼镜的价值，又急切期待它的矫正作用，往往只能以价格来判断眼镜价值，在能承受的范围内选择更高价格的产品。这使眼镜销售商能轻易地把眼镜打上昂贵的标签。这个行业的另一个状况是，国内眼镜品牌多而杂，上万个品牌之中几乎没有叫得响的，各家眼镜店都在经营不同的品牌，不具备直接比较的可能性，就算降价也难以显出竞争优势。

> **案例**
>
> ### 深圳横岗眼镜基地从"OEM 生产"到打造自主品牌
>
> 深圳横岗是我国八大眼镜生产基地之一，是全球中高档品牌眼镜镜架的最大生产基地，得到了国际市场的广泛认可。数据显示，横岗眼镜占据全球高端镜架 80% 的市场。目前，横岗拥有眼镜企业 495 家，其中生产眼镜企业 475 家，年产值超 1 亿元的眼镜企业 8 家；年产眼镜超过 1.25 亿副，年销售额 136 亿元，提供 10 万余个就业岗位。出口总值超百亿元，85% 的产品出口到全球 120 多个国家和地区。横岗眼镜产业从 20 世纪 80 年代发展来料加工开始起步，经过 30 多年锤炼，形成了完整的产业集群，占据了全球高端镜架大部分市场；但也存在着自主品牌少、高端品牌知名度低等短板，处在全球产业链的中低端的问题。

从 2014 年开始,横岗眼镜寻求转型,从"贴牌代工"到打造自主品牌,以期走上高端化、品牌化、时尚化之路。深圳龙岗区先后出台文件,通过加强载体建设、加大优秀人才引进力度,引导眼镜企业向产业链"微笑曲线"两端延伸,向时尚创意设计和品牌策划营销方向发展。2014 年成立眼镜时尚协会,已发展会员单位 300 多家,覆盖了深圳市主要眼镜生产和商贸眼镜企业。2014 年 5 月份,深圳市眼镜产业标准联盟在横岗成立,先后编制各类标准 13 个,完成了龙岗区眼镜产业质量信用体系、质量信用信息平台、龙岗区眼镜产品质量安全综合评价和考核体系、眼镜产业标准体系建设等。目前,多家眼镜企业逐步显现出品牌价值。横岗眼镜设计师团队也已日趋成熟,他们从项链、鱼钩、书卷中挖掘设计灵感,巧用冷门材料、钛合金材料、航空材料研发的艺术眼镜受到时尚人群欢迎。

"横岗将打造成为眼镜特色小镇"。未来横岗将打造集设计、加工、展示、体验、销售一条龙的眼镜产业链,结合横岗眼镜的发展历史及周边地区的山水资源,形成特色小镇。同时,横岗将大力发展总部经济,未来把低端制造环节逐步转移出去,保留并加强接单、设计、研发、品牌运营、销售等环节,推动横岗眼镜产业走向高端。

第三节 眼镜批发企业的产品策略

一、眼镜批发企业

我国眼镜批发企业(又称批发商)众多,要面对资金压力,大量资金要用来给零售商铺货,零售商会有大量卖不出去的货物而产生退货。随着积压成本的增加,人力成本和差旅费的加大,批发商现在越来越感到举步维艰。我国的批发商应该如何跳出这个恶性循环呢?结合中国现状总结如下:①片眼镜批发企业可以利用自身优势做对外加工,主要面对眼镜零售企业,为零售企业提供眼镜加工,既保障了加工质量,还减少了批发商自己和眼镜零售企业的库存;既可以赚取批发利润,还可以赚取加工利润。这种模式在欧洲和中国香港已经非常成熟,在北京、深圳已经开始尝试。②镜架批发商可以注册自己的商标:采取订单的模式,根据市场需要,设计自己的镜架款式。③严格控制铺货数量,严格限制汇款速度,加快货物的周转效率。④开设眼镜零售点,通过自己的零售眼镜企业,可以消化眼镜店退回来的库存,降低退货损失。⑤提高经销产品质量和档次:高档产品一般可以要求零售眼镜企业现金交易,而且不退不换,降低资金压力。

区域代理商指取得代理产品所有权,在不同的地区予以代理销售的商家。本身并不购买厂家的产品,也不享有该产品的所有权,所有的货都是厂家的,产品所有权仍然属于厂家所有,其关系是厂家 - 代理商 - 消费者,当然这种代理商所谓的促成交易,也包括的代理商对产品进行销售,但代理商的作用是代理厂家进行销售,并通过销售提取佣金。经销商需要自行承担产品无法售出的风险,但代理商并不承担产品无法售出的风险,但一般来讲,一些大的厂家在选择代理商时要考虑代理商的(销售)能力,如果能力不够,就会取消代理资格,更换代理商。对于一些国外眼镜企业,代理商是比较常见的,国内眼镜企业多青睐于经销商。

但实质上,现在所称的代理商在本质上已经不是代理商了,更多具备的是经销商的性质，还有些属于两者的混合体，即是代理，有时候又要需要购买货物，很少有纯粹意义上的代理商，因此，称其为有一定代理权的经销商更为合适。

1. 大区域代理　大区域代理其称为总代理，总代理一般只做分销，他们依靠资金优势来大量进货，大区域代理与最终客户打交道的太少，在行业利润高、上游厂家缺乏渠道管理能力的时候，这种渠道还能生存，一旦竞争趋于激烈，行业利润下降，上游厂家自然而然会试图改善渠道，那些没有增值能力代理会被首先淘汰。诸多区域市场代理商眼镜企业的渠道是三级代理制：总代理、一级经销商和二级经销商，在个别地区，甚至还会出现三级经销商。

大区域代理的营销策略需实施自有渠道的扁平化，多数代理商能够认识到渠道扁平化已经成了市场发展的必然趋势，但是对如何实施自有渠道的扁平化却认识不足，对渠道扁平化的概念缺乏理解；代理商要想实施自有渠道的扁平化，首先应该对渠道扁平化的概念与目的作出深刻的认识。

区域代理在实施渠道扁平化的过程中仅对自身内部管理实施变革还远远不够，还必须具有对市场的相对操控能力。区域代理要想实现对市场的真正操控能力，需要在以下几个方面进行提升：①强化销售报表管理及定期例会制度：通过销售报表的管理实现对人员、市场状态、眼镜企业经营状况的真正了解与实际掌控；通过定期例会制度实现对眼镜企业运营战略、战术的有效传达与市场信息的及时掌控，集思广益，制订适应市场形势的针对性市场运作措施。②通过硬件设施的有效配置来提高市场管控度，如：配套信息传递网络的建立。③建立专业化的市场运营及操控团队。

2. 小区域指定代理　小区域指定代理可以称为总代理发展区域下的地市级代理，诸多地市级代理商，一般没有为顾客提供深度服务的盈利机会，开展有效的渠道深度分销的目的，主要是强化营业网点的有效覆盖，解决好渠道资源的扁平化发展，才有助于地市级代理商的效益提升和规模发展。地市级代理商的渠道深度分销主要有以下几个特点：第一，渠道扁平化仍然非常关键，如果能把地区市场的销售渠道控制为"直营＋分销"就是非常成功的。从渠道成员间的单位数量来看，直营客户同分销客户的绝对数量比以不低于8:2为宜；从主营收入和营业额角度进行分析，直营网点收入同分销客户收入的相对数量比以不低于5:5为适中；再从营业利润的角度来看，直营网点的利润达成同分销客户的利润贡献的结构比例亦为8:2为佳。第二，一级经销商或分销商要直接面对零售商，而不是再批发给其他二级经销商。第三，部分一级经销商或分销商一方面除了承担起了原来由地市级代理商负责的配送、仓储、转运的功能，成为地市级代理商在该区域辖区市场的营业所之外；另一方面还或多或少地直接参与到谈判、交易的过程之中。第四，部分一级经销商或分销商还兼做批零兼营业务，由于其自身把持着相对稀缺的终端资源，所以，他们往往会得到上游厂家和不同渠道上线单位不同程度的支持，因为这些零售店本身就是渠道深分的据点，同时这些业务能够使一级经销商或分销商有更多的边际收益，所以他们也许是执行渠道深分政策中最佳的目标合作对象。

二、品牌授权产品延伸

品牌延伸策略一：产品线延伸策略。产品线延伸就是眼镜企业在产品线上增加一些高档次的产品生产线，使生产的产品能够进入高档的市场。这种向上延伸的品牌延伸策略可以有效地提高品牌的价值，完善品牌的形象。当然，眼镜企业还可以采取向下延伸的品牌延伸策略。这种策略与向上延伸相反，是在产品线中增加一些较低档次的产品，为的是吸引那些购买力水平相对低的顾客。当然，虽然向下的延伸所花费的成本相对低，但是其风险却并不低，因为可能会对已有的高档产品产生影响，可能会造成消费者对已有高档产品的误解。第三种产品线延伸的品牌延伸策略就是双向延伸。顾名思义，双向延伸就是将向上延伸和向下延伸综合起来。这样的做法就是为了扩大眼镜企业的市场占有率。

品牌延伸策略二：主副品牌策略。既然是主副品牌策略，当然具有一个主品牌，一个副品牌。主品牌理所当然成为眼镜企业广告宣传的核心内容，副品牌是一种辅助。站在消费者的角度上，眼镜企业的主品牌应该是一种信赖度较高的产品，是眼镜企业成功品牌形象的代表产品。也就是说，眼镜企业的主品牌必须起到得到消费者充分信赖的作用，要为消费者认可和接受。

品牌延伸策略三：品牌授权策略。品牌授权是对品牌的一种许可，允许被授权者使用授权者的品牌生产销售某种产品或提供某种服务。被授权者要按合同规定从事经营活动，并向授权者支付相应的费用；授权者则给予人员培训、组织设计、经营管理等方面的指导与协助。对于品牌授权这种品牌延伸策略来说，其基础就是要开发品牌的形象并维持品牌形象的知名度和品牌地位。一般来说，通过这种品牌延伸策略得到品牌授权的一方，就是通过消费者对品牌形象的信赖而获取消费市场。

（一）一线品牌产品延伸

在产业上延伸：从产业相关性分析，可向上、向下或同时向上向下延伸；采取这种延伸方式，为材料来源、产品销路提供了很好的延伸方式。在产品质量档次上延伸：向上延伸，即在产品线上增加高档次产品生产线，使商品进入高档市场；向下延伸，即在产品线中增加较低档次的产品。利用高档名牌产品的声誉，吸引购买力水平较低的顾客慕名购买这一品牌中的低档廉价产品；双向延伸，即原定位于中档产品市场的眼镜企业掌握了市场优势以后，决定向产品线的上下两个方向延伸，一方面增加高档产品，另一方面增加低档产品，扩大市场阵容。

品牌延伸可以加快新产品的定位，保证眼镜企业新产品投资决策迅速、准确。尤其是开发与本品牌原产品关联性和互补性极强的新产品时，它的消费与原产品完全一致，对它的需求量则与原产品等比例增减，因此它不需要长期的市场论证和调研，原产品逐年销售增长幅度就是最实际、最准确和最科学的佐证。由于新产品与原产品的关联性和互补性，它的市场需求量也是一目了然的。因此它的投资规模大小和年产量多少是十分容易预测的，这样就可以加速决策。另外，一线品牌产品延伸有助于减少新产品的市场风险；品牌延伸有益于降低新产品的市场导入费用；品牌延伸有助于强化品牌效应，增加品牌这一无形资产的经济价值；品牌延伸能够增强核心品牌的形象，能够提高整体品牌组合的投资效益，即整体的营销投资达到理想经济规模时，核心品牌的主力品牌都因此而获益。

（二）二线品牌产品延伸

当眼镜企业发展到一定规模和较成熟阶段时，想继续做强做大，攫取更多的市场份额，或是阻止、反击竞争对手时，往往会采用品牌延伸策略，利用消费者对现有品牌的认知度和认可度，推出副品牌或新产品，以期在较短的时间内、以较低的风险来快速盈利，迅速占领市场。在渠道的模式上，一般可以分为四个路径。其一，合作式：即同强势渠道建立合作，赢得先机；其二，自建式：即自己建立渠道，从而掌握渠道的主动权；其三，伙伴式：也就是大家常说的，要把渠道商作为合作伙伴，作为朋友，一起成长，实现共赢；其四，辟径式：实际上，渠道开拓的策略也是关键环节。因此，如何找到一种全新的渠道开拓策略也是赢得成功的关键。

知名品牌眼镜集团入驻京东，打造奢侈品眼镜节

2015年5月9日，京东携手全球顶级眼镜生产商与销售商知名品牌眼镜集团在海南三亚举行联合发布仪式，宣布其等多个国际知名太阳镜品牌京东线上开售。京东首届奢侈品眼镜节"京东镜界"也同期拉开帷幕。由此，消费者在京东将体验一站式畅享全球一线大牌，正品优价购买奢侈品眼镜的服务。

知名品牌眼镜集团在京东开售的奢侈品太阳镜热销品牌，将采用自营模式，还将做到线上线下同款、全球同步发售。此举意味着消费者在京东选购奢侈品太阳镜可以享有一线大牌正品、价优的海量选择和全流程质量保障的优质购物体验。

双方的尝试合作，充分利用京东的互联网平台，以及平台上已经成形的大数据信息，分析消费者习惯，做好产品和服务体验，让消费者更方便快捷地找到商家，也让商家更直接地找到消费者，以多元的购物场景触达消费者端。以此促进眼镜企业销售业绩的快速增长。

第四节　眼镜零售企业的产品策略（产品规划）

一、眼镜零售企业运营模式

当今大多数眼镜企业的内部运营模式具有相近的特点，不论是国营、私营或是合资、股份眼镜企业，其趋同性说明这种结构模式有其存在的优势。从结构上看大致可分为五个主要部分：行政管理层面、眼镜销售层面、眼镜生产层面、眼镜技术层面和资金管理层面。其基本职能体现为：①行政管理层——眼镜企业的"大脑"和"中枢"，其主要职责为眼镜企业的规划、决策、管理、监督和考核。②眼镜销售层——眼镜企业的"龙头"，其主要职责和作为：眼镜产品销售：眼镜企业生存和资金流通的原动力；眼镜市场开发新产品推广：眼镜企业发展的原动力；眼镜行业情报收集：提供给技术部门处理，是眼镜企业信息搜集的主要渠道，也是领导决策的主要依据；眼镜企业形象推广：配合行政管理部门推广，树立眼镜企业的良好形象，逐步建立品牌效应，引领眼镜企业良性发展；产品监测：监督生产环节，进一步保证出厂产品的质量；眼镜库品管理：库存产品的保管和规划，眼镜企业生产调度的主要依据；眼镜用户服务：与生产部门、技术部门协作，做好售后服务、信息反馈，维护眼镜企业良好形象。③眼镜生产层——眼镜企业的"核心"，其主要职责是：眼镜设备采购、眼镜原料采购、眼镜使用和管理、眼镜生产组织的管理、眼镜生产人员管理和考核、眼镜生产成本管理与考核和安全生产管理等。④眼镜技术层——眼镜企业的"发动机"，其主要职责是：为生产提供眼镜技术支持和保证，为眼镜销售提供技术支持和保证，眼镜情报收集、分析、处理和解析，眼镜技术创新、新眼镜产品开发生产过程和生产眼镜产品的质量监测，以及眼镜人员技术培训。⑤资眼镜资金管理层——眼镜企业的"润滑剂"，其主要职责是：眼镜企业资金使用的管理、监督、指导、考核、预警、融资和引资等。眼镜企业资金管理部门负责提供所需的资金和相关流通操作，负责成本、利润的核算和考核，同时监督资金的使用。

（一）国际运营

所谓"国际运营"（international operation），是指清晰分析本组织所处的国际竞争环境，在准确的国际竞争战略指引下，有效整合研、产、供、销运营系统使之精益化管理，调整组织结构以及人力资源系统以达到最优配置，并积极采用品质战略、品牌战略、信息化战略、资本运营战略等各种辅助战略,采取深度营销策略有计划的步入国际市场并积极参与国际竞争的行为的总和;是组织全方位参与国际竞争的有效途径与手段。

"国际运营"与"国际贸易"的联系与区别:

"国际贸易"(international trade)是指不同国家[和(或)地区]之间的商品和劳务的交换活动,国际贸易是商品和劳务的国际转移。国际贸易也叫世界贸易。国际贸易由进口贸易(import trade)和出口贸易(export trade)两部分组成,故有时也称为进出口贸易。从一个国家的角度看国际贸易就是对外贸易(foreign trade)。其中,商品贸易分为有实物形态的商品贸易和(visible trade)和没有实物形态的技术和服务(invisible trade)。

(二)区域连锁

传统眼镜店采用的是家族管理模式,面对现在的连锁店经营,谈不上管理,眼镜店开起来,赚钱了就继续开,不赚钱就关掉。眼镜店因为什么不好,问题在哪里,未发现问题即关门了,很多眼镜店老板也不明白关门的真正原因。管理者有待提高管理水平,给自己和眼镜店"把脉"。管理者需要合理配备管理人员,合理配备验光师和加工师,合理配备销售及市场策划人员,工资和奖励制度的制订符合激励机制。合理配备培训师,过程标准化,例如:服务程序标准化,专业技术标准化(包括验光程序标准化、加工标准化),单据填写也可以做成标准化。

二、消费者定位

对消费对象的定位也是多方面的,比如从年龄上,有儿童、青年、老年;从性别上,有男人、女人;根据消费水平,有高低之分;根据职业,有医师、工人、学生等。

(一)青少年

青少年处于儿童时期之后,成人之前,这一时期的人多为学生,且已进入一种人生的转变期,是社会上令人重视的一个群体。青少年所需用的眼镜产品具有多变性和敏感性。

(二)时尚产品

时尚产品的消费群体分两类,一种是高消费人群,对世界各国的知识品牌有所了解认识各大品牌。若有新款太阳眼镜推出市场,这个群体的人都有兴趣去试戴。有个别的人只认自己喜欢的品牌,他们之中有些喜欢欧洲设计师设计的作品,每当这些新款一出,他们都是最早的试戴者,在一些店里的电脑记录着这些客户试戴后的感触,店里每次出新东西,都会给这些客户打电话,让他们来试戴。而且,某些眼镜设计师的作品还在上面打上限量版,患者会觉得它的价值很高。另一种消费群体是青少年,他们的消费力不强,但是这个群体对时尚很敏感,他们的收入限制了他们对品牌的追求,但是却限制不了他们对时尚的追求。市面上往往在很多大品牌眼镜推出新款后就会出现类似的产品,而且是几乎一模一样的款式,这些眼镜产品的存在满足了这些群体消费力的不足。企业抵挡不住这些群体对时尚的追求,对时尚的追求不分消费的层次,存在于不同形式。社会大众所崇尚或仿效而争相购买的各种热销产品,如眼镜装饰品、时尚品和附带品等,其特征有色彩明快、造型独特新颖、功能实用性强。

总之,眼镜时尚产品包罗万象,它存在于人们生活的方方面面,时尚眼镜产品能带给人一种愉悦和舒心的体验。

(三)专属产品(接触镜)

接触镜就是我们所说的"隐形眼镜",接触镜是目前比较受欢迎的光学类产品,尤其受到女士们的青睐。现在每个人都爱美,部分人会认为戴眼镜不好看,接触镜是他们的首选,还有部分人讲究个性,他们会配戴有彩色的接触镜(美瞳隐形眼镜),此类产品的消费定位基本上是一些爱美、时尚的年轻人。

(四)特殊人群

特殊人群中有如下几大类:①认为框架眼镜配戴不便的群体会选择接触镜,接触镜其中一类是美瞳，可以让他们的眼睛显得更美。②登山、开车族的眼镜，镜架的弯度贴近脸型，镜片都是防紫外线的，镜片要求很高，有经济能力的消费者会选择偏光镜片。③安全眼镜，是工业生产的必需品，对镜片的质量，系数等要求极高，不易碎，镜架也是特殊材料做成的，不易变形，不易断。④特定的人群，度数要特定制，例如：高散光，斜视的消费者，要加棱镜调整光到眼底的聚焦，还有些高远视度数的消费者，对镜片要求很高，可以移光心，定制片，如果患者觉得镜片边缘很厚，可以在加工的时候把镜片边缘做得很薄。⑤老视，远视和近视者都有定制片，并且可以定制双光和渐进镜片，在让他们生活上达到一镜多用，对于渐进镜片的群体，注重于和患者的沟通，了解用眼的习惯，多训练他们用镜的习惯。目前配戴眼镜的大学生已高达 65% 以上，学生对眼镜需求增加，眼镜市场的竞争也将越来越激烈，然而我们更需要了解的是大学生们对眼镜有何要求，更好地了解目前眼镜的消费情况，积极引导健康消费提供参考指导并尽可能为他们提供更好的服务，让她们有一定的眼健康意识，懂得主动去保护好自己的眼睛以及提高品牌意识，但此类消费者消费能力一般，年轻时尚，赶潮流。

三、产品组合

20 世纪 80 年代的眼镜店还是以国有眼镜企业为主的眼镜店，那时的私营者还是摆地摊或者是挑担走街串巷的经销方式，经销的镜片以玻璃片和水晶片为主，镜架也是又大又粗糙的款式，验光基本是手动插片验光，加工全部采用手工磨制；到了 20 世纪 90 年代初，出现了在商场里租 1~2 节柜台做固定的销售模式，镜片、镜架开始在柜台里展示销售，验光方式也开始采用电脑验光，加工仍然采用手工磨削。1994 年以后眼镜行业有了很大的改变，很多眼镜店从商场搬出，开始租门店，开设自己的眼镜专卖店，镜片逐渐用树脂片代替玻璃片，镜架质量有了显著提高，镜架款式也增加了很多种类，太阳镜、接触镜蓬勃发展。验光基本采用电脑验光，加工镜片也开始采用自动磨边机。从 2000 年到现在，国有的眼镜公司纷纷退出眼镜行业或改制为私营眼镜公司，专业眼镜零售公司也不仅仅经营一家眼镜店，而是选择开分店，开连锁店。镜片也增加了很多品种，有树脂片、PC 片、渐变焦片、双光片、变色片、染色片、偏光片、彩色片等。眼镜种类也非常多元化，有近视镜、远视镜、老花镜、太阳镜、防护镜、接触镜等。验光方式采用电脑验光加综合验光仪验光，加工方式采取更加先进的三维自动磨边机，包括开槽、打孔、倒边等。

案例

某眼镜企业布局精品零售渠道，挖掘中国本土消费需求

2006 年通过 8 亿元人民币吞并多家眼镜零售品牌后，到目前为止某眼镜企业在中国维持着稳定扩张，除在北京、上海、广东、香港等地拥有的 300 多家普通门店之外，开店成本比普通门店高出 50% 左右的精品店、概念店的开设，使其进一步用专业高端的形象巩固自己的利润空间，也培养了时尚人士对公司的忠诚度。

而除了在中国布局精品零售渠道，如何满足更多本土化需求也是新战略的重要部分，其中就包括设计适应亚洲人的产品。从 2012 年开始，某眼镜企业旗下的三个自有品牌均推出针对亚洲人低鼻梁、高颧骨的面部特征的眼镜系列，某眼镜企业设在广东的工厂也对这三个品牌的镜架进行了调整。由于该系列受到亚洲市场追捧，这激励了集团 CEO 宣布将陆续对集团旗下其他授权品牌进行相关地域化改进。为此，集团 CEO 还在 2010 年上任后组建一支年轻而本土化的团队，不仅制订时尚化的营销手段，并及时反馈更多本土化的需求。

第五节　产品策略案例

案例1

深圳某眼镜公司产品营销攻略

眼镜产业有着鲜明的全球采购、全球生产、全球销售特点,随着中国逐渐成为"世界制造工厂",眼镜产业得以迅速成长,形成深圳、温州、厦门、丹阳四大地方集群。然而,经历连续多年的快速增长后,发展中的瓶颈问题愈来愈突出,最显而易见的有"三角债":低价恶性竞争、以次充优、缺少自有品牌等。诸如此类问题,成为整个眼镜产业的成长之痛,很大程度上影响了产业的良性快速发展,至今眼镜厂商依然以OEM为主要的经营方式。面对眼镜厂商长期为国际品牌商"打工",面对近些年来国外巨头纷纷抢滩国内市场,中国眼镜产业如何实现升级,眼镜企业如何提升竞争力,培养并建立自己的核心优势,都已成为相当紧迫的问题。对中国眼镜产业而言,眼镜企业之间的"竞合"应是促进产业快速升级乃至实现从OEM到ODM再到OBM(品牌供应商)两级跳的最佳方式。因此,如何竞争、怎样合作都是摆在眼镜企业面前最为重大的课题。眼镜企业应树立竞争意识,善于竞争、合作多赢。

善于竞争从横向来说,要求眼镜企业最终以差异化的竞争战略,找到各自不同的位置,犹如园中的百花,各有娇容,各吐芬芳。产品相同的眼镜企业之间,无论材料、配件还是成品厂商,能找到自己的细分市场,进行准确定位,就能够获得成功。而善于竞争从纵向就要求材料、配件、成品以及相关厂商之间,多角度、多层面合作,如为满足市场需求而进行的新产品开发,有可能从产品创意、设计开始,倒推到材料创新,到配件加工、电镀、焊接、成品制造许多环节都需要进行相关的各种创新,最终才能产生有生命力的新产品。日本眼镜企业界曾提出的"链条竞争"就是这个意思,如此,才能通过链条竞争力的提升,提高眼镜企业竞争力,提高区域竞争力,并最终提升区域产业在全球市场上的竞争力。深圳某眼镜公司提议上游合作伙伴,从供应产品向提供"解决方案"转型,如提供材料解决方案,即材料厂商应提供材料产品如何更好地应用于眼镜产品加工制造的全套方案,使材料特别是新材料产品相对可以顺利地得到应用。良好的合作对提高产业成员的专业性将起到积极的促进作用,只有产业各环节成员在新材料、新技术、新产品等方面密切协作,才能使区域产业的创新力得到快速提升,才能较为从容应对愈演愈烈的全球化的竞争趋势。

案例2

美国眼镜(Sear's Optical)的眼镜产品市场定位

美国眼镜(Sear's Optical)作为美国零售巨头席尔斯(Sear's)的眼镜部,秉承公司一贯宗旨:为顾客提供优质产品,卓越服务以及合理价格,定位为服务成熟消费者群;这批消费者非常理性,购物不贪便宜,要货不急,不挑剔。多年来美国眼镜牢牢抓住了这个群体,一直享受着这群商家梦寐以求的顾客和丰厚的利润。

公司在北美现有 1293 家分店，其中 900 家设有眼镜部。席尔斯一直以来客户服务及产品质量好，价格合理，定位为服务家庭。近些年北美眼镜零售市场竞争日趋激烈，各大连锁公司在者并单体眼镜店的同时相互之间也加剧了竞争。其他眼镜巨头占据购物中心黄金位置，大打时尚和价格牌，目标顾客为追逐时尚潮流的年轻一族。国际一线品牌应有尽有，每家店都配有完整的加工车间（含磨片车房），经常推出特价镜架加镜片单光渐进均可，还可以 1 小时交货；为满足顾客，有品牌眼镜公司还推行"30 天内不满意全额退款"的活动。Pearl Vision 也在强调宣传自己关护视力的同时大玩价格游戏，凭借其悠久的历史也占有相当一部分市场份额，但因其市场定位渐趋模糊，近几年虽经几番周折，运营仍差强人意。美国眼镜倚靠席尔斯百货公司传统优势，成功施行差异化竞争，坚守自己的定位，为顾客提供高性价比的产品和优质的服务，成功吸引保留了席尔斯百货的顾客。这批顾客约在 45 岁以上，传统白人为主，中等以上收入，普遍受过大专以上教育，做事理性，多有完整的家庭。由于家庭成员多，购物注重实惠和质量，但不追逐低价。长期的教育和工作经历使他们做事有序，不急于求成，待人宽厚；他们不在意时尚的最前沿，但也很注重自己的形象。针对这批顾客，许多美国眼镜企业全方位设计实施了围绕成熟消费者的计划，实现了低固定投入，低人员消耗，低库存投入；高销售额，高利润，高客户满意度。

地点：充分利用席尔斯百货的盛名，兼之席尔斯百货都位于大型购物中心，很多眼镜店就位于其内；鉴于成熟消费群很少有一拥而上的习惯，店面一般只有 30m² 左右，不设加工车间，不验光；整体设计给人以轻松舒适的感觉，店内色调柔和，家具简洁，采用配镜工作台，镜架都陈列在墙上。除焦度仪和简单手工工具外不配任何机器。整个店固定投资微乎其微，节省了大量资金。

产品及服务：除了 3～4 个知名中档品牌外，该公司眼镜大量销售自己的品牌，加之店面小，又在陈列杆上展出，每店只有 700～800 只镜架；小量的库存加上自己的品牌不但降低了库存成本，也大大减轻了客户服务的成本压力，因此也能尽量满足顾客，提高了顾客满意度。在美国眼镜业不需太多价格游戏。由于各店没有配备加工设备，所有眼镜都要外送集中加工。顾客要等 7～10 天，但由于大部分顾客都成熟理性，做事有续，他们并不着急取货。镜片也都是自己的品牌，避免了个别顾客比价压价。公司很注重顾客感受，员工都是经过专业考核认证的配镜师，并经过公司销售及客户服务培训，使员工和顾客有很好的沟通。良好的沟通有助于维持较高的顾客满意度。

价格：采取了中等偏下的价格策略，和其他公司相比，价格要便宜 40%～50%。例如：推出的 580 美元两副镜片（非超薄渐进渐进加减反膜，均为知名品牌）加镜架相对亮视点的约 500 美元一副镜片加镜框（同一档次产品）对成熟消费者来说就相当有吸引力。其中档镜架价格为 130～200 美元。中等偏下的价格加上席尔斯百货享有的产品质量可靠的盛誉使得眼镜价格具有很强的竞争力，从而为公司赢得市场股份和利润奠定了坚实的基础。

人力资源：公司全部聘用有专业资格的配镜师，市场平均年薪约 5 万美元（约合 33 万元人民币）。每店平均有 3 名员工，繁忙时间段 2 人值班，其他时间 1 人值班。员工平均工资高，但人数少，并不给成本造成压力。而且由于没有销售任务，配镜师又独立工作，有相当的自由度，员工满意度很高，降低了频繁雇佣新员工相应的培训成本。更重要的是由于配镜师专业知识较强,又加上资历积累可以进一步提升沟通能力,服务水平自然得以提高,客户满意度也随之提高。客户满意又导致良性循环,客流不断。

结论:公司凭借其准确的市场定位和有机的全方位产品市场策划及执行,实现了和客户良好的沟通和公司的丰厚利润,值得眼镜零售业参考学习。

案例3

树脂镜片三大品牌的品牌策略

最近的某权威机构一项调查显示,在框架眼镜的销售总额中镜片的销售额几乎占了一半,在镜片的销售总额中树脂镜片的销售额占了约三分之二。

众所周知,一个品牌得到认同,需要具有高品质、高特色性、高知名度、高信誉度、高占有率和高附加值六大特性。细品这六大特性,我们可以得到这样一个结论:一个成功品牌在其销售数量上应该与它的被市场认同程度大致一致。然而,问题并非如此简单,往往当一个市场在其逐渐成熟和规范的过程中,品牌与非品牌的竞争常令我们眼花缭乱,雌雄莫辨,其销售数量更是一时难分伯仲。然而,一旦市场成熟且规范,品牌的雄厚实力便会显现。下面我们一起来看看树脂镜片著名产品品牌策略。

镜片 A 品牌在中国多年来的发展历程,其实也是一个树立品牌形象的历程。为适应中国市场,镜片 A 品牌有选择地引进了集团的钻晶加膜片、宇宙片、渐进片等高新科技产品。并采用了白晶浸泡式加硬方法和纳米技术的超微粒合成材料镀制于镜片表面等最新加工工艺来保证产品的高质量。基于此,企业视质量为生命,对镜片的质量把关严格到近乎苛刻的程度,哪怕是只有一丝一毫瑕疵的镜片,都会被判为不合格作废品销毁。

对品牌负责,就是对消费者和客户的负责,这就是我们的品牌策略!

镜片 B 品牌认为,要将客户、消费者放在首位,生产出让客户卖得放心、消费者买得称心的产品,得到客户、消费者的信赖最为重要。因此镜片 B 品牌为了生产高折射率、低比重、低色散三者平衡的优质镜片,在中国广州建立的工厂符合国际标准,全套最新生产设备从国外引进,技术工艺和现代化的生产管理方式亦走在全球眼镜界的前列。镜片 B 品牌的材料经过不断钻研,借助先进技术配合精密仪器并在无尘车间内制造。镜片 B 品牌公司还在眼镜行业首家通过了国际 ISO9002 质量体系认证及 ISO14001 环境管理体系认证,由于质量完全符合集团统一标准,产品不仅符合国内最新的树脂镜片行业标准 QB2506-2001,同时符合如欧洲 CE 标准、国际 ISO 标准、美国 ANSI 标准等世界各国的当地国家标准。

镜片 B 品牌人言:先进工艺、先进技术、先进管理方式生产的让客户与消费者都满意的镜片,就是镜片 B 品牌。

镜片 C 品牌,"科技为先"是镜片 C 品牌司最具特色的经营理念。源于创办人的特殊专业背景,该公司坚持光学理论为指导,以科技领先宗旨,始终以生产最佳质量的镜片满足消费需要为目标。

镜片 C 品牌公司独特的眼镜企业文化和经营理念,体现在镜片制造上面的特征就是:生产出较同级产品更高的阿贝数与最柔和的防反光多波长镀膜之优质镜片自然顺理成章——科学家爱因斯坦曾亲笔致函推荐过镜片 C 品牌公司制造的镜片；镜片 C 品牌镜头装设在 1969 年阿波罗登月小艇上，传回地球历史性的照片；产品为 22 位诺贝尔奖获得者采用，其中 4 位科学家则更是热心协助蔡司公司改进产品等。毋庸置疑，镜片 C 品牌傲人的历史和实证都说明它 150 余年来始终不停的进步和发展。

镜片 C 品牌得益于深厚的历史积淀与国际视光学界的一致好评，镜片 C 品牌树脂镜片自然在中国受到普遍认同，高科技含量、顶级品牌的盛誉，镜片 C 品牌树脂镜片受之无愧。

案例 4

深圳某眼镜店的产品销售理念：让顾客离不开你

经济富裕顾客爱面子，而工薪阶级层顾客在意的是花钱的价值，所以会变得苛刻挑剔。站在顾客的立场上，每一位配镜顾问都应该主动呈现最好的一面，让自己成为一个有魅力的配镜顾问。配镜顾问的魅力创造可以从两个方面去思考：

1. 树立专业形象 是一种由内而外散发出的魅力，是给顾客最深刻的印象。当顾客走进一家眼镜店，你迎上前去招呼他，顾客对你却不冷不热，这是为什么？因为你给顾客的印象只是一个"推销员"，你会向他推销一些他可能不喜欢的商品或者超出自己预算的商品，所以，顾客对你处处防范，敬而远之。但如果此时，你能在顾客面前展示你的专业技术，帮顾客把眼镜调整一下、戴得更服帖舒服些、帮顾客把眼镜全面清洗一下、帮顾客换一个托叶或者脚套、帮顾客简单检查一下视力、指出顾客原来的眼镜上面几个不足之处：产品款式有点陈旧、眼镜架线条不美、产品有点重等。此时，顾客的态度有可能改变，在他心目中你从一个"推销员"变成一个专业人士，这时，你再说什么，顾客会愿意仔细地去听。

2. 建立互动关系 互动可以让顾客心安。因为我们是技术服务业，只有了解顾客内心真实的想法，才知道他的需求。要"懂"顾客，就要先和顾客交朋友，通过观察与聆听，去感受到顾客在意与不在意的方面，成为一个聆听者，透过聆听产生同理心，更是一种尊重顾客的表现。当配镜顾问真的像关心一个朋友那样去关心顾客，自然会思考用什么样方法让顾客满意，顾客从有感觉到感动，最终产生信赖。其实，顾客在一家眼镜店，最先选到的不是一副满意的眼镜，而是一个可以信赖的配镜顾问；而他最终得到的也不是一副满意的眼镜，而是今后有任何眼镜方面的问题都可以咨询的顾问。这是我们真正在"销售"的东西，也是眼镜店牢牢锁住顾客的武器。

案例 5

某中国台湾企业的产品策略

从 1997 年到现在，该企业先后在全国数十个城市发展，目前已有上千家连锁店，在产品营销上有相当明确的目标。该企业的产品营销可以分为三个部分：初创阶段、成长阶段和成熟阶段。

初创阶段产品策略：该企业在全国的采购量是行业内较大的。很多地区是以"自有品牌"为销售的主力。在一个新开发的城市，该企业的策略不会着重在"自有品牌"，反而会用大众品牌、知名品牌来带动公司的地位。有知名品牌的商品，可以定位一家新公司的市场地位。因此，在初期的商品策略上，该企业会以大品牌、大众知名品牌协助定位"企业"在新市场的消费者心理地位。

成长阶段：这时的商品策略，可以开始走差异化。该企业在全国有足够的采购量，基本上可以"贴牌"生产自己的品牌商品。在中期发展时期，贴牌的比率还不大，但是已经开始走差异化的路。

成熟阶段：该企业在商品策略上非常强势，已经建立起在一个市场的品牌知名度，因此本身就是个品牌。除了非常有市场影响力的品牌，该企业的商品规划以"自有品牌"为主，避开与竞争者的品牌冲击。该企业拥有全国最大采购量，因此可以以量压价，也可以拿到部分市场的专卖权。尤其是在开发成熟的市场，完全有领先市场推出最新商品的能力，在商品竞争力的部分可以领先同业。

第六节　眼镜终端营销策略及方法

一、眼镜终端营销流程

眼镜终端营销是一种经过明确定义的流程，而不是某种机会性事物，如果眼镜终端营销人员仅凭感觉做事，或在营销过程中随心所欲，那么，他成功的概率就不会太高。眼镜终端营销流程在不同的眼镜连锁公司会有所不同，并且在实际应用中也有所变化。

一般来说，我们将眼镜终端营销流程分为接待顾客、探索需求、专业检查、挑选商品、商品介绍、达成交易、顾客取镜和售后服务八大步骤。

1. 接待顾客　眼镜终端营销人员做好营业前的准备工作后，就进入接待顾客环节。接待顾客是眼镜终端营销的第一步，营销人员一定要尊重顾客，建立良好的第一印象。俗话说：良好的开端就是成功的一半。

当顾客进入门店时，我们应：

放下手中的其他工作，反应迅速，最短时间内（最好不超过10秒）主动上前迎接顾客，要面带微笑并与顾客有眼神接触，同时与顾客打招呼："您好！欢迎光临××，请问有什么可以帮到您的吗？"打招呼时要与顾客有眼神接触，态度要亲切。不要在顾客进店后没人接待，营销人员没精打采地站着或坐着，脸上没有微笑或与顾客无眼神交流，打招呼时不能像自动播报机一样机械，更不能面朝天。

要主动为戴眼镜的顾客清洗眼镜，并作出适当的眼镜调校。积极创造与顾客间的互动话题，可以询问眼镜配戴状况感受并适当赞美。不要不主动为顾客清洗眼镜，而是由顾客提出来要求清洗的；不要不对眼镜作出任何调校，或者批评顾客现在配戴的眼镜款式、颜色等信息。

当顾客说明来店目的时，要直接引导顾客到需要或要了解的产品处。注意手势要指向顾客需要的区域，并说："您需要的××在这边，请跟我来……"营销人员不要在原地发呆，无所事事，或对顾客爱理不理，没有及时回应，更不能看到顾客有需求却毫无反应。

当顾客说随便看看时，应给予顾客空间慢慢看，并持续观察顾客举动。这时营销人员可以说："好的，您随便看看，如果有喜欢的款式可以试戴一下！"并在旁边关注顾客，不要给顾客压迫感。当顾客询问或面露疑问时，我们要迅速走向顾客，主动提供服务。此时注意不要不停地向顾客发问，令顾客很有压迫感，也不能不关注顾客，自己去做别的事或与同事聊天，从而冷落顾客。

当顾客发出购物信号时，我们应马上上前自我介绍并主动提供帮助，可以说："您好，我的名字叫×××，有什么可以帮到您的吗？"，自我介绍时营销人员一定要简单、吐词要清楚，要自信。不要对顾客爱理不理，不关注顾客。也不要自己做别的事情或与同事聊天。

2. 探索需求　只有了解顾客的真实需求，我们才能做到有的放矢，达成交易。探索顾客需求要采用开放式提问，以此了解顾客进店的基本需求。眼镜终端营销人员可以使用开放式问题，例如：您对眼镜有什么（特别的）要求？您想要什么款式的眼镜？请问您需要什么帮助？开放式提问的优点在于能广泛地收集到顾客信息，就像撒大网捕鱼一样。提问时营销人员还要与顾客有眼神交流，询问时，营销人员不能东张西望或与顾客无眼神交流。不能采用封闭式提问："您是需要金属眼镜吗？"因为封闭式问题容易得到否定回答。不能使用自己的假设去询问："您一定是喜欢这种款式，这副是新款又时尚，我建议您就这副吧……"更不能采用盘问式的提问方法。

询问顾客眼镜使用场合，进一步发掘顾客需求。我们可以继续问："您打算是在什么场合戴镜呢？""您想体现出怎样的一种风格呢？"眼镜终端营销人员不能按自己的想法去询问："您一定是要上班用的，那么我建议您选这副吧，稳重大方……"另外绝对不能盘问顾客。

眼镜终端营销人员要仔细聆听顾客的动机和需求。销售中有一条著名的心理学原理——顾客都有被理解的欲望。对顾客来说，他们感觉到"你理解其需求"要比"他了解你的产品或服务"更重要。要被理解，首先是要听其"倾诉"，这就是聆听。事实上，优秀的眼镜营销人员都是善于聆听的高手。善于聆听的一个窍门就是集中注意力，可以根据顾客的情绪认真甄别顾客关注点的轻重，寻找下一步销售的突破口。聆听时要与顾客有眼神交流、点头，切忌无眼神交流或东张西望，更不能未等到顾客回应完就立即插话。营销人员在提问后要等待顾客回答，要及时复述或重组顾客的动机及需求，绝对不能答非所问，或重复询问顾客已经回应过的问题。聆听还是营销人员交际能力的体现，倾听有时反映着我们的态度，在与陌生顾客打交道时，眼镜营销人员的态度决定了形象，所以在这一过程中实际上是在推销自己。在成功推销自己之前，我们不大可能有效地销售产品或服务，而交际能力是推销自己的关键。

提问一定要有逻辑性和目的性。话题要与眼镜或眼部健康相关，要做到所有提问获得的回答都是有价值的信息。提问时必须顺着顾客的回应继续深入挖掘，如针对顾客现有眼镜进行提问："您现在这副眼镜配戴时感觉怎样，舒服吗？"也可针对眼镜健康进行提问："您有多久没进行眼部健康检查了？"

探索顾客需求时，要利用建议用语打开有关眼部检查或眼镜护理的话题，把顾客吸引进入验光室。我们可以对顾客说："请验光师帮您验验光吧。"或诚邀顾客体验眼部健康检查，"您刚才说到有一段时间没做眼部检查了，现在我们马上为您进行全面眼部健康检查吧！"

3. 专业检查　专业检查最重要的目的是获取顾客的信任。很多眼镜终端营销人员认为，对顾客进行专业检查是验光师的事，诚然，验光师凭借自身的专业知识、地位或位置，在专业检查过程中与顾客之间的交流，对他们的专业建议，让顾客产生了信任感。往往验光师让顾客配什么样的镜片，顾客就愿意配什么样的镜片，甚至挑选镜架也会让验光师帮助决定。然而，营销人员也可以通过与顾客简单的沟通，获取顾客的信任，为下一步销售工作做好铺垫。在初步了解顾客的需求后，我们一般都要引导顾客进行验光，在验光之前我们可以利用自身的专业知识给顾客进行一些简单交流，让他们脑海中先建立一套标准。因为还没有到介绍产品和价格的时候,所以顾客不会有戒备或怀疑的心理。

例如,我们初步了解到顾客需要配角膜接触镜后,在让她验光之前,我们可以加上一句"角膜接触镜除了要进行验光之前,还需要进行裂隙灯检查,如果眼部有炎症,暂时不能配戴角膜接触镜;如果检查没有问题,您就可以放心的配戴了。现在我们先进行裂隙灯检查吧。"相信顾客听到这样的话后,会产生好感,虽然接下来的检查不是我们亲自做的,但同样会让她对我们产生信任感。

4. 挑选商品　在顾客从验光室出来,我们获得顾客的处方后,不要马上向顾客推荐产品,例如,"根据您的度数,应该配什么镜片"等。而是应该先站在顾客的角度去关心他们。"孩子眼睛的度数比上次加深了,是不是经常做功课比较晚? 喜欢使用手机和电脑?""今后上大学和参加工作,都需要有良好的视力,所以现在一定要注意保护,课间要多放松眼睛,多参加户外运动少吃甜食对度数的稳定有很大帮助"。这些简单的话题会让顾客更加相信我们的专业。接下来推荐产品就相对容易了。

眼镜终端营销人员要与顾客共同挑选产品,使用托盘。要主动鼓励引导顾客进行试戴,询问顾客的配戴的感觉。注意供顾客试戴的眼镜必须干净。根据顾客的需求,选择出至少两副眼镜,并传达多副试戴的理念。为顾客选择镜架和镜片时结合顾客的实际度数,分析镜架与镜片的功能专业性,例如,屈光度在 −2.00D 以内,我们给顾客推荐高折射率的镜片就不太合适。有些顾客自诉有眼干症状,为了推荐高价位的角膜接触镜,而促使顾客选择高含水超薄的镜片,这样的方案就违背了专业性和职业道德,这是不可取的。营销人员可以通过手势请顾客坐下并仔细挑选产品。

5. 介绍商品　介绍产品时眼镜终端营销人员可以根据顾客的需求,介绍产品的特征、优点,并向顾客传达产品的品牌信息、时尚趋势和品牌优势。介绍时使用专用销售工具,突出产品对顾客的益处。例如,镜片 B 品牌镜片能够提高远视的对比敏感度,顾客在配戴睿视后可以在看远时有非常清晰的感觉。顾客开车时很容易看清楚远处的目标,外出旅行时看远会非常舒适自然。

介绍产品时鼓励顾客试戴其他免费项目或创造多副销售机会。例如,可以根据顾客不同场合的不同时尚搭配让顾客选择多副眼镜,这样既充分考虑了顾客的心理需求,又成功地提高了销售数量。

眼镜终端营销人员可以根据顾客的不同需求进行镜片的销售升级。例如,有屈光不正的顾客想要一副眼镜能达到太阳镜的效果,则可以推荐顾客选择变色镜片。45 岁以上的顾客如果有屈光不正,又想要解决老视的问题,可以推荐顾客选择渐进多焦点眼镜。

在促进营销时,我们可以提供给顾客大范围的品牌选择。俗话说,萝卜白菜各有所爱。提供更多选择给顾客,总有一款是他想要的。

6. 达成交易　达成交易之前要解决好异议。顾客异议其实贯穿了整个眼镜营销过程,所以,如何消除顾客异议显得尤为重要。消除异议要注意以下问题:

(1)不要马上反驳顾客:如果马上反驳顾客,双方就容易造成沟通不畅,使我们很难了解顾客的真实想法,或者双方陷入争吵中,交易自然也就不可能达成了。所以,我们要有这样一个理念,认同顾客有权提出异议并认真将异议听完整。

(2)鼓励顾客把所有的想法都讲出来:只有顾客讲出异议时,才是我们了解顾客真实需求的最好时机。

(3)鼓励顾客并不等于同意顾客的说法:我们可以认真听完顾客的异议,但绝不等于默认。

如果顾客误解,我们就要澄清误解或提供顾客所缺少的信息资料。如果顾客怀疑,我们就需要提供证明。比如提供之前成交过的顾客的记录。如果是我们产品或服务的实际缺点,则要显示整体情况,以长补短。比如,顾客抱怨配镜等候时间太长,我们可以解释我们是严格按照国家标准来制作,所以质量更有保证。

要想达成正式成交,营销人员要把握好成交信号,及时引导顾客决定购买。

成交信号包括语言信号、行为信号、表情信号和事态信号。语言信号通常表现为了解产品销售情况、售后服务情况、征求同伴意见、指出商品质量方面的疑问、讨论价格问题等。行为信号通常表现为不再发问、不断地点头、仔细了解商品说明和商品本身等。表情信号通常表现为开心、对商品表示好感、盯着商品思考等。如果顾客之前来过本店,现在又重新回来,则是事态信号。

正式成交时,营销人员可以采用一些促进方法。比如,二选一法、激将法、时间紧迫法、商品热销法等。

眼镜终端营销人员在正式成交时要掌握以下要诀:良好的态度;多看、多听、少说;一问一答;不急不忙;保持态度。

顾客决定购买后我们要为顾客确定好取镜时间,介绍相关保障服务,确认顾客相关信息,再次确认顾客购买的总金额,买单。最后送顾客到门口并感谢顾客光临。

7. 顾客取镜 询顾客取镜时眼镜终端营销人员首先要核对取镜信息,然后让顾客试戴并问感受。如果有需要,我们应对眼镜进行调整。要向顾客强调使用和保养方式,比如,平常如何清洗和擦拭镜片和镜架。要再次告之顾客售后服务的相关条款。营销人员应创造顾客再次消费的机会(如接触镜和太阳眼镜的交叉销售)。提醒顾客下次眼部检查的日期,告知多长时间内门店会进行回访。

8. 售后服务 我们要充分了解售后服务的重要性,才能做好售后服务。售后服务是一次营销的最后过程,也是再营销的开始,它是一个长期的过程,正所谓:"良好的开端等于成功的一半";售后服务过程中能够进一步了解客户和竞争对手更多的信息;售后服务能与顾客进一步增进感情,为下一步合作打下基础;售后服务能为商品增值;售后服务是一种广告,是为公司赢得信誉的关键环节;售后服务的过程也是眼镜终端营销人员积累经验、提高技巧和增长才干的过程。

眼镜终端营销人员在进行售后服务时要注意以下技巧:要抓住主要服务对象;不要轻视顾客带来的每一个人;要抓住主要解决的问题;讲话不要太绝对,举止、谈吐和衣着要大方得体,表现出公司良好的眼镜企业形象;要打有准备之仗,做好最坏打算;见好就收,不要得寸进尺;打好扎实的专业基础。

良好的售后服务,可以提高顾客的满意度和忠诚度。顾客满意度＝商品实际使用情况－期望值。提高顾客满意度有两个有效途径:为顾客提供高质量的产品和服务;消除顾客不切实际的期望值。如果顾客满意则会重复购买,甚至为公司做宣传;如果顾客不满意则会停止购买公司商品;如果顾客极度不满意则会要求退货,并做负面宣传。

案例

眼镜营销服务至上

　　A小姐某次去S市出差,正值夏天,眼镜忘记带了。路过一家眼镜店,便打算去挑一副。看中了一款名牌太阳镜,这款太阳镜放在精美的柜台里,在灯光的照射下,更显得华贵无比。A小姐向配镜顾问要求试戴一下,配镜顾问微笑着说:"可以,请坐下稍等"。只见配镜顾问拉开一个抽屉,取出一双白手套戴上,然后拿出钥匙打开柜台,双手取出那副眼镜,用镜布轻轻擦拭了一下,双手托到她面前,给她展示了一下,为她戴上,并双手拿过镜子,开始向A小姐介绍这款太阳镜的特点。

那一刻，A小姐被配镜顾问的这种举动深深触动了。既感受到了这个品牌的尊贵，也让A小姐享受到了品牌产品的超值服务，便毫不犹豫地下了单。尽管那款眼镜价格较高，但A小姐觉得值这个价。

二、眼镜终端营销技巧

1. 顾客接待与服务

（1）接待与服务的原则

1）平等待客的原则：眼镜营销人员对顾客要一视同仁，公平对待，对每位都应同样热情。

2）真诚待客的原则：眼镜营销人员要以自己的热忱，诚心诚意地接待顾客。

3）主动待客的原则：眼镜营销人员应在营销过程的每个环节上，时时处处充分发挥自己的主观能动性，为顾客热情服务。

（2）顾客服务的要求：眼镜营销人员在为顾客服务时一定要做到：反应迅速、面带微笑、态度诚恳和做事干净利落。要使顾客满意，营销人员就要最大限度地减少顾客等候的时间。对于营销人员来说，微笑是自己最好的介绍信，有利于快速拉近与顾客之间的距离。营销人员做好顾客服务，应始终保持良好的身体状况和愉快心理，使顾客享受到购物的乐趣，那么顾客也会给予他丰厚的回报。

2. 沟通技巧的应用

（1）通过顾客需求调查，触及顾客的购买问题。只有了解了顾客的问题，才能明白顾客的需求，但很多问题是需要营销人员去发掘并展示给顾客的。

（2）通过沟通，了解顾客购买心理，通过对顾客问题原因专业化的表达，使顾客产生信任；然后进一步表述顾客问题所引发的不良后果，使顾客产生强烈关注，最终让顾客产生购买兴趣。

（3）应对主动提问的顾客时，先去评价一下顾客的问题，然后寻找顾客提问原因，再引导顾客说出真实需求。

（4）沟通时要注意几种非语言表述行为的运用。包括：手势、面部表情、眼神、姿态和声音。这几种表述行为如果运用恰当，会大大增加沟通的效果。

（5）做好内部沟通工作。营销人员需要与公司同事和上司做好沟通，营造良好的营销环境，只有内部沟通顺畅了，才能一致对外，做好营销工作。

3. 介绍商品的技巧

（1）要充分介绍商品的特征、优点、利益点给顾客，并合理利用证据来说明。比如，光致变色镜片要体现出矫正视力和太阳镜效果只用一副眼镜即可解决。偏光镜片对于开车、钓鱼、打高尔夫球具有很好的防眩光效果。利用顾客销售记录来说明这款眼镜已经在本月销售10副了，以此促进顾客的购买欲望。

（2）一般介绍商品优点时，通常提出三个卖点给顾客。比如，钻晶镀膜镜片的三大卖点：膜色浅——透光率高，颜色佳——易搭配，高抗反射光——形象好；优点太少会造成顾客购买信息不够，太多又会让顾客看花了眼。

（3）针对不同的顾客，要区别介绍商品的优点。比如，PC镜片对学生来说，抗击打能力是最重要的卖点，而对成年人来说，PC镜片的抗紫外线能力有可能是最重要的。

（4）介绍商品时还应注意的事项

1）要以所销售的产品来迎合顾客的需求，不能以顾客的要求来迎合所营销的商品。

2）要尽快达成交易。

3）不要认为仅仅是在营销商品本身，实际上，销路的推广、声望的提高、安全的保障以及其他一些可以使人达成某种目的或欲望的因素也可以促进销售。

4）用顾客的语言进行介绍，这样容易产生共鸣。

5）营销人员须使自己的论点条理化。

6）营销要善于聆听顾客的意见。

7）要善于利用商品实物或视听材料进行展示。

4. 正确处理营销矛盾的技巧

（1）在倾听顾客抱怨时，营销人员应以谦虚、有诚意的态度倾听，并认真仔细地记录下来。

（2）想要解决顾客提出的问题，必须先调查清楚，正确分析顾客的言行和动机。

（3）营销人员要从正面去理解顾客的言行，要尽量找到共同语言，避免给顾客提供任何加深成见、激化矛盾的口实。

（4）营销人员要主动转移顾客视线。只有主动地转移有对立情绪的顾客的视线，才能创造条件，将矛盾朝有利方向转化。

（5）营销人员热情友好地接待投诉的顾客还不够，更为重要的是要及时处理和解决顾客的问题，设法消除顾客的不满情绪。

案例1

喜欢比价格的顾客很多，都是和外面私人小店去比，要是想留住这样的顾客，怎么样打消他比较的念头？

顾客就是要货比三家的，你越是想阻止他，他越是觉得不放心，所以，比较好的方法是欲擒故纵：鼓励顾客去看看，并告诉顾客，自己很自信，他一定会回来，"昨天有位顾客和您一样，就是不相信我，非要去其他地方看，结果跑了一圈还是回来我这里。我相信，您也会的。"同时一定要给顾客名片，这样更显得你很自信，顾客一定会回来。此时，顾客也会想，其实就是一副眼镜，就算外面便宜一些，也是有限的，不可能白拿，耽误时间其实也是成本啊，不如就在这里配。

案例2

如何更简洁地选择太阳镜给顾客？

在为顾客挑选之前，先问顾客几个问题。比如，在什么场合戴这副太阳镜，郊游还是开车，上下班还是工作中，是不是参加体育运动等。这样可以区分太阳镜的材质、镜片的色泽、镜框的类型等。其次，询问顾客对品牌有没有特别钟爱的。再次，就开始从今年新款中挑出一副给顾客，再进行后面的销售。一个优秀的销售员，不是会说，而是会听！不要对顾客说，这副太阳镜很好看，您戴起来试试看。而要对顾客说，您戴起这副太阳镜，一定会更好看（或者显得更年轻，更有活力，更有魅力等）。

三、体验式营销

1. **体验式营销概述** 当前，眼镜已经成为时装消费的整合物，成为健康消费的必备物，成为休闲消费的时尚物。因此，其消费空间必将大大的提升。这种情况表明：眼镜营销必须进行营销观念的探索和创新。必须学习和吸收现代营销理念的精髓和成功经验。因此，体验式营销战略必将成为一个加速眼镜市场发展的重要的、创新的营销战略。

体验式营销通过看（see）、听（hear）、用（use）、参与（participate）的手段，充分刺激和调动消费者的感官（sense）、情感（feel）、思考（think）、行动（act）、关联（relate）等感性因素和理性因素，重新定义、设计的一种思考式的营销方法。

体验式营销讲究利用民族文化、现代科技、艺术等手段来增大产品体验的内涵，更好地满足人们的情感体验、审美体验等，在满足需求的同时，实现商家利益的最大化。

从发达国家的实践看：财富的创造主要依赖于服务业，美国如今的服务业已占到国内生产总值的 75%。而"体验式营销"正是服务业的最高与升华形态，因为它淡化了消费者以价格为核心的单纯的利益需要，转而从满足消费者的自尊和自我实现的品位需求和情景需求的角度去推销产品。

这种崭新的营销理念，在中国眼镜的营销过程中将发挥重要的作用。因此，早在 2003 年眼镜的体验业务，就已经作为眼镜营销新模式在中国市场崭露头角。并且先后在上海和北京举办过相关讲座。就是这样一种创新的营销模式却没有引起中国眼睛界的充分重视。没有得到广泛的应用和推广。

正是在这种新的营销理念的倡导下，目前一些眼镜店推出 3D 眼镜体验，当顾客验光结束后，可以根据他的验光处方为其选择眼镜，并在显示屏上展示其配戴效果，让顾客提前对将要获得的眼镜商品进行直观感受。

同样，一些饭店按照体验式营销的思路设计了热带雨林，山间的流水和生动的鸟鸣。客人在这样的环境里吃着烧烤，别有一番体验"山野"的情趣。

这些鲜活的案例说明：体验式营销已悄然进入了我们的生活。

2. 眼镜体验式营销的实施方法　体验式营销出现以后，人们创造了大量体验式营销的方法。比较有代表性而又适宜在眼镜营销中采用的有以下一些方法：

（1）在商品中附加体验：商品不仅需要有好的功能和质量，还要有能满足使用者视觉、触觉、审美等方面的需求。在这一点上，眼镜商品具有独有的优势。太阳眼镜、运动眼镜、滑雪镜、新款光学镜、折叠老花镜、接触镜、时尚眼镜、流行眼镜等都需要配戴的体验。

比如，当顾客选配光致变色眼镜时，我们可以让顾客戴上眼镜，亲自体验变色眼镜的变色效果，这样就很容易促进顾客的购买欲望，提高顾客对商品的满意度，从而达成交易。我们可以通过 UV 灯，让顾客体验镜片防紫外线的良好效果，从而增强顾客对商品的信心，推动销售。

（2）用服务传递体验：眼镜企业在服务过程中传递体验。这在很多人看来是不可能的事。其实，这正是体验式营销的一个特点。当今社会已经进入到了信息数码高速发展的时代，人们的视觉感观要求越来越趋向于空间化、立体化，未来平板电视的发展方向也将从二维向三维发展。3D 显示的等离子电视面世后商家在新品展台摆放了一台要戴眼镜才能观看的二维效果的电视图像，用来和消费者不用配戴 3D 眼镜就可以体验到的三维效果的电视图像进行对比。体现了产品的创新和进步。

（3）构筑虚拟环境进行体验：网络信息技术为我们进行体验式营销提供了极好的机遇和可能。在网络的虚拟环境里，你可以是武林盟主，也可以是一代宗师，更可以是任何角色，人的需求会得到最大的满足。这也是网络游戏得以大赚其钱、网吧得以快速扩张的重要原因。

利用这种现代网络信息技术，完全可以进行"人的时装和形象"的电脑设计。可以让人对时装选择和品牌眼镜配戴、发型选择进行整合思考。创造最美、最酷的品牌整合形象体验。表面上，品牌是一种无声的语言，深层次上，品牌则是对人们心理和精神诉求的一种表达。在体验式营销中，消费者把"消费者对一种产品或服务的总体体验"和自己的形象设计进行融合，就会创造和形成一种全新的"超然体验"，产生巨大的震撼效应。消费者就会蜂拥而来，目前许多跨国公司都在采用这种策略。

（4）创造全新的体验业务：体验业务不同于依附在产品或服务之中的体验，它是眼镜企业真正要出售的东西——产品或服务。体验业务存在于各大行业中，如影视、艺术、体育和旅游等。我们需要创造出全新的体验业务，以满足人们不断上升的体验需求。

在目前眼镜行业都提供免费验光服务时，有一个非常著名的验光师，他采用收费验光，而且每个顾客收取 30 元验光费，同时向外宣传每天只验 20 个顾客。您认为他会成功吗？事实上顾客从他那里验光后，得出的结论是"30 元就是比免费好，没有白花"。对于顾客而言，他觉得真正把光验好了，30 元又算得了什么呢？这就是体验式营销。我们给顾客如此深刻的体验，消费反而就成为次要的事情了。

案例 1

偏光镜片体验销售

大家都知道，偏光镜片如同百叶窗一样，只允许某个方向上的光线通过，因此可滤掉一部分杂光使光线变得柔和，减少眩光让我们看物体更清晰、更真实，尤其适合钓鱼和开车。眼镜营销人员可以通过偏光测试片引导顾客体验配戴偏光镜片前后的不同感觉，认识到偏光镜片的好处，从而确定购买。

案例 2

体验营销为顾客提供个性化服务

如果我们在眼镜营销过程中能够根据顾客的需要，快速选出三副眼镜能涵盖顾客所有需求，而不是要顾客自己动手去找，左挑右选，那么我们就能够让顾客享受到"不了解眼镜也能配到最合适的眼镜"的待遇。这样我们就可以通过个性化服务和一站式服务为顾客购买眼镜提供优质的体验效果，提高顾客的忠诚度。

二维码 2-1
知识拓展

参 考 文 献

1. 欧阳国忠. 活动策划实战全攻略. 北京：清华大学出版社，2013.

2. 李泽澄. 产品觉醒——产品经理的视角与方法论. 北京：电子工业出版社，2018.

3. 汤峰，董光平. 眼镜零售培训教程（管理篇）. 北京：人民卫生出版社，2011.

4. 易淼清. 销售渠道与终端管理. 北京：北京交通大学出版社，2010.

5. 角井亮一（日）. 新零售全渠道战略. 吴婷婷，译. 北京：东方出版社，2017.

6. 杨大筠. 体验销售：卓越的终端服务. 北京：中国纺织出版社，2011.

7. 杜志敏. 销售终端实习指导教程. 北京：北京交通大学出版社，2011.

notes

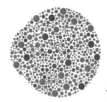

第三章 眼镜价格策略

第一节 价 格 概 述

价格是市场竞争中的重要手段，是营销组合中最容易人为调节的因素，人们通常认为价格是产品营销中销售环节的关键因素。多数情况下，眼镜企业的产品因其商品属性而使得价格成为购买者选择的一个重要决定因素。确定合理的定价和价格政策，是各类眼镜零售公司、生产公司的经营者面临的重要课题。价格也成为眼镜类企业或产品同市场交流的纽带。定价合理与否，将直接关系到产品的销售量和公司的利润。

一、价格定义

对于生产者来说，商品的价值是其在生产这个商品时所耗费的社会必要劳动时间。用一定量的货币来表示这些凝结在商品中的价值就是商品的价格。在通常情况下，企业的生产（包括经营）成本一般由工资、利息、租金和正常利润四个部分构成，因此商品在市场上的价格等于这四部分之和时，企业才会满意；但对消费者而言，商品的价值等于他们从商品中获得的满足。如果所付的价格能够使他们觉得预期的要求得到满足，他们便认为商品"值"那么多，否则就是"不值"或"不划算"。因此，价格是外在的、具体的和确定的量，而价值是内在的、模糊的和不确定的量。

可见，价格是商品价值的货币表现。这一概念包含三层含义：第一，商品的价格与其价值是正比关系；第二，商品的价格与货币的价值是反比关系；第三，商品的价格与其价值总是不相等的，但会围绕着价值上下波动。

二、价格目标

价格目标是企业制订价格时首先考虑的因素。不同的企业会有不同的价格目标，这些目标可以分为七种类型：

1. 以获取利润为目标。

2. 以企业的生存为目标。

3．以一定的收益率为目标。

4．以最大市场占有率为目标。

5．以当期利润最大化为目标。

6．以应付和防止竞争为目标。

7．以产品质量最优为目标。

每个企业的情况不一样，在制订价格策略时一定要针对总体情况来具体分析。

1．生存目标　生存目标是企业处于不利环境中实行的一种特殊过渡性目标。

如果企业遇上生产能力过剩、激烈竞争或者消费者需求改变时，为避免倒闭，它们要把维持企业生存而不是追求利润作为其主要目标。其实，企业短期内可以亏本销售产品，只要价格能够补偿可变成本和部分固定成本。

2．最大市场占有率目标　市场占有率是衡量企业营销绩效和市场竞争态势的重要指标，因为赢得最高的市场占有率之后，企业将享有最低的成本和最高的长期利润。所以，企业制订尽可能低的价格来追求市场占有率的领先地位。

如果具有下述条件之一时，企业就可考虑通过低价来实现市场占有率的提高。

（1）市场对价格高度敏感。

（2）生产与分销的单位成本会随着生产经验的积累而下降。

（3）低价能吓退现有的和潜在的竞争者。

3．当期利润最大化目标　追求最大利润，几乎是所有企业的共同目标。最大利润目标就是企业在一定时期内可能并准备迅速获取最大利润的定价目标，即在一定时期内，要求企业全部产品线的各种价格总体最优。但利润最大化并不等于制订最高价格，定价偏高，消费者不能接受，产品销售不畅，反而难以实现利润目标。同时，高价刺激竞争者介入和仿冒品增加，更不利于市场地位与形象。一般而言，需求价格弹性较大的产品能够做到薄利多销，所以希望实现利润最大化也可以制订低廉的价格。

4．产品质量最优化目标　如果一个公司想树立在市场上成为产品质量领先地位的目标的话，就要求用高价格来弥补高质量和研究开发的高成本。产品优质优价的同时，还应辅以相应的优质服务。

例如，绿色产品为了与其他产品进行质量区别，往往根据产品质量最优化目标制订价格。市场上的绿色产品售价相对高，如生鲜类绿色食品，价格比同类产品高30%～50%。

5．以应付和防止竞争为目标　这种定价目标是指企业按照竞争需要来制订价格。一般说来，企业对竞争者的行为都十分敏感，尤其是价格的状况。事实上，在市场竞争日趋激烈的形势下，企业在定价前都会仔细研究竞争对手的产品和价格情况、企业通常把对产品价格有决定影响力的竞争者和领导者的价格作为基础，并与自己的产品进行谨慎比较、权衡，然后根据企业的自身经营实力来制订企业的产品价格。

企业从有利于竞争的目标出发选择定价目标，一般有以下几种：

（1）力量较弱的企业，应采用与竞争者价格相同或略低于竞争者的价格出售产品的方法。

（2）力量较强的企业且想扩大占有率，可采用低于竞争者的价格出售产品的方法。

（3）资本雄厚并拥有特殊技术或产品品质优良，或能为消费者提供较多服务的企业，可采用高于竞争者的价格出售产品的方法。

（4）为防止别人加入同类产品竞争的企业在一定条件下，往往采用一开始就把价格定得很低的方法，从而迫使弱小企业退出市场或阻止对手进入市场。

三、影响价格的因素

（一）内部因素

影响企业定价的内部因素包括：定价目标、产品成本、产品差异性和企业的销售能力。

1. 定价目标　企业的定价目标规定了其定价的水平和目的。某一个产品的定价目标最终取决于企业的经营目标。一般说来，企业定价目标越清晰，价格越容易确定。而价格的设定，又影响到利润、销售收入以及市场占有率的实现，因此，确定定价目标，是制订价格的前提。

在定价之前，企业必须对产品总战略作出决策。如果企业已经审慎地选择好目标市场和市场定位，那么确定营销组合战略，包括价格，便是一件相当容易的事了。例如，如果某汽车公司决定生产一种新跑车，以便和欧洲跑车在高收入细分市场中竞争，这就意味着该汽车公司应该制订一个较高的价格。一些汽车旅馆和小旅馆的市场定位都是：为喜欢节约的旅客提供经济房间；这一定位要求制订较低的价格。因此，定价战略在很大程度上取决于市场定位决策。

同时，企业可以寻找附加目标。企业对它的目标越清楚，就越容易制订价格。例如，一般的目标是生存、现期利润最大化，市场份额领导者和产品质量领导者。

如果市场对企业的能力要求很高，竞争很激烈，消费者的欲望又不断地变化，此时企业往往把生存作为自己的主要目标。为了使工厂运转，企业可以制订比较低的价格，以便增加需求。在这种情况下，生存比利润更重要。只要价格能够补偿可变成本和一般固定成本，企业就能继续留在行业中。但是生存只是一个短期目标。就长期来说，企业必须学会怎样增加价值或者怎样面对倒闭威胁。

许多企业把现期利润最大化作为他们的定价目标。他们估计不同价格所对应的需求和成本，然后选择能够产生最大现期利润、现金流动和投资回报的价格。总之，企业要的是现期财务成果，而不是长期的业绩。其他企业想取得市场份额领导地位。他们相信拥有最大市场份额的企业会享有最低的成本和最高的长期利润。为了成为市场份额的领导者，这些企业把价格尽可能地定低。

企业或许会决定取得产品质量领导地位。这一般要求制订较高的价格来补偿较高的性能质量以及市场调研和开发成本。例如，某传真机公司同样也为自己的传真设备制订了产品质量领导战略。当其他竞争者在低价传真机市场中以每台500美元展开激烈竞争的时候，该公司以大公司为目标市场，每台传真机的定价约为5 000美元。其结果是该公司取得了大约45%的大公司传真机市场。

企业还可以用价格来实现其他许多具体目标。它可以定低价格以防止竞争者进入市场，或者定价与竞争者保持一致以稳定市场。定价可以保持转售商的忠诚和支持，或者防止政府干预。价格还可以临时调低，来刺激对商品的需求或吸引更多的顾客走进零售商店。一种产品的定价可能有助于企业产品系列中其他产品的销售。因此，在帮助企业实现各级目标的过程中，定价会发挥十分重要的作用。

营销组合战略：价格只是企业用来实现营销目标的营销组合工具中的一种。价格决策必须和产品设计、销售和促销决策相配合，才能形成一个连续有效的营销方案。对其他营销组合变量所做的决策会影响定价决策。例如，靠许多转售商来支持促销产品的生产者，将不得不在价格中设定较大的转售商利润差额。

企业经常先制订定价策略，然后再依据制订的价格来决策其他营销组合。在这里，价格是一个相当重要的产品定位因素，可以用来定义产品的市场、竞争以及设计。许多企业采用一种叫做目标成本设定（target costing）的有效战略武器来支持这一价格定位战略。通常的价格制订程序是,先设计一种新产品,然后决定它的成本,最后问:"我们能够卖多少钱?"目标成本设定则完全反过来做:先设定目标成本,然后再往回走。

某电脑公司把这一程序叫做"设计适合定价"。该电脑公司在经受对手多年低价进攻之后,用这种方法研制出非常成功的低价个人电脑产品系列。先通过市场营销部门设定目标价格,并由管理部门制订盈利目标,然后设计组决定为实现目标价格应花多少成本。从这一关键计算出发,其他事情比照进行。为了实现目标成本,设计组和负责新产品不同部分的企业部门,以及零部件和材料的外部供应商进行商讨。该公司工程师设计出零部件需求更少更简单的机器,制造部门动员工厂降低生产成本,供应商提供质量可靠且价格符合要求的配件。通过实现目标成本,该电脑公司得以设定目标价格并建立理想的价格定位。其结果是,该个人电脑产品的销售和利润迅猛增长。

其他一些企业则没有着重强调价格,而是采用其他营销工具进行非价格定位。通常的情况是,最好的战略并不是制订最低的价格,而是使市场营销提供差异化,从而能够设定更高的价格。例如,某控制系统公司是一家办公大楼气候控制系统生产商。许多年来该公司一直用最低价格作为基本的竞争工具。修理坏了的系统不仅昂贵、费时间,而且危险。顾客不得不关掉整幢大楼中的暖气或空调,切断许多电线,而且还有触电的危险。该公司决定改变战略。它设计了一种全新的系统,修理这种新系统,顾客只需拔出旧的塑料组件,换上新的就可以了,根本不需要工具。新系统的成本高于老系统的成本,因此顾客最初的支付价格较高,但是新系统的安装和维修费用却降低了。尽管定价较高,但是新系统在第一年内就创造了5亿美元的销售收益。

因此,营销人员在定价时必须考虑到整个营销组合。如果产品是根据非价格因素来定位的,那么有关质量、促销和销售的决策就会极大地影响价格。如果价格是一个重要的定位因素,那么价格就会极大地影响其他营销组合因素的决策。但是,即使产品以价格为特色,营销人员也需要牢记,顾客很少只依据价格就做出购买行为。相反,顾客寻找能够带给他们最大价值的产品,这些价值的表现形式就是支持价格之后所能得到的利益。

2. 产品成本 成本核算是定价行为的基础。企业要保证生产经营活动,就必须通过市场销售收回成本,并在此基础上形成盈利。产品成本是企业制订价格时的最低界限,即所谓成本价格。低于成本价格出售产品,企业不可避免地要产生亏损,时间一长,企业的营销就难以为继。在市场竞争中,产品成本低的企业就拥有制订价格和调整价格的主动权和较好的经济效益;反之,就会在市场竞争中处于不利地位。

成本是企业能够为其产品设定的底价。企业想设定一种价格,既能够补偿所有生产、分销和直销产品的成本,又能够带来可观的效益和风险收益率。许多企业努力奋斗,为的是成为本行业中的低成本生产商。低成本的企业能设定较低的价格,从而取得较高的销售量和利润额。

企业的成本有两种形式:固定成本和变动成本。固定成本(也称为企业日常管理费)指那些不随生产或销售水平变化的成本。例如,企业必须支付每月的租金、暖气费、利息、管理人员的薪金,以及其他开支。变动成本直接随生产水平发生变化,每台个人电脑都包括电脑芯片、电线、塑料、包装及其他投入成本。每台电脑上,这些成本都趋向于一致。它们被叫变动成本,是因为其总量会随着生产的电脑数而变化。总成本是指在任何生产水平下固定成本和可变成本之和。管理部门希望制订的价格至少能够补偿在既定生产水平下的生产总成本(图3-1)。

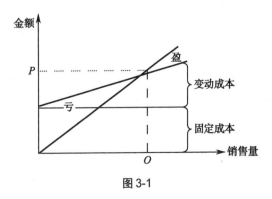

图3-1

企业必须审慎地监督好成本。如果企业生产和销售产品的成本大于竞争者，那么企业将不得不设定较高的价格或减少利润，从而使自己处于竞争劣势。

3. 产品差异性　所谓产品差异性是指产品具有独特的个性，拥有竞争者不具备的特殊优点，从而与竞争者形成差异。产品差异性不仅指实体本身，而且包括产品设计、商标品牌、款式和销售服务方式的特点。拥有差异性的产品，其定价灵活性较大，可以使企业在行业中获得较高的利润。这是因为：一方面，产品差异性容易培养重视的顾客，使顾客产生对品牌的偏爱，而接受企业定价；另一方面，产品差异性可抗衡替代品的冲击，使价格敏感性相对减弱。

4. 企业的销售能力　可以从两方面来衡量企业的销售力量对定价的影响。一方面，企业销售能力差，对中间商依赖程度大，那么企业最终价格决定权所受的约束就大；另一方面，企业独立开展促销活动的能力强，对中间商依赖程度小，那么企业对最终价格的决定所受约束就小。

（二）外部因素

影响企业定价的外部因素主要包括：市场性质、消费者需求政府力量和竞争者力量。

1. 市场性质　与成本决定价格的下限相反，市场和需求决定价格的上限。消费者和工业购买者会在产品或服务的价格与拥有产品和服务的利益之间，做一番权衡比较。因此，在设定价格之前，营销人员必须理解产品价格与产品需求之间的关系。

销售者定价的自由程度随不同的市场类型发生变化。有四种市场类型，每一种类型都提出了一种不同的定价挑战。

在完全竞争的情况下，市场由众多进行均质商品交易，如小麦、铜、金融证券等的购买者和销售者组成。没有哪个购买者或销售者有能力来影响现行市场价格。销售者无法将价格定得高于现行价格，因为购买者能以现行价格买到产品，而且要多少就有多少；销售者的定价也不能低于市场价格。在完全竞争的市场中，市场营销调研、产品开发、定价、广告及促销活动几乎没有作用。因此，在这些市场中的销售者没有必要在营销战略上花太多时间。

在垄断竞争情况下，市场由众多按照系列价格而不是单一市场价格进行交易的购买者和销售者组成。系列价格产生的原因是购买者看到销售者产品之间的差异，并且愿意为这些差异支付不同的价格。销售者努力地开发不同的市场供应，以适合不同顾客细分市场的需要。除了价格之外，销售者还广泛地采用品牌、广告和直销来使他们的市场区分开来。由于存在众多的竞争者，和少数几个制造商控制的市场相比，在垄断竞争市场中，企业较少受到竞争者营销策略的影响。

在寡头市场情况下，市场是由几个对彼此的定价和营销策略高度敏感的销售者组成。产品可能均质（钢、铝）或非均质（汽车、电脑）。市场中销售者很少，因为新的销售者很难进入。每个销售者对竞争者的战略和行动都很警觉。如果一家公司将价格砍掉10%，购买者很快便会转向这位供应商。其他生产者必须以降低价格或增加服务来作出反应。寡头垄断者从来也不能确定通过减价得到哪些永久性的东西。相反，当一个寡头垄断者抬高价格时，它的竞争对手或许并不会跟着抬高价格。该寡头垄断者于是不得不取消涨价，否则便会面临把顾客丢失的风险。

在完全垄断的情况下，市场只存在一个销售者。该销售者可以是政府垄断者，或私人受控垄断者，或私人非控垄断者。这三种情况下的定价各不相同。政府垄断者可以有各种定价目标。它可以设定低于成本的价格，因为该产品对于无力支付整个成本的购买者很重要；或者设定的价格只用来抵补成本；或者用来创造良好的收益。甚至还可以抬高价格来减少消费。对于受控的垄断者，政府允许企业设定"公平收益率"，并允许企业维持或在必要时候扩展经营。非控垄断者可以自由设定价格，只要市场承受得住即可。但是它们并不总是设定最高限度的价格，原因有：不想引来竞争，想凭低价更快地进入市场，或者害怕政府管制等。

2. 消费者需求　对企业产品定价的影响可以从以下三方面反映出来：第一，实际支付能力：企业的产品定价应充分考虑消费者愿意并且能够支付的价格水平，它决定企业产品在市场中的价格上限。第二，需求强度：指消费者想获得某种商品的欲望程度。消费者对某一产品的需求强度大，则其价格的敏感性差。第三，需求层次：不同需求层次的消费者对同一产品的需求强度不同，因而对其价格的敏感性亦有所差异，一般来讲，高需求层次的消费者对价格的敏感性较低。而对于高需求层次的市场定位，则应采取高价格定价策略与之相适应。

3. 政府力量　在当今市场经济舞台上，政府扮演着越来越重要的角色。作为国家与消费者利益的维护者和代表者，政府力量渗透到企业市场行为的每一个角落。在企业定价方面的政府干预，表现为一系列的经济法规，如西方国家的《反托拉斯法》《反倾销法》和《谢尔曼法》等，在不同方面和不同程度上制约着企业的定价行为。这种制约具体地表现在企业的定价种类、价格水平等几个方面。因此，企业的价格政策必须遵循政府的经济法规。

4. 竞争者力量　影响企业定价的另一个外部因素是竞争者的成本、价格以及竞争者对该企业定价可能作出的反应。一个正在考虑购买一只商品的消费者会把该商品的价格和质量与其竞争商品价格和质量进行比较。此外，企业的定价战略会影响企业面对的竞争的性质。如果该商品取高价格、高利润的战略，它就会引来竞争。而低价格、低利润的战略可以阻止竞争者进入市场或者把他们赶出市场。

企业的定价无疑要考虑竞争者的定价水平，在市场经济中，企业间的竞争日趋激烈，竞争方式多种多样。其中最原始、最残酷的就是价格竞争。竞争的结果可能是整个行业平均利润的降低。尽管如此，处于竞争优势的企业往往拥有较大的定价自由，而处于竞争优势的企业则更多地采用追随性价格政策，所以，企业产品的定价无时不受到其竞争者的影响和制约。

第二节　定价方法、思路和过程

企业产品价格的高低要受市场需求、成本费用和竞争状况等因素的影响和制约，而在实际定价工作中往往只侧重某一个方面的因素。因此，依照不同的价格制订依据，大体上可把定价方法分为三大类。

一、成本导向定价法

成本导向定价法，是以企业的生产或经营成本作为制订价格依据的一种基本定价方法。按照成本定价的性质不同，又可分为以下几种：

1. 完全成本定价法　完全成本定价法，是指以产品的全部生产成本为基础，加上一定数额或比率的利润和税金制订价格的方法。生产企业的完全成本是单位产品生产成本与销售费用之和；经营企业的完全成本则是进价与流通费用之和。

价格中的利润一般以利润率计算。利润率有以成本和销价为基数计算的两种方法，因而销售价格也有外加法和内扣法两种计算方法。

（1）外加法

其计算公式为：

$$产品价格 = \frac{完全成本 \times (1 + 成本利润率)}{1 - 税率}$$

（2）内扣法

其计算公式为：

$$产品价格 = \frac{完全成本}{1 - 销价利润率 - 税率}$$

完全成本定价法具有计算简便，能保证企业生产经营的产品成本得到补偿，并取得合理利润的优点。主要适用于正常生产、合理经营的企业以及供求大体平衡、成本相对稳定的产品。但这种定价方法缺乏对市场竞争和供求变化的适应能力，同时还有成本和利税重复计算，定价的主观随意性较大的缺点。

2. 目标成本定价法 目标成本定价法，是指以期望达到的目标成本为依据，加上一定的目标利润和应纳税金来制订价格的方法。

目标成本是企业在充分考虑到未来生产经营主客观条件变化的基础上，为实现企业定价目标，谋求长远和总体利益而拟定的一种"预期成本"，一般都低于定价时的实际成本。目标成本定价法适用于经济实力雄厚，生产和经营有发展前途的企业，尤其适宜于新产品的定价。其计算公式为：

$$产品价格 = \frac{目标成本 \times (1 + 目标利润率)}{1 - 税率}$$

其中：

$$目标成本 = \frac{固定成本}{目标产量} + 单位产品变动成本$$

$$目标利润率 = \frac{要求提供的总利润}{目标成本 \times 目标产量} \times 100\%$$

目标成本作为一种"预期成本"，虽然不是定价时的实际成本但也不是人们主观臆想出来的，它是建立在对"量、本、利"关系的科学测算的基础上，利用盈亏平衡分析的原理加以确定的。企业通过市场预测，在确定一种产品的可销价格以后，根据固定成本总额和单位产品平均变动成本，可以先测定保本量，即在销售量动态曲线上，价格减去单位产品变动成本和税金后的销售收入与产量的乘积余额正好补偿固定成本总额时的某一点。这个点称为盈亏平衡点（图3-2）。

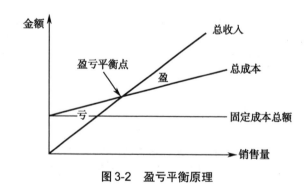

图 3-2 盈亏平衡原理

盈亏平衡点上的产量可以通过下列公式求得：

$$Q(P - AVC - At) = TFC$$

$$Q = \frac{TFC}{P - AVC - At}$$

式中 Q：盈亏平衡点上的月生产能力（销售量）；P：单位产品价格；AVC：单位产品平均变动成本；At：单位产品税金；TFC：固定成本总额。

据此，目标成本所依据的目标产量的取值区域就是：

盈亏平衡点上的产量 < 目标产量 ≤ 产量极限

采用目标定价法能保证企业按期收回投资，并能获得预期利润，计算也比较方便。但产品价格根据预计产量推算，并非一定能保证销量也同步达到预期目标。因此，企业必须结合自身实力、产品特点和市场供求等方面的因素加以调整。

3. 变动成本定价法　变动成本定价法，又称边际贡献定价法，是指在变动成本的基础上，加上预期的贡献计算价格的定价方法。其计算公式为：

价格 = 单位变动成本 + 边际贡献

所谓边际贡献，就是销售收入减去变动成本后的余额。单位产品的销售收入在补偿其变动成本之后，首先用于补偿固定成本费用。在盈亏平衡点之前，所有产品的累计贡献均体现为对固定成本费用的补偿，企业无盈利可言。在到达盈亏平衡点之后，产品销售收入中的累计贡献才是现实的盈利。所有产品销售收入中扣除其变动成本后的余额，不论能否成为企业盈利，都可视为是对企业的贡献，它既可以反映为企业盈利的增加，也可以反映为企业亏损的减少。从短期决策来看，企业增加生产只要能获得边际贡献，就是有经济效益的，即所增加的那部分边际产量对提高企业经济效益是有贡献的，产量可一直增加到边际贡献等于零为止。

变动成本定价法通常使用于以下两种情况：一种情况是，当市场上产品供过于求，企业产品滞销积压时，如坚持以总成本为基础定价出售，就难以为市场所接受，其结果不仅不能补偿固定成本，连变动成本都无法收回，此时，用变动成本为基础定价，可大大降低售价，对付短期价格竞争；另一种情况是，当企业生产能力过剩时，与其让厂房和机器设备闲置，不如利用低于总成本但高于变动成本的低价来扩大销售，同时也能减少固定成本的亏损。

二、顾客导向定价法

顾客导向定价法是依据买方对产品价值的理解和需求差别来定价，而不是依据卖方的成本定价。顾客导向定价法主要分为认知定价法、反向定价法和需求差异定价法。

1. 认知定价法　认知定价法，是企业根据购买者对产品的认知价值来制订价格的一种方法。作为定价的关键，不是卖方的成本，而是买方对价值的认知。

消费者对商品价值的认知价值，是消费者根据自己对产品的功能、效用、质量、档次等多方面的印象，综合购物经验、对市场行情和同类产品的了解而对价格作出的评判，其实质是商品的效用价格比，其关键是消费者对价值的理解和认可。因此，认知定价法的关键有两点：一是充分运用各种营销策略影响和提高消费者对商品同竞争对手的同类产品相比较而言的认知价值；二是尽量准确估测购买者对商品的认知价值。估测过高，会造成定价过高而使消费者感到企业漫天要价，从而抑制购买；估测过低又会造成定价太低而使消费者怀疑产品的质量不愿购买。

某拖拉机公司把其拖拉机定价为 100 000 美元，竞争者的同类产品可能定价 90 000 美元，而该公司可能获得比竞争者更多的销售额。因为当一位潜在顾客询问他的经销商为什么购买该公司的拖拉机要多付 10 000 美元时，这个经销商回答说：

90 000 美元	仅相当于竞争者拖拉机的价格
7 000 美元	为产品优越的耐用性增收的溢价
6 000 美元	为产品优越的可靠性能增收的溢价
5 000 美元	为优质的服务增收的价值

2 000 美元	为零配件较长时期的担保增收的溢价
110 000 美元	该公司拖拉机总价值的价格
−10 000 美元	折扣额
100 000 美元	最终价格

该公司的经销商向顾客解释了为什么他的拖拉机贵于竞争者。顾客认识到虽然多付了10 000 美元的溢价，却增加了 20 000 美元的价值，因此最终还是选择了该公司的产品。

2. 反向定价法　反向定价法是指企业依据消费者能够接受的最终销售价格，逆向推算出产品的出厂价、批发价。这种定价方法不以实际成本为主要依据，而是以市场需求为定价出发点，力求使价格为消费者所接受。

在出口定价中可以用这种方法推算出口净价。假定国外市场可以接受的价格是 100美元，减去 40% 的零售商毛利，零售商的成本就是 60 美元。减去经销商 15% 的毛利（60×15%=9），经销商的进货成本是 51 美元。减去 10% 的关税（51×10%=5.1）得到到岸价45.90 美元，减去运费保险费 5 美元，则得到出口净价价格为 40.90 美元。

3. 需求差异定价法　需求差异定价法是指对同一种产品，根据销售时间、销售地点、销售对象的不同制订不同的价格。

因时而异。例如，月饼的销售价格在农历八月十五日前可定得相对高，但中秋节一过，只能大幅度降价甚至低于成本销售；节假日和旅游旺季车船票定价比平时高；夏季销售毛皮大衣价格较低；情人节的玫瑰花价格较高；枯水期的电费价格比丰水期的价格高等。

因人而异。对老客户和新客户、长期客户和短期客户、商业客户和居民客户、男性客户和女性客户等，一种商品实行不同的价格。火车票对学生、军人与普通顾客的价格就不一样。男人购物往往重质量不重视价格，只要符合自己需求即可；女人购物往往重视价格而忽略用途。同一品牌的男性服装定价就比女性服装高。

因地而异。同样的饮料，酒吧和舞厅中的售价比一般的零售商店高几倍。同一产品，城市和农村价格有所不同，国内和国外价格有所不同等。同一场演唱会，因前中后座的差异，价格差异比较大。

三、竞争导向定价法

竞争导向定价法，是以市场上竞争对手的价格作为制订企业同类产品价格主要依据的方法。这种方法适宜于市场竞争激烈，供求变化不大的产品。它具有在价格上排斥对手，扩大市场占有率，迫使企业在竞争中努力推广新技术的优点。一般可以分为以下几种具体方法：

1. 随行就市定价法　随行就市定价法，即与本行业同类产品价格水平保持一致的定价方法。这种定价方法，主要使用于需求弹性较小或供求基本平衡的产品。在这种情况下，单个企业提高价格，就会失去顾客；而降低价格，需求和利润也不会增加。所以，随行就市成为一种较为稳妥的定价方法。它既可避免挑起价格竞争，与同行业和平共处，减少市场风险，又可补偿平均成本，从而获得适度利润，而且易为消费者接受。如果企业能降低成本，还可以获得更多的利润。因此，这是一种较为流行的定价方法，尤其为中小企业所普遍采用。

2. 竞争价格定价法　竞争价格定价法，即根据本企业产品的实际情况及与竞争对手的产品的差异状况来确定价格。这是一种主动竞争的定价方法，一般为实力雄厚或产品独具特色的企业所采用。定价时，首先，将市场上竞争产品价格与企业估算价格进行比较，分为高于、等于、低于三种价格层次；其次，将本企业产品的性能、质量、成本、产量等与竞争企业进行比较，分析造成价格差异的原因；再次，根据以上综合指标确定本企业产品的特色、优势及市场地位,在此基础上,按定价所要达到的目标,确定产品价格;最后,跟踪竞争产品的价格变化,及时分析原因,相应调整本企业的产品价格。

3.投标竞争法 投标竞争法,即在投标交易中,投标方根据招标方的规定和要求进行报价的方法。一般有密封投标和公开投标这两种形式。主要使用于提供成套设备、承包建筑工程、设计项目、开发矿产资源或大宗商品订货等。

企业的投标价格必须是招标单位所愿意接受的价格水平。在竞争投标的条件下,投标价格的确定,首先要根据企业的主客观条件,正确地估算完成指标任务所需要的成本;其次要根据企业的主客观条件,正确地估算完成指标任务所需要的成本;其次要对竞争对手的可能报价水平进行分析预测,判断本企业中标的机会,即中标概率。企业中标的可能性或概率大小取决于参与投标竞争企业的报价状况。报价高,中标率小;报价低,则中标率大;报价过低,虽然中标的概率极大,但利润可能很少甚至亏损,对企业并非有利。因此,如果使报价容易中标且有利可图,企业就要以投标最高期望利润为标准定报价水平。所谓投标期望利润,就是企业投标报价预期可获得利润与该报价水平中标概率的乘积。

第三节 价格策略技巧

价格策略形成于 19 世纪末零售业大规模发展时期,是指给所有买者规定一个价格。在多数情况下,价格是购买者作出选择的主要决定因素;近十年,非价格因素显得比价格因素更为重要。但是,由于价格决定着企业市场份额的大小和盈利率高低,价格既是影响交易成败的重要因素,同时也是市场营销组合中最难以确定的因素。此外,价格是唯一能产生收入的因素,还是市场营销组合中最灵活的因素,通过价格还可对市场作出快速反应。

一、折扣定价

在产品的促销中,通过对基本价格作出一定的让步,直接或间接降低价格,以争取顾客,扩大销量,称之为折扣定价。折扣定价中,直接折扣的形式有数量折扣、现金折扣、功能折扣、季节折扣;间接折扣的形式有回扣和津贴。

1.数量折扣 指按购买数量的多少,分别给予不同的折扣,购买数量愈多,折扣愈大。其目的是鼓励大量购买,或集中在本企业购买。数量折扣包括累计数量折扣和一次性数量折扣两种形式。累计数量折扣规定顾客在一定时间内,购买商品若达到一定数量或金额,则按其总量给予一定折扣,其目的是鼓励顾客经常向本企业购买,成为可信赖的长期客户。一次性数量折扣规定一次购买某种产品达到一定数量或购买多种产品达到一定金额,则给予折扣优惠,其目的是鼓励顾客大批量购买,促进产品多销、快销。

数量折扣的促销作用非常明显,企业因单位产品利润减少而产生的损失完全可以从销量的增加中得到补偿。此外,销售速度的加快,使企业资金周转次数增加,流通费用下降,产品成本降低,从而导致企业总盈利水平上升。

运用数量折扣策略的难点是如何确定合适的折扣标准和折扣比例。如果享受折扣的数量标准定得太高,比例太低,则只有很少的顾客才能获得优待,绝大多数顾客将感到失望;购买数量标准过低,比例不合理,又起不到鼓励顾客购买和促进企业销售的作用。因此,企业应结合产品特点、销售目标、成本水平、企业资金利润率、需求规模、购买频率、竞争者手段以及传统的商业惯例等因素来制订科学的折扣标准和比例。

2.现金折扣 现金折扣是对在规定的时间内提前付款或用现金付款者所给予的一种价格折扣,其目的是鼓励顾客尽早付款,加速资金周转,降低销售费用,减少财务风险。采用现金折扣一般要考虑三个因素：折扣比例；给予折扣的时间限制；付清全部货款的期限。在西方国家，典型的付款期限折扣表示为"3/20, Net 60"。其含义是在成交后20天内付款，买者可以得到3%的折扣，超过20天，在60天内付款不予折扣，超过60天付款要加付利息。

由于现金折扣的前提是商品的销售方式为赊销或分期付款，因此，有些企业采用附加风险费用、管理费用的方式，以避免可能发生的经营风险。同时，为了扩大销售，分期付款条件下买者支付的货款总额不宜高于现款交易价太多，否则就起不到"折扣"促销的效果。

提供现金折扣等于降低价格，所以，企业在运用这种手段时要考虑商品是否有足够的需求弹性，保证通过需求量的增加使企业获得足够利润。此外，由于我国的许多企业和消费者对现金折扣还不熟悉，运用这种手段的企业必须结合宣传手段，使买者更清楚自己将得到的好处。

3. 功能折扣　中间商在产品分销过程中所处的环节不同，其所承担的功能、责任和风险也不同，企业据此给予不同的折扣称为功能折扣。对生产性用户的价格折扣也属于一种功能折扣。功能折扣的比例，主要考虑中间商在分销渠道中的地位、对生产企业产品销售的重要性、购买批量、完成的促销功能、承担的风险、服务水平、履行的商业责任，以及产品在分销中所经历的层次和在市场上的最终售价等。功能折扣的结果是形成购销差价和批零差价。

鼓励中间商大批量订货，扩大销售，争取顾客，并与生产企业建立长期、稳定、良好的合作关系是实行功能折扣的一个主要目标。功能折扣的另一个目的是对中间商经营的有关产品的成本和费用进行补偿，并让中间商有一定的盈利。

4. 季节折扣　有些商品的生产是连续的，而其消费却具有明显的季节性。为了调节供需矛盾，这些商品的生产企业便采用季节折扣的方式，对在淡季购买商品的顾客给予一定的优惠，使企业的生产和销售在一年四季能保持相对稳定。例如，啤酒生产厂家对在冬季进货的商业单位给予大幅度让利，羽绒服生产企业则为夏季购买其产品的客户提供折扣。

季节折扣比例的确定，应考虑成本、储存费用、基价和资金利息等因素。季节折扣有利于减轻库存，加速商品流通，迅速收回资金，促进企业均衡生产，充分发挥生产和销售潜力，避免因季节需求变化所带来的市场风险。

5. 回扣和津贴　回扣是间接折扣的一种形式，它是指购买者在按价格目录将货款全部付给销售者以后，销售者再按一定比例将货款的一部分返还给购买者。津贴是企业对特殊顾客以特定形式所给予的价格补贴或其他补贴。比如，当中间商为企业产品提供了包括刊登地方性广告、设置样品陈列窗等在内的各种促销活动时，生产企业给予中间商一定数额的资助或补贴。又如，对于进入成熟期的消费者，开展以旧换新业务，将旧货折算成一定的价格，在新产品的价格中扣除，顾客只支付余额，以刺激消费需求，促进产品的更新换代，扩大新一代产品的销售。这也是一种津贴的形式。

二、心理定价

心理定价是根据消费者的消费心理定价，有以下几种：

1. 尾数定价或整数定价　许多商品的价格，宁可定为0.98元或0.99元，而不定为1元，是适应消费者购买心理的一种取舍，尾数定价使消费者产生一种"价廉"的错觉，比定为1元反应积极，促进销售。相反，有的商品不定价为9.8元，而定为10元，同样使消费者产生一种错觉，迎合消费者"便宜无好货，好货不便宜"的心理。

2. 声望性定价　此种定价法有两个目的：一是提高产品的形象，以价格说明其名贵名优；二是满足购买者的地位欲望，适应购买者的消费心理。

3. 习惯性定价　某种商品，由于同类产品多，在市场上形成了一种习惯价格，个别生产者难于改变。降价易引起消费者对品质的怀疑，涨价则可能受到消费者的抵制。

对不同的目标市场、不同的顾客群、不同的时段采取不同价格，即对不同市场区隔，用不同的价格，以获取更多的销售量，如团体价，航空公司的特惠价，或客房在周末的优惠特价，餐饮在周日提高价格等。

三、组合定价

产品组合定价策略是指处理本企业各种产品之间价格关系的策略。它包括系列产品定价策略、互补产品定价策略和成套产品定价策略。是对不同组合产品之间的关系和市场表现进行灵活定价的策略，一般是对相关商品按一定的综合毛利率联合定价，对于互替商品，适当提高畅销品价格，降低滞销品价格，以扩大后者的销售，使两者销售相互得益，增加企业总盈利。对于互补商品，有意识降低购买率低、需求价格弹性高的商品价格，同时提高购买率高而需求价格弹性低的商品价格，会取得各种商品销售量同时增加的良好效果。

随着竞争的加剧，业者可以采取产品组合扩大需求，这也是有效的价格策略，通过扩展大量的需求，降低成本，通过价格的优惠争取业绩。也可采用异业联盟的方式推出套装行程，如送机票或主题乐园门票等，让消费者觉得物超所值。

常用的产品组合定价形式有以下几种：

1. 产品线定价　产品线定价是根据购买者对同样产品线不同档次产品的需求，精选设计几种不同档次的产品和价格点。

2. 任选产品定价　即在提供主要产品的同时，还附带提供任选品或附件与之搭配。

3. 附属产品定价法　以较低价销售主产品来吸引顾客，以较高价销售备选和附属产品来增加利润。如某胶卷公司推出一种与其胶卷配套使用的专用照相机，价廉物美，销路甚佳，结果带动其胶卷销量大大增加，尽管其胶卷价格较其他牌号的胶卷昂贵。

4. 副产品定价法　在许多行业中，在生产主产品的过程中，常常有副产品。如果这些副产品对某些客户群具有价值，必须根据其价值定价。副产品的收入多，将使公司更易于为其主要产品制订较低价格，以便在市场上增加竞争力。因此制造商需寻找一个需要这些副产品的市场，并接受任何足以抵补储存和运输副产品成本的价格。

5. 捆绑定价　将数种产品组合在一起以低于分别销售时支付总额的价格销售。例：护理液套装是护理液、镜盒的捆绑定价。

如果出售的是产品组合，则可以考虑采取如下定价策略：

（1）搭配定价：将多种产品组合成一套定价。

（2）系列产品定价：不同档次、款式、规格、花色的产品分别定价。

（3）主导产品带动：把主导产品价格限定住，变化其消耗材料的价格。

（4）以附加品差别定价：根据客户选择附属品不同，而区别主导产品价格。

四、撇脂定价

撇脂定价策略，即在新产品上市之初，把价格尽可能定得很高，以期在短时间内获得最大利润，就像牛奶中撇取油脂一样，从市场内不在乎价格的顾客中，提走精华部分（图3-3）。

1. 撇脂定价策略的优点

（1）处于生命周期投入期的新产品，在投放到市场时采用此法，可以弥补高额的投资。

（2）高价有利于限制竞争者的加入，为以后施行降价策略留有充分的余地。

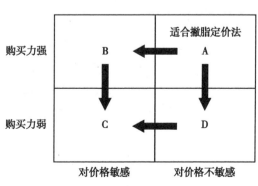

图3-3

（3）可以避免因把价格定得太低而造成的失误,一旦定错了价,减价容易提价难。

（4）如果计划准备不充分或库存不足,此法可起到减缓产品流通的作用。

2．撇脂定价策略的缺点

（1）厚利易招致竞争。

（2）不适合大批量生产的情况。

（3）在新产品生命周期的投入期,该定价政策会使消费者对此产品的感知和接受过程更缓慢。

（4）这种定价政策更容易受到经济萧条的打击。

因此,撇脂定价策略作为一种短期价格策略,适用于具有独特的技术,不易仿制,有专利保护,生产能力不太可能迅速扩大等特点的新产品,同时市场上要存在高消费或时尚性需求。

例如,"跳跳糖"的定价,考虑到上海市民第一次接触,以及小朋友的新奇感,销售商采取撇脂定价,以高价销售,大量投入广告:跳跳糖,跳、跳、跳……结果,大量金钱"跳"到销售商口袋中;又如,1888年,美国人雷诺发明了圆珠笔,命名为"原子笔",定价15美元的天价,通过各种渠道宣传,人们普遍接受甚至趋之若鹜,到其身价一落千丈时,雷诺已经带着鼓鼓的钱包经营别的商品了。

再看以下案例:某电视生产公司是撇脂定价的老手。1990年,当其在日本市场首先引入高清晰度彩电时,这个高科技产品价值43 000美元。这种电视机是为那些可以为高科技负担高价格的顾客准备的。其后3年,该公司不断降低价格以吸引更多的顾客,到1993年,日本顾客只要花费6 000美元就可以购得一台28英寸的高清晰度彩电。2001年日本顾客仅需2 000美元就可以买到40英寸的高清晰度彩电。该公司以此种方式从不同的顾客层中获得了最大限度的利润。

五、渗透定价

渗透定价策略,即在新产品投入市场时,以较低的价格吸引消费者,从而很快打开市场,就像倒入泥土的水一样,从缝隙里很快渗透到底,从而获得最大的市场份额。

1．渗透定价策略的优点

（1）能使产品迅速渗入市场,扩大市场份额,产生规模经济效益。

（2）容易获得竞争的主动权。

（3）能为公司的未来赢得广泛的忠诚用户。

（4）阻止竞争对手介入,有利于控制市场。

2．渗透定价策略的不利之处

（1）新产品利润低,收回成本周期长。

（2）如果产品的生命周期短,那么结果将会是灾难性的。

（3）如果初始定价过低,那么一旦提价,要克服客户的心理障碍是很困难的。

因此,渗透定价策略作为一种长期价格策略,适用于能尽快大批量生产,产品差异小,特点不突出,易仿制,技术简单,顾客对价格敏感性强的新产品。

2001年4月,某集团投资10亿元进军汽车制造业。尽管其进入轿车领域资历尚浅,但它"为中国百姓造车"的定位却给中国轿车市场带来巨大冲击。2001年5月,国家放开轿车定价之后,轿车价格战拉开序幕。2001年6月7日,一家竞争汽车企业在全国范围内调整某系列11款轿车销售价格,降至35 800~52 500元。此后,一直以低价位著称的某汽车将其三缸化油器车型由3.99万元降至3.49万元,继续保持同类车低价王的位置。在国内三大汽车品牌,以及国外汽车巨头的夹缝中站稳脚跟求得发展,市场份额不断扩大。

从以上的案例我们看出，企业在从事营销活动的过程中，面对竞争异常残酷的市场环境，企业在新产品投入市场时，以较低的价格吸引消费者，可以很快打开市场，从而获得最大的市场份额。

企业价格策略很多，企业应根据不同经营战略、不同市场环境和经济发展状况等，选择不同的价格策略技巧。

参 考 文 献

1. 蒂姆·史密斯. 定价策略. 周庭锐，张慰忠，赵智行，等译. 北京：中国人民大学出版社，2015.

2. 张荃. 眼镜营销实务. 北京：人民卫生出版社，2012.

3. 汤峰，董光平. 眼镜零售培训教程（管理篇）. 北京：人民卫生出版社. 2011.

4. 易淼清. 销售渠道与终端管理. 北京：北京交通大学出版社，2010.

5. 刘科佑. 眼镜门店营销实务. 北京：人民卫生出版社，2016.

6. 赫尔曼·西蒙. 定价制胜：大师的定价经验与实践之路. 北京：机械工业出版社. 2017.

7. 杜志敏. 销售终端实习指导教程. 北京：北京交通大学出版社，2011.

8. 杜金富. 价格指数理论与实务. 北京：中国金融出版社，2014.

9. 彭杰，陈婧. 市场营销与策划. 北京：外语教学与研究出版社，2014.

10. 加里·阿姆斯特朗，菲利普·科特勒. 市场营销学. 王永贵，郑孝莹，等译. 第 12 版. 北京：中国人民大学出版社，2017.

11. 菲利普·科特勒，凯文·莱恩·凯勒. 营销管理. 何佳讯，于洪彦，牛永革，等译. 第 15 版. 上海：格致出版社，2016.

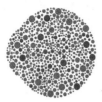

第四章　眼镜产品营销渠道

学习要点

1. 掌握：营销渠道的结构、基本成员、构成及作用。
2. 熟悉：影响营销渠道设计的选择因素、渠道设计阶段的矛盾以及解决方法。
3. 了解：眼镜零售企业与消费终端之间的营销渠道模式。

成功的营销管理可以理解为成功的价值创造，成功的价值创造就必须造就成功的价值传递。这个过程就是营销渠道存在的意义。

第一节　营销渠道概述

一、定义

（一）营销渠道的定义

大多数生产者并不是将其产品直接出售给最终顾客，在生产者和最终顾客之间有一系列的营销中间机构执行着不同的功能。这些中间机构组成了营销渠道（marketing channel），也称贸易渠道或分销渠道。一般来说，营销渠道是促使产品或服务顺利地被使用或消费的一整套相互依存的组织。它们使一个产品或服务在生产以后经过的一系列途径，到达最终顾客手中。

（二）营销渠道的产生

营销渠道实际上也是一项重要的机会成本。主要作用之一是将潜在的顾客转换成有利润的订单。营销渠道不仅仅是服务于市场，它们更要创造市场。

在没有渠道中介的时候，每个生产者就不得不和所有潜在的购买者相互接触以制造所有可能的交易机会。随着交易的重要性的，保持所有这些相互接触行为的困难也增加了。举个简单的例子，在一个只有 10 户家庭的小村庄中，假设其中每一户人家都有东西可以与其他 9 户人家进行交易，那么，整个村庄需要 45 次交易行为才能实现全部家庭的商品交换（图 4-1）。如果在这个村庄中设立一个中介交易站，全村人家只与这个中介进行交易，那么只要 20 次交易行为就可以完成例子中小村庄的集中商品交换（10+10，图 4-2）。这个例子说明了这样一个观念，一个分散化的交换系统要比一个运用中介的集中化

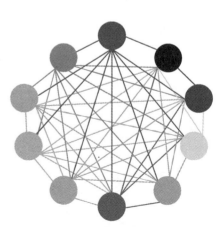

图 4-1　商品交换（1）

第四章　眼镜产品营销渠道

的网络效率低。一个社会中交易活动的日益增多,中介渠道也就随之产生了。

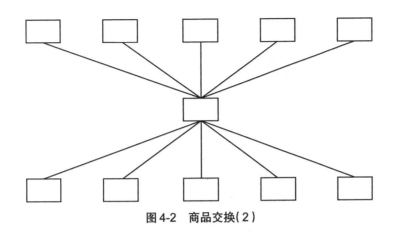

图 4-2　商品交换(2)

（三）部分商品营销渠道的选择实例

实例一:电器。

百货商场曾经是各种电器品牌的主要零售渠道。百货商场提供了各种品牌的电视机、冰箱、空调等家用电器,并有专门区域将这些商品陈列出来。每个区域都会有专门的销售人员为每位顾客提供热情的服务;全面地介绍顾客感兴趣的各种电器功能;提供折扣优惠信息并帮助顾客完成购买。今天,百货商场依然销售各种电器商品,但是很大部分市场份额已经被其他零售竞争对手所占有,它们所能提供的各种服务和优惠信息也随之越来越少。其最有力的竞争对手就是连锁家电大卖场。家用电器连锁家电大卖场又可以称作家电专卖百货店,卖场可以通过集中市场流通的各种主流品牌的最新家电产品来吸引不同的客户,并同时提供各种更加专业化的服务和更加便捷的售后保障。公司基本上在全国每个省都建立了自己的销售分公司。分公司直接向零售商供货并提供相应支持,还将许多零售商改成了专卖店。其电器也使用一些批发商,但是其分销网络的重点不是批发商,而是尽量直接与零售商交易,构建一个属于自己的零售分销体系。

其电器的分销网络中,我们可以看到百货商店和零售店是其主要的分销力量,其分公司就相当于总代理商,批发商的作用很小。同时,其销售政策偏向于零售商,不但向他们提供很多服务和支持,而且保证零售商可以获得较高的毛利率。

批发商的利润空间有限,批发毛利率一般为 3%～4%。在公司有分支机构的地方,批发商的活动余地更小。不过空调的销售量大、价格稳定,批发商的利润仍然是有保证的。

其模式的渠道分工:

1. 提供店内 A 电器专柜的装修甚至店面装修,提供全套店面展示促销品、部分甚至全套样机。

2. 承担了大部分库存职能,还负责对各个零售店快速递送。

3. 提供专柜促销员,负责人员的招聘、培训和管理。

4. 其市场部门制订市场推广计划。负责从广告、促销宣传的选材到活动计划和实施等工作,零售店一般只需配合工作就可以了。

5. 建立的售后服务网络承担安装和售后服务工作。

6. 规定了市场零售价格,对于违反规定价格的行为加以制止。

从上述的价盘设计到渠道分工,提供给零售商很多的帮扶和支持。

实例二:眼镜。

传统的眼镜营销渠道主要由生产企业、代理商,批发商、零售眼镜店组成。但是,在

83

今天的市场上，很多眼镜生产企业更希望得到直接面对消费者的机会，或者能够通过传统眼镜营销渠道的变革来实现直接为消费者提供最新商品信息和最优质专业的验配服务。

举例：深圳万新公司旗下 M 镜架品牌。M 品牌定位为运动休闲品牌，深圳万新在进行 M 镜架品牌战略推广时，并没有从眼镜行业固有渠道拓展，而是选择户外活动的推广，比如：马拉松赛、野外拓展、驴友会等大型活动对品牌进行推广，匹配热爱户外活动人群对于产品的需求及认知。对于商品制造及品牌商作出的这种新渠道营销模式的尝试，虽然消费者并不能直接向生产企业购买其产品，但是正如深圳万新公司在其年度销售报告中所阐述的："我们在中国眼镜行业不断突破固有模式，可以让我们的产品更加有效地直接接触我们的目标客户，而这种为顾客提供有竞争力的多渠道服务同样为我们的品牌增加了价值"。

二、结构与成员

营销渠道的关键成员是商品制造商、渠道中介（即批发商、代理商、电商，零售商和其他形式中介）和终端用户（企业用户和个体消费者）。这些渠道的关键成员组成了营销渠道的基本结构。

（一）营销渠道的基本结构

营销渠道的结构，可以分为长度结构，又称层级结构；宽度结构，又称密度结构；广度结构，又称种类结构三种类型。三种渠道结构构成了渠道设计的基础模式。

1. 长度结构（层级结构）　营销渠道的长度结构，又称为层级结构，是指按照渠道所包含的中间环节数量的多少来定义的一种渠道结构。通常情况下，根据包含渠道层级的多少，可以将一条营销渠道分为零级、一级、二级和三级渠道等。

零级渠道，又称为直接渠道（direct channel），是指没有渠道中介参与的一种渠道结构，即产品或服务直接由生产者销售给消费者。在 IT 产业链中，一些国内外知名 IT 企业，公司设立的大客户部直接面向企业用户进行销售就是一种典型的零级渠道。

一级渠道包括一个渠道中介。在消费品市场上，这个渠道中介通常是零售商。例如一个镜片生产商将其产品直接通过全国连锁的大型眼镜零售商推向消费市场，这种方式就是典型的一级渠道。

二级渠道包括两个不同层级的渠道中介。在消费品市场上，这两个渠道中介则通常是批发商和零售商。例如大部分角膜接触镜生产厂商都会将其部分产品投放到全国各大眼镜批发市场，而进入批发市场的商品又会通过各种不同的形式（现金交易、铺货协议或代销等）被交易给全国各个中小型眼镜零售商，在此过程中，角膜接触镜商品在交易给消费者前已经经过了两个层级的交易（批发商和零售商）。

三级渠道包括三个不同层级的渠道中介。这类渠道通常会出现在农副产品市场。在眼镜行业中，一些个体零售商通常不是大型经销商的服务对象，因此，在大型经销商和个体零售商之间衍生出地域性中小型批发商，从而出现了三级渠道结构。

2. 宽度结构（密度结构）　渠道的宽度结构，是根据每一层级渠道中介数量的多少来定义的一种渠道结构。渠道的宽度结构受产品的性质、市场特征、用户分布以及企业分销战略等因素的影响。渠道的宽度结构分成如下三种类型：

密集型分销渠道（intensive distribution channel），也称为广泛型分销渠道，就是指生产商在同一渠道层级上选用尽可能多的渠道中介来经销自己产品的一种渠道类型。密集型分销渠道，多见于消费品领域中的便利品，比如牙膏、牙刷、饮料等。在眼镜行业中，接触镜及其护理产品的生产商多采用密集型分销渠道。

选择性分销渠道（selective distribution channel），是指生产商在某一渠道层级上选择少量的符合生产商要求的渠道中介来进行商品分销的一种渠道类型。在进口镜片品牌中，有些产品就采用选择性分销渠道。

独家分销渠道（exclusive distribution channel），是指在某一渠道层级上选用唯一一家渠道中介的一种渠道类型。这在国际性镜片或接触镜生产商首次进入中国内地市场时经常被采用。这种渠道结构多出现在总代理或总分销一级。同时，许多新品的推出也多选择独家分销的模式，当市场广泛接受该产品之后，许多公司就从独家分销渠道模式向选择性分销渠道模式转变。接触镜在进入中国市场初期，以使用者的健康与使用便捷为第一考虑因素，将日抛竞聘交由电商平台独家销售 6 个月，从而促进消费者对于该产品差异化认知，快速提升了市场认知度。

3. 广度结构（种类结构）　渠道的广度结构，实际上是渠道的一种多元化选择。也就是说许多公司实际上使用了多种渠道的组合，即采用了混合渠道模式来适应所采用的营销策略。

概括地说，生产商渠道的广度结构可以笼统地分为直销和分销两个大类。其中直销又可以细分为几种，比如制造商直接设立的大客户部、行业客户部或制造商直接成立的销售公司及其分支机构等。此外，还包括直接邮购、电话销售、公司网上销售等。分销则可以进一步细分为代理和经销两类。代理和经销均可能选择密集型、选择性和独家等方式。

比如，某知名眼镜企业针对全国性的眼镜零售行业客户，公司内部成立大客户部直接销售；针对数量众多的区域性中小企业用户，采用广泛的分销渠道即区域性直接销售和代理商销售；而依视路在与天津眼科医院合作创办"万里路视光学院"的基础上寻求生产商与渠道中介在非产品销售方面的合作更是营销渠道多元化的典型体现。

（二）营销渠道的成员

广义地说，构成某种产业链的任何一个组成部分，都是一个渠道成员（channel member）。美国营销协会（AMA）对渠道的定义是：公司内部的组织单位和公司外部的代理商、批发商与零售商的结构。由此可知，营销渠道的基本成员（basic channel member），即制造商、中间商、终端用户。它们拥有产品或服务的所有权并相应地承担实质性的风险。除基本渠道成员之外，像广告公司、公关公司、市场研究机构、运输公司等，它们并不拥有产品或服务的所有权，也不承担相应的市场风险，但是它们对产品或服务从厂商转移到用户手中这个过程具有促进增值作用，因此这类渠道成员被归属为渠道中介中的特殊渠道成员（special channel member）。

相对于特殊渠道成员，基本渠道成员对该产业链系统的良性发展起着更为关键的作用，因此，基本渠道成员是营销渠道管理的主要关注对象。

1. 制造商（manufacturer）　所谓制造商是指销售产品或服务的生产制造者或创造者。而制造商因为所生产产品或服务的品牌所有权的归属不同又可以分为自主品牌生产商和品牌代加工生产商。例如，可口可乐（Coca-Cola）、青岛啤酒等品牌制造商的产品已经闻名于世，是由制造商创造了品牌。而李小龙（Bruce Lee）品牌眼镜，因为李小龙早已为人所知，其品牌归属于美国某公司所有，所以该品牌眼镜产品都只是由国内生产商代加工。

2. 中间商（agency）　中间商即"中介"，是指在营销渠道的结构中除制造商和终端用户之外的所有其他渠道成员。根据中间商与终端用户和渠道所传递产品或服务的关系可分为三种中介形式：批发商（wholesaler）、零售商（retailer）和特殊中介（special agent）。

（1）批发商：包括商品批发商（goods wholesaler）或分销商（retail trader）、制造商代

表（manufacturer's agent）、代理商（agent）和经纪商（broker's agency）等。批发商是向生产企业购进产品，然后向下一级批发商、零售商或企业终端用户销售产品，但并不服务于个体消费终端用户的商业机构，是商品流通的中间环节。商品批发商拥有所销售产品的所有权，它们通常会有实际存货并在其产品线内促销产品。制造商代表、代理商和经纪商一般不取得它们销售产品名义上或实体上的拥有权。它们参与的主要是建立渠道流中促销和谈判环节。它们主要为其所代表的制造商从事销售产品工作，以及为它们谈判贸易条件。

（2）零售商：随着当今商业模式的不断变革与发展，已经逐渐形成了多种形式，包括百货商场（department store）、商业综合体（shopping mall）、超级市场（supermarket）、专卖店（exclusive agency）、便利店（convenient store）、特约代销店（franchise house）、网上零售店（online shop）等。与批发商不同，零售商是直接向个体消费终端用户销售产品的中间商，是商品流通的最终阶段。零售商的基本任务是直接为最终消费者服务，它的职能包括购、销、调、存、加工、拆零、分包、传递信息、提供销售服务等。在地点、时间与服务方面，方便消费者购买，它又是联系生产企业、批发商与消费者的桥梁，在分销途径中具有重要作用。

（3）特殊中介：其主要任务是为了承担特别的渠道流（channel flow），即它们不具有所服务商品的所有权，也较少涉及表现为产品出售的核心业务。这些中介包括广告公司、公关公司、财务公司、物流和运输公司、市场调研公司等。

3. 终端用户（end user） 终端用户是指产品的最终使用者，即产品的最终购买者如不是以自身使用为目的也不能归属于终端用户。例如一个人购买了一本书，但是他将书送给了另一个人，则另一个人才是这本书的终端用户，而不是购买者。终端用户是渠道成员的重要一员，这是因为终端用户常常成为渠道流的承担环节，这与其他的渠道成员在渠道中所起到的作用具有共通性。例如消费者经常在"大减价"时在大型超级市场购买大量季节性商品或促销商品，这些被购买的商品不能在短时间内使用，而是由消费者囤积在家中，这不仅减少了零售商的仓储空间，也同时将现金注入渠道并承担了一定财务流。所以，我们可以认为终端用户通过这种方式产生了更多的渠道流成本。

三、设计与选择

设计营销渠道系统需要分析顾客需求、建立渠道目标，对各种备选渠道结构进行评估和选择，从而开发新型的营销渠道或改进现有营销渠道的过程。

市场细分（market segment）是企业根据消费者需求的不同，把整个市场划分成不同的消费者群的过程。其目标是为了聚合，即在需求不同的市场中把需求相同的消费者聚合到一起。其中由具有相似需要和欲望的顾客组成的群体就是细分市场。其特征是：每一个这样的群体内部都具有很多相似之处，例如消费习惯、对同类商品的特定喜好等；不同群体之间在对同类商品的选择关注点方面存在着明显的区别。（举例：深圳万新旗下镜架品牌，针对不同消费者群体设立品牌，例如热爱户外运动者、青少年，儿童。）

市场细分也是对营销渠道所服务的顾客的需求进行选择的过程，这也是市场细分在渠道选择与建设过程中所体现出的关键作用。所以营销渠道所承担的责任也不应该仅仅理解成为对生产销售产品的简单传递的通路，它也应该在销售产品的同时提供其他附加价值，即服务产出。通过市场细分企业可以更好地对产品或服务进行设计、定价、宣传和分销，而且也可以更好地对营销渠道的设计和它所能提供的增值服务进行调整，从而优化营销渠道的设计和选择。

终端用户（个人消费者或企业用户）对服务产出的需求大不相同，例如，两位不同的眼镜购买者：为了即将到来的假期选购更加休闲的眼镜款式的消费者和为了高考冲刺而不得不配镜的近视初患者。表 4-1 概括了这两种不同细分市场对服务产出需求的差异。休闲眼镜消费者看重可挑选镜架的种类、色彩的搭配以及寻求与旧眼镜的差异化或个性化。但他们并不十分在意镜架的耐用性（因为他们只是外出旅游时配戴），也不会对镜架的重量过于关注，由于本来已经有视力矫正用眼镜，所以他们会对多个眼镜店之间进行比较而并不会急于决定购买。为了高考而不得不配镜的初戴者则有着完全相反的服务产出的需求：他们更关心镜架的安全性（一定要避免在高考过程中出现意外），对镜架的配戴舒适感也极其在意（因为他们不想在高考的过程中还在适应戴眼镜的感觉），但对镜架的个性化设计甚至色彩等其他外观因素不会作为首要选择条件。

由此可见，不同的营销渠道满足不同细分市场购买者的需求。部分休闲眼镜消费者越来越倾向于选择网络购买渠道。虽然网络商店无法实现即时购买，但其可以提供给消费者更多款式镜架的选择空间，而在价格上也同时具有一定竞争优势。由于休闲眼镜二次消费者更加关心镜架的款式和色彩，而对镜架的售后服务和配戴舒适性并无实质性需求，所以低端休闲镜架产品就会针对这部分细分市场选择更多的网络渠道进行销售。而对于初戴的高考学生来说，他们更看重眼镜验配的质量、镜架配戴的舒适度和专业人员所提供的有针对性的信息。所以这部分消费者更会选择通过专业眼镜零售店或医院配镜部来验配购买眼镜，而网络零售店显然很难满足他们的需求。

可见，不同群体的终端用户对同类产品的服务产出需求存在很大的差别，同时，对产品功能、特点的需求各不相同。对不同细分市场的服务产出需求进行分析应是制造商市场营销计划的重要组成部分，同样是中间商管理评估渠道适应性的重要前提条件。

表 4-1 两种不同细分市场时服务产出需求的差异

	购买度假用休闲眼镜的二次配镜者		高考用眼镜初戴者	
服务产出需求	描述	服务产出需求水平	描述	服务产出需求水平
材料品质	"没关系，我不经常戴"	低	"第一次戴镜，绝不能影响心情"	高
颜色款式	"一定要酷，我要跟衣服搭配"	高	"适合就好"	中
等候时间	"我还有时间，可以慢慢挑选"	低	"我需要尽快适应，能马上拿到最好"	高
客户服务	"只要好看就行了，过段时间我还会再换其他款式的"	中	"我需要最高程度的售后服务，以防万一"	高
专业信息提供	"我以前都戴过眼镜，我知道该注意什么"	低	"我初次配镜，需要最专业的验配服务和选购指导"	高

影响营销渠道设计选择的关键因素：

1. 商品因素

（1）价值大小：一般而言，商品单位价值越小，营销渠道越多，路线越长。反之，单价越高，路线越短，渠道越少。

（2）体积与重量：体积过大或过重的商品应选择零级或中间商较少的一级、二级渠道。例如验光仪器设备等。

（3）流行性：对式样、款式变化快的商品，应多利用直接营销渠道，提高渠道流效率，避免不必要的损失。例如某些太阳镜品牌的电视直销或网络销售渠道。

（4）技术性和售后服务：具有高度技术性或需要经常服务与保养的商品，营销渠道要短。例如屈光手术服务等，医院或视光门诊与患者之间并无任何渠道中介存在。

（5）产品数量：产品数量大往往要通过中间商销售，以扩大销售面。产品数量少（例如限量销售产品或定制产品等）通常不需要通过中间商而采取直接销售的零渠道策略。

（6）产品市场寿命周期：产品在市场寿命周期的不同阶段，对营销渠道的设计和选择是不同的，如在衰退期的产品就要简化营销渠道。例如接触镜护理产品都会有明确的"有效期"标志，"市场周转率"往往会被当做其渠道设计和选择的第一要素。

（7）新产品：为了较快地把新产品投入市场、占领市场，生产企业应组织推销力量，直接向消费者推销或利用与市场占有率高的大型零售商来合作建立营销路线推出新品。例如强生某两周更换型接触镜、博士伦某两周更换型接触镜、卡尔蔡司某渐进多焦点镜片等新品上市初期都曾与宝岛眼镜进行过定期独家首发合作，从而有力地推动这些新品顺利投入市场。

2. 市场因素

（1）潜在顾客的状况：如果潜在顾客分布面广，市场范围大，就要利用长渠道（多级渠道），广为推销。

（2）市场的地区性：国际市场聚集的地区，营销渠道的结构可以短些，一般地区则采用传统性营销渠道即经批发与零售商进行销售。

（3）消费者购买习惯：顾客对各类消费品购买习惯，如最易接受的价格、购买场所的偏好、对服务的要求等均直接影响分销路线。例如，接触镜护理液经常会在超市中被销售，太阳镜可以在其归属品牌的服装或饰品店内被销售，而对于其他眼镜商品，消费者则更习惯到眼镜店内购买。

（4）商品的季节性：具有季节性的商品通常具有需求量大，市场周转期短，受季节等自然环境因素影响大等特点。应采取较常规商品更长更宽的分销渠道，要充分发挥批发商的作用，这样既可以提高商品的周转率，又可以有效地分担渠道成本。太阳镜和变色镜片是典型的季节性商品，生产厂商通常会在冬季就开始运作来年夏季的商品流通渠道了。

（5）竞争性商品：即同类商品且非新品，通常已经拥有了比较成熟的市场营销渠道，即使品牌不同，大部分生产商为了较易占领市场一般会采取同样的分销路线。

（6）销售量的大小：如果一次销售量大，可以直接供货，营销渠道就短；一次销售量少就要多次批售，渠道则会长些。在研究市场因素时，还要注意商品的用途，商品的定位，这对设计和选择营销渠道结构都是重要的。

3. 竞争者　一般，制造商要尽量避免和竞争者使用一样的分销渠道。如果竞争者使用和控制着传统的渠道，制造商就应当使用其他不同的渠道或途径推销其产品，例如，苹果操作系统（Mac OS X），在美国很受 IT 人士的推崇，但是由于微软视窗系统（Microsoft Windows System）在全球个人 PC 操作平台中的垄断地位而无法进入主流用户市场。2008年随着 3G 版 iphone 手机上市，苹果操作系统也随之风靡全世界，让全球"苹果迷"们充分领略了苹果系统的迷人之处。美国某公司也是如此，它不使用传统的分销渠道，而采取避开竞争者的方式，训练漂亮的年轻妇女，挨家挨户上门推销化妆品，结果赢利甚多，也很成功。另一方面，由于受消费者的消费习惯的影响，有些产品的制造商不得不使用竞争者所使用的渠道。例如，消费者购买食品往往要比较厂牌、价格等，因此，食品制造商就必须将其产品摆在那些经营其竞争者的产品的零售商店里出售，这就是说，不得不使用竞争者所使用的渠道。

其中，消费者的消费习惯主要指的是以下两点：

（1）消费者对不同的消费品有不同的购买习惯，这也会影响分销渠道的选择。消费品中的便利品（如香烟、火柴、肥皂、牙膏、大部分杂货、一般糖果、报纸杂志等）的消费者很多（因而其市场很大），而且消费者对这种消费品的购买次数很频繁，希望随时随地地买到这种消费品，很方便，所以，制造商只能通过批发商，为数众多的中小零售商转卖给广大消费者，因此，便利品分销渠道是"较长而宽"的。消费品中的特殊品（如名牌手表等），因为消费者在习惯上愿意多花时间和精力去物色这种特殊的消费品，所以特殊品的制造商（即名牌产品制造商）一般只通过少数几个精心挑选的零售商去推销其产品，甚至在一个地区只通过一家零售商经销其产品，因此特殊品的分销渠道是"较短而窄"的。

（2）消费者一般都是多次而少量购买。而企业用户一般都是购买次数少（设备要若干年才买一次，制造商所需要的原材料、零件等都是根据合同一年购买一次或几年购买一次），每次购买量大。这就决定了制造商可以把产品直接销售给企业用户，而一般不能将产品直接销售给个体消费者，因为制造商多次、小批量销售会增加生产成本和渠道接触成本，从而降低了渠道效率。

4．制造商　主要指制造商（公司）本身的以下情况：

（1）制造商（公司）的产品组合（product mix）情况：某公司的"产品种类"（product line）有多少，如某公司生产的非角膜变色接触镜产品中包含三个产品种类：月抛、日抛、双周抛，其月抛包含舒澈、舒晰两种型号，日抛包含舒日和日晰两种型号，双周抛包含欧舒适和亮眸两种型号。某公司"产品种类"的多少，表明该公司的"产品组合"的宽度；而各种产品的型号规格数目的平均数，则表明该公司的"产品组合"的深度。某公司的"产品组合"情况，就是这个公司的"产品组合"的宽度和深度情况，也就是这个公司的产品的种类、型号规格多少情况（以上例子中各个产品种类又包括光度、基弧和包装片数的区别，例如舒澈和舒晰各有两种基弧设计"8.4和8.8"，而这两种月抛型号又各有三种包装"3片装、6片装、12片装"）。公司的"产品组合"情况之所以会影响分销渠道选择，那是因为在客观上存在着这种产销矛盾：从制造商方面说，生产批量要较大（假设产品都是单价不高的一般消费品），否则如果出货次数频繁，生产批量小，那生产成本就高；从零售商方面说，除少数大型零售商外，一般中小零售商的进货，要多品种多规格，小批量，快周转。因此，如果制造商的"产品组合"的宽度和深度大（即产品的种类、型号规格多），制造商可能直接销售给各零售商，这种分销渠道是"较短而宽"的；反之，如果制造商的"产品组合"的宽度和深度小（即产品的种类、型号规格少），制造商只能通过少数批发商、代理商或大型零售商转卖给二级批发商或其他零售商，最后将商品销售给消费者，这种分销渠道是"较长而窄"的。

（2）制造商能否控制分销渠道：如果制造商（公司）为了实现其战略目标，在策略上需要控制市场零售价格。需要控制分销渠道，就要加强销售力量，从事直接销售，使用较短的分销渠道。但是，制造商能否这样做，又取决于其声誉、财力、经营管理能力等。如果制造商的产品质量好，誉满全球，资金雄厚，又有经营管理销售业务的经验和能力，这种大制造商就有可能随心所欲地挑选最合用的分销渠道和中间商，甚至建立自己的销售力量，自己推销产品，而不通过任何中间商，这种分销渠道是"最短而窄"的；反之，如果制造商（公司）财力薄弱，或者缺乏经营管理销售业务的经验和能力，无力控制管理分销市场，所以只能通过很多中间商推销其产品，这种分销渠道是"较长而宽"的。

5．环境因素

（1）环境因素：影响渠道结构和行为的环境因素既多又复杂，但可概括为如下几种，即社会文化环境、经济环境、竞争环境等。

1) 社会文化环境包括一个国家或地区的思想意识形态、道德规范、社会风气、社会习俗、生活方式、民族特性等许多因素，与之相联系的概念可以具体到消费者的时尚爱好和其他与市场营销有关的一切社会行为。例如某美式快餐厅非常注重引入当地民俗饮食特色，肯德基进入中国市场以来为了迎合中国人的口味与饮食习惯不断对其产品进行改良，先后推出了"辣鸡翅""鸡腿堡""鲜蔬汤"甚至"老北京鸡肉卷"。

2) 经济环境是指一个国家或地区的经济制度和经济活动水平，它包括经济制度的效率和生产率，与之相联系的概念可以具体到人口分布、资源分布、经济周期、通货膨胀、科学技术发展水平等。经济环境对渠道的构成有重大影响，例如，生产太集中，人口分布面广，分销渠道就长。欧洲的眼镜零售行业形态主要有两种：传统眼镜店和视光门诊，其中视光门诊的专业形象和专家预约就诊的经营方式更加受消费者推崇。但是在中国国内视光门诊的经营方式确很难复制西方的做法，主要原因就是在于我国国民的消费比重与西方差异化过大。2010 年《小康》杂志发布《中国人消费热点大调查》，本次调查中，受访者在列出的住房、医疗、子女教育等 15 类家庭消费支出项目中，票选出了"2010 年中国城市居民的五大开支大项"。按得票率由高至低依次是：饮食、住房（买房、租房等）、服装、电子产品（电脑、照相机、摄像机、手机等）和家用电器（电视机、空调、洗衣机等）。其中票数最高的是饮食，达到了 77.9%。医疗卫生和健康保健开支还无法在短期内成为我国家庭消费的主要项目，当人们还在为衣食住行筹划日常开支的时候就不可能将用眼卫生放置在较为重要的位置，那么照搬西方的做法就只能是长远的梦想。

3) 竞争环境是指其他企业对某分销渠道及其成员施加的经济压力，也就是使该渠道的成员面临被夺去市场的压力。竞争会影响渠道行为。任何一个渠道成员在面临竞争时有两种基本选择：一是跟竞争对手进行一样的业务活动，但必须比竞争对手做得更好；二是可以作出与竞争对手不同的业务行为。如某创立于 1853 年的蓝色牛仔裤制造商，到 20 世纪 90 年代，公司发现喜欢牛仔裤的年轻人已经开始喜欢一些其他的新兴品牌或更便宜的品牌了，而一些与之有合作关系的传统服装零售商也推出了自有品牌。面对新的竞争环境它的首席执行官决定开发新的大众化产品线，并决定开发出全新的分销系统，即与某大型超市进行合作以扩大市场。该公司对产品和渠道的积极改进为它带来了新顾客，其供应链更加有能力覆盖大众市场，同时其高端品牌也重新进入了高端市场。另外又如，日本的小汽车、家用电器、照相机、复印机之所以能成功地打入竞争激烈的欧美市场，与日本企业采取"让中间商先富"的渠道策略分不开。

（2）环境对渠道行为的具体影响。环境对渠道行为的影响一般表现在以下三个方面：

1) 环境因素中的消费需求变化因素和社会行为变化因素是直接影响渠道行为的因素，渠道成员应保持敏锐的观察力，从这些因素的变化中寻找市场机会。一般说来，凡能很好地认识和抓住这些机会的企业，其经营都会成功。例如，随着改革开放的深入，人们改变了过去在衣着打扮方面的行为观念。有些企业抓住机会设计生产了各种多姿多彩的服装和各种各样的化妆品，从而赢得了市场。近年来，组合式家具挤掉了传统式样的家具，是因为消费者对家具的需求偏好有了变化，家具行业的业务行为也就必须随之改变。消费需求变化和社会行为变化是一个渐进过程，渠道成员应在变化处于量变过程时，抓住时机，作出适应这些变化的经营决策。

2) 环境形成的社会价值观念是时时刻刻影响渠道行为的重要因素。社会价值观念所反映的思想观念、道德行为准则、社会习俗和风气，实质上代表了社会的意志和广大消费者的意志，任何渠道成员必须在符合社会价值观念下营运。作为社会价值观念的重要内涵的道德行为准则并不否认利润动机，但它却是确定获取利润的正确途径和错误途径的标准。任何渠道成员，不论是生产商、零售商，还是街头小贩，如果他们在经营中违反社会价值观念,最终就会失败。这几年,我们有些企业和个体户做虚假广告,出现短斤缺两,漫天要价或其他欺诈行为,他们即使得益于一时,但这些违反社会价值观念的行为最终还是损害自己。

3)渠道成员的业务行为符合社会价值观念,就会取得信誉,从而也会赢得市场。世界上所有成功的大企业都把符合社会价值观念的经营看成是建立信誉,取得成功的前提。发达国家的大企业经理总是努力遵循以下一些守则:应该把企业的利益置于个人利益之上;应该把对社会的责任置于对企业的责任之上,把对企业的责任置于个人的利益之上;在经营活动中,凡个人利益牵连到企业利益,企业利益牵到社会利益,应增加进程的透明度;利润动机必须在符合社会价值观念的前提下,才能作为企业取得发展的刺激因素。

四、策略实施与管理

(一)渠道冲突(channel conflict)

渠道冲突是在组成营销渠道各组织间一种敌对的或者不和谐的状态。分销渠道的设计是渠道成员在不同角度、不同利益和不同方法等多因素的影响下完成的,因此,渠道冲突是渠道的一种正常状态,是不可避免的。某软件公司,为自己的销售人员和合作伙伴之间产生的渠道冲突而苦恼,因此决定使用新的"所有合作者地域"(all partner territories)计划挑选除了特殊战略客户以外的甲骨文合作伙伴。而当渠道成员一起朝目标前进,但渠道目标和自己的目标却相反的时候,就需要渠道协调。

1. 渠道冲突利弊　制造商与制造商、制造商与中间商、中间商与中间商之间甚至制造商与其直销办事处的冲突是不可避免的。但如果渠道成员认识到相互的贡献并明白任何一方的成功都离不开另一方时,冲突往往会发挥出其有利的一面,这时渠道冲突的积极作用可以表现为:

(1)有可能一种新的渠道运作模式将取代旧有渠道模式,从长远看这种创新对消费者是有利的。

(2)完全没有渠道冲突和客户碰撞的制造商,其渠道的覆盖与市场开拓肯定有瑕疵。

(3)渠道冲突的激烈程度还可以成为判断冲突双方实力及商品热销与否的"检验表"。

在营销渠道中,潜在冲突最为典型。潜在冲突是由于各方面利益分配不一致的情形引起的。当所有各方都追求自己单独的目标,尽力保持其自主权,并且争夺有限的资源时,渠道成员的利益不可避免地发生冲突。如果处理不当,感觉上的冲突(即潜在冲突)可能很快上升为显性冲突。这种对立是看得见的,因为它是用行动来表达的。在两个组织之间,显性冲突通常表现为相互阻止对方的发展并撤销支持。最坏的情形是:一方企图对另一方采取破坏行动或复仇,从根本上阻止另一方,不让其达到目的。具体来说,剧烈的渠道冲突对渠道运行的损害表现为:

(1)冲突中心公司产生对渠道组织结构的不满,高水平的显性冲突会影响冲突中心公司对渠道效能的认可度,并可能导致其在成熟分销渠道体系中扮演扰乱秩序的角色。

(2)冲突产生时往往伴随着渠道利润指标的下降,这会直接导致冲突中心公司对合作所产生的商业报酬不满。

(3)冲突直接迅速地伤害了中心企业对合作伙伴善良与诚信的信任,损害了渠道成员之间关系的稳定性。

2. 渠道冲突的基本类型　主要有三种:

(1)垂直渠道冲突(vertical channel conflict):是指同一渠道中上游成员与下游成员之间的冲突。例如某接触镜眼镜制造商为了尽快拓展自己产品的消费市场而选择了一些大型批发商和大型零售商作为产品的分销渠道，并且推出了"买三送一"的促销策略以鼓励这些中间商以较低的价格将商品销售给消费者。但是部分有能力影响消费市场的大型中间商为了提高商品销售的毛利率（gross profit rate）而取消了赠送活动改为以原价销售（商品原来的市场价格已经为消费者所接受）。这使得该制造商的市场营销策略无法正常地向消费终端推动，从而与其中间商产生了矛盾。

（2）水平渠道冲突（horizontal channel conflict）：是指存在于渠道同一层次的成员之间的冲突。一些眼镜零售企业是以特许经营（加盟店）的方式来拓展市场规模的，但是经常会出现一些特许经营店抱怨另外一些特许经营店在验光技术和服务品质方面水平低下，从而损害了整个加盟品牌的形象。

（3）多渠道冲突（multichannel conflict）：是指由于制造商选择了两个或更多的渠道向同一市场销售时，这些渠道间产生的冲突。当其中某个渠道从制造商那里获得更低价格或者更高毛利时多渠道冲突就会变得特别强烈。当某公司把它的畅销轮胎通过超市和折扣轮胎店低价出售时，激怒了没有享受低价优惠策略代销它的独立经销商。为了平息它们的不满，便提供给它们在其他零售点不销售的某些专营性轮胎型号以缓解冲突的进一步恶化。所以这一案例提出了减少多渠道冲突的战略，即在事先缔结并强制实施一些规则（而不是在事后调解冲突）并对参与销售的双方都提供补偿，而不管是哪一方提供了订单。

3. 建立有效渠道冲突解决机制

（1）建立"预报警系统"制度。

（2）渠道一体化、扁平化。

（3）约束合同化。

（4）包装差别化。

（5）价格体系化。

（二）窜货（changing products）

一般发生在各个地区之间，主要指某一区域代理商将自己的产品销售到了其他同一品牌代理商的代理区域。通俗说，对于区域限制的产品拿到非本销售区去销售的行为称为窜货行为。窜货行为可以分为恶性窜货，自然性窜货和良性窜货。

1. 窜货的类型　从性质上可分为：

（1）恶性窜货：即经销商为牟取非正常利润，蓄意向非辖区倾销货物。

（2）自然性窜货：一般发生在辖区临界处或物流过程中，非经销商恶意所为。

（3）良性窜货：选择的经销商流通性很强，货物经常流向非目标市场。

2. 窜货的表现分析

（1）经销商之间的窜货：经销制是企业通常采用的销售方式，企业在开拓市场阶段，由于实力所限，往往把产品委托给销售商代理销售。销售区域格局中，由于不同市场发育不均衡，甲地的需求比乙地大，甲地货供不应求，而乙地销售不旺，为了应付企业制订的奖罚政策，乙地想方设法完成销售份额，通常将货以平价甚至更低价转给甲地区。为此，企业将咽下苦果：销售假象使乙地市场面临着在虚假繁荣中的萎缩或者退化，给竞争品牌以乘虚而入的机会，而重新培育市场要付出巨大代价，乙地市场可能由此而牺牲掉。

（2）分公司之间的窜货：分公司制通常是有强大实力的企业在各销售区域分派销售人员，组建分公司，相对独立但又隶属于企业的营销制度。分公司的最大利益点在于销售额，为了完成销售指标，取得业绩，往往将货卖给销售需求大的兄弟分公司。分公司之间的窜货将使价格混乱，最后导致市场崩溃。

（3）企业销售总部"放水"：企业由于管理监控不严，总部销售人员受利益驱动，违反地域配额政策，使区域供货平衡失控，造成市场格局不合理。

（4）经销网络中的销售单位低价倾销过期或者即将过期的产品：对于食品、饮料、化妆品等有明显使用期效的产品在到期前，经销商为了避开风险，置企业信誉和消费者利益于不顾，采取低价倾销的政策将产品倾销出去，扰乱了价格体系，侵占了新产品的市场份额。

（5）经销商销售假冒伪劣产品：假冒伪劣产品以其超低价诱惑着销售商铤而走险。销售商往往将假冒伪劣产品与正规渠道的产品混在一起销售，掠夺合法产品的市场份额，或者直接以低于市场价的价格进行倾销，打击了其他经销商对品牌的信心。

五种主要窜货现象，都将从价格入手，侵蚀企业苦心经营出来的销售体系。

（三）多渠道战略联盟

营销渠道的成员往往是由很多各自追求不同自身利益的公司或团体组成的。它们所追求的利益和目标不尽相同，甚至对各自利益追逐的方向截然相反，这种渠道矛盾始终存在并一直影响着渠道中各个成员彼此间的合作。渠道中的战略联盟就是为了解决这一问题而出现的解决方式。

渠道战略联盟又不同于简单的企业间的营销联盟、供销联盟或品牌联盟，这种企业间的关系通常是建立在彼此信任又相互满足的基础上，简单地说，渠道战略联盟应该是两家企业在为满足自己利益目标的需求方面彼此达成某种需求平衡，彼此需求而又在一定范围内不可分开。这就是说，一个合适的联盟必须同时拥有三个条件。

1. 一方有特殊的需求。

2. 另一方有满足这些需求的能力。

3. 双方都面临着退出关系的壁垒。

条件1、2创造了特别的价值增值基础，这是战略联盟的根本。条件3是保护一方不被另一方剥削的必要条件。

（四）渠道绩效评估

1. 渠道绩效评估的定义　渠道绩效评估（performance evaluation on channel），指厂商通过系统化手段或措施对其营销渠道系统的效率和效果进行客观考核和评价的活动过程。

渠道绩效评估的对象既可以是渠道系统中某一层级的渠道成员，也可以是整个渠道系统。在营销实践中，不少厂商同时对某个层级的渠道成员及整个渠道系统进行评估。尤其是在渠道扁平化的发展趋势下，厂商更多地加强了对渠道系统中具体渠道成员的绩效评估，以利于厂商决定是否对某些层级的渠道成员进行扁平。

2. 渠道绩效评估的流程（图4-3）

图4-3　渠道绩效评估流程图

3. 渠道绩效评估的常用评价指标

（1）渠道成本（channel costs）：渠道系统的成本直接影响到厂商的利润。因此，对渠道系统成本的有效控制，对厂商来说就显得非常重要。渠道系统中成本主要来自如下几个方面：

1）直接推销费，主要包括直销人员工资、奖金、差旅费、培训费以及招待费等。

2）市场促销费，主要包括宣传海报、产品介绍等的印刷费、赠品费、展览费、促销人员劳务费等。

3）渠道成员的代理费，即给予渠道成员的佣金。

4）厂商自建渠道成本，包括初始投资成本以及此后的营运成本等。

（2）销售利润率（sales margin）：大多数情况下，渠道成员和厂商都将销售利润率作为评价一个渠道系统获利能力的主要指标之一。对于渠道成员来说，销售利润率在一定程度上影响到渠道成员的积极性，进而影响到渠道系统的稳定性。而对于厂商来说，销售利润率则影响到厂商的持续发展能力。所谓销售利润率，就是指渠道系统当期利润与当期销售收入之间的比率，用公式表示为：

$$销售利润率 = （当期利润 \div 当期销售收入） \times 100\%$$

（3）资产收益率（return on assets）：指厂商所创造的总利润与厂商自身全部资产的比率，用公式表示为：

$$资产收益率 = （当期利润 \div 资产平均总额） \times 100\% = （税后息前利润 \div 资产平均总额） \times 100\%$$
$$其中，资产平均总额 = （年初资产总额 + 年末资产总额） \div 2$$

（4）净资产收益率（ROE）：指税后利润与净资产所得的比率。净资产是指厂商总资产减去负债总额后的净值。净资产收益率用公式表示如下：

$$净资产收益率 = （税后利润 \div 净资产平均余额） \times 100\%$$

（5）资金周转率（turnover rate）：指一个厂商以资产平均占用额去除产品销售收入净额。该指标用以衡量一个厂商投资的利用率，资金周转率高，说明投资效率高。资金周转率用公式表示如下：

$$资金周转率 = （产品销售收入净额 \div 资产平均占用额） \times 100\%$$

（6）存货周转率（inventory turnover）：指产品销售成本与存货平均余额之比。该指标主要用来说明某一时期内存货周转的次数，从而考核存货的流动性。存货平均余额取年初和年末余额的平均数。一般来说，存货周转率次数越高越好，说明存货水准低，周转快，资金使用率高。存货周转率用公式表示如下：

$$存货周转率 = （产品销售成本 \div 存货平均余额） \times 100\%$$

（7）渠道成本与销售额比率分析：指用当期渠道成本去除以当期销售总额的比率。该指标主要用来衡量厂商的渠道系统的运作效率，若该比率较高，表明厂商的渠道效率较低，应注意渠道成本费用的控制；若该比率较小，则说明厂商现行的渠道系统效率较高，应继续保持。渠道成本与销售额比率，用公式表示如下：

$$渠道成本与销售额比率 = （当期渠道成本 \div 当期销售总额） \times 100\%$$

第二节　生产企业营销渠道策略

随着我国经济体制的发展，企业的分销渠道策略是企业营销工作中最重要的决策之一。无论是哪个行业或是哪个企业，每一条分销渠道的起点是生产者，终点是通过个人生活消费或生产消费能在实质上改变商品的形状，最终实现商品的价值和使用价值。

以眼镜镜片和镜架生产型企业为例，根据购买者的需求和行为动机，市场可以分为消费者市场、生产者市场、转卖者市场、政府市场和国际市场。消费者市场与生产者市场的分销途径的区别在于：消费者市场的商品转移过程中比生产者市场多了一个中间商——零售商（图4-4，图4-5）。

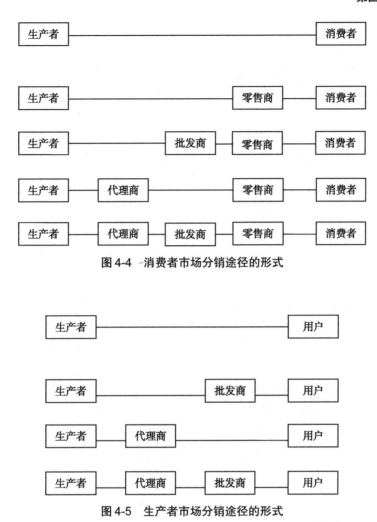

图 4-4　消费者市场分销途径的形式

图 4-5　生产者市场分销途径的形式

一、直销

一般来说,生产企业总是希望自己的产品直接卖给消费者,消费者也同样希望能够从生产者那里直接买到自己需要的产品。但是,在现代商品经济社会里,绝大多数商品要经过中间商转手,才能输送到最终消费者手中。虽然眼镜行业是一个特殊的行业,它所经营的是半成品,但是最终目的也是满足消费者的个人生活需要,如果是将产品销售给消费者,该行业面临的市场主要是消费者市场;若企业只负责生产,并且生产的是半成品,然后销售给其他厂家或组织进行加工,则它所面临的市场是生产者市场。

当商品从生产者转移到消费者时,最简单最直接的方式就是将产品直接销售给消费者,但是,这对于大规模的生产型企业来说,工作量太大,宣传不能到位,效果不佳,因此,只能通过中间商促进买卖行为发生。

经销商是从事商品流通业务,并拥有商品所有权的中间商,比如批发商、零售商等属于这一类。作为经济实力雄厚的生产型企业,首先要搞好自身的销售管理组织,取决于两个因素:一是拥有一支高素质的销售队伍,这会无形给企业带来宣传以及增强公司后备力量的效果;二是具备较高的自控终端零售能力。

眼镜生产批发企业在设计管理营销渠道的过程中通常会根据下游中间商(零售商)的门店数规模、全国或区域覆盖范围、与生产批发企业的购销合作涉及资金量对其进行分析、选择和定位。眼镜生产批发企业对零售企业在渠道合作中的定位分为以下几种:

1. 全国性重点客户（超级大客户，national key-account，NKA） 指市场营销范围跨越多个省级区域并拥有多门门店，影响力较大的大型连锁零售机构。在中国眼镜零售企业中能够跨越多个省级区域遍布全国的直营连锁品牌并不多，仅有宝岛眼镜（截至 2017 年 6 月共 2500 家连锁店，覆盖包括台湾省在内 27 个省、自治区、直辖市）、亮视点（截至 2017 年 6 月共 500 家连锁店，覆盖包括香港在内 7 个省、直辖市、特别行政区）、巴黎三城（截至 2017 年 6 月共 320 家连锁店，覆盖 10 个省、直辖市）等少数企业，其他跨省眼镜零售企业多属于特许加盟连锁企业。

其实对于将营销渠道战略面向全国的眼镜生产企业来说，零售企业的规模和市场覆盖率并不能成为其渠道定位的决定性条件。零售商能否成为生产制造商（或大型批发商）的NKA，还需要考虑到生产制造商在渠道设计中所选择的零售商类型、经营方式和定位是否符合其要求、财务信誉度是否令人满意等诸多条件。而生产制造商通常会为其 NKA 设置专门管理人员甚至专门管理部门进行全方位跟进管理，以便更高效地维护这些重要的渠道合作伙伴。

2. 重点客户（大客户）（key-account，KA） 指在一定区域（省、市级区域）范围内拥有较高零售市场占有率大中型连锁零售机构或独立门店。在中国眼镜零售企业中，此类企业大多具有强烈的地域性特征或以专业眼科医疗机构下属"配镜部"的形式为主。

由于 KA 客户对于生产制造商来说都具有强烈的地域性特点，所以它们在影响生产制造商或大型批发商建立和管理区域性营销渠道的过程中起着至关重要的作用。这些 KA 客户在特定区域范围内往往对产品的消费频率高，一次性消费量大，对生产制造企业或批发商在该区域的经营业绩贡献力大，这非常符合管理学中的"20/80"法则：即 20% 的大客户贡献了企业 80% 的利润。因此，企业必须要高度重视这些高价值客户以及具有高价值潜力的客户。

不过对于生产制造企业来说，并不是所有高频率消费或大量消费的客户都可以被定位为大客户，企业不应把以下几类客户视为大客户，这些都是"假大户"：一是不要把偶然大量消费的团购客户理解为大客户，因为他们未必是企业可持续获利的源泉；二是不要单纯把需求量大的重复消费客户视为大客户，而忽略其利润提供能力、业绩贡献度；三是不要把盘剥企业的"扒皮大户"视为大客户，这类客户对企业来说可能不具备长期维护的价值。

3. 普通客户（ordinary customer） 即中小客户，又称"散户"，这部分小型零售企业虽然属于这个零售市场的主体部分，但是由于其个体零售市场份额较小，无论商品采购频率还是单笔商品采购量都很难对生产制造商或大型批发商的市场营销活动造成较大影响，所以这部分企业也很难在渠道中受到其他上游成员的重视。中国眼镜零售行业中大多数企业均以此种形式存在，他们在营销渠道中的位置通常属于二、三级渠道的中介末端。

在此，企业可以采取两种策略：

1. 大户策略 即地区销售人员一到所负责地区，首先去寻找该地区在本行业的销售大户，并希望通过提供更优惠的销售政策，吸引该大户能与自己合作。生产型企业要开发新市场，在与其交易谈判的过程中，大户占据主动权，而生产型企业处于谈判的被动地位。由于大户在新地区有一定的市场和影响力，一旦同意经销公司产品，一方面促使本公司产品迅速进入新市场，促进了本公司产品的销售，另一方面避免了其他经销商对该大户构成的威胁，达到了双赢的局面。

2. 终端策略 即企业直接开发终端零售店，为此，需要生产企业在选定地区，按照以下 6 个步骤开发：

第一步：首先成立办事处，同时，建立地区仓库。

第二步：由地区销售业务员直接拜访各类终端零售店，并确定货架或柜台的布置、面积、签订供销合同。

第三步：向签订供销合同的终端零售店铺货。

第四步：配置柜台导购人员，启动促销活动。

第五步：对柜台导购人员进行精确导购培训。

第六步：持续性地进行促销活动。

在以上六个步骤中，以眼镜店为例，由于眼镜不是普通的消费品，所提供的服务也不能局限于传统销售服务上，应该提供个性化的服务，比如：可口可乐的分销渠道是将直销和网络营销有机结合，重点区域实行直销，再通过网络辐射至一些顾及不到的地区，而娃哈哈采用联销体模式构建自己的销售网络体系。因此，在导购以及店员的培训过程中，必须将大部分的内容集中于眼镜服务这一块。

二、分销

代理商是接受生产者委托，从事销售业务，但不拥有商品所有权的中间商。按其与生产者业务的特点，分为：企业代理商、销售代理商、寄售商和经纪商。

1. 企业代理商　指受生产者委托。签订销货协议，在一定区域内负责代销生产企业制造的产品的中间商。商品销售后，生产企业按一定的比例，付给企业代理商佣金作为报酬。企业代理商与企业的关系是委托代销关系，本身可以不设仓库，由顾客直接向生产企业提货，因此，企业代理商也是类似生产企业的推销人员。委托企业代理商代销产品，可以弥补企业推销力量的不足，当企业要推销新产品、开拓新市场但又不完全掌握顾客情况时，争取当地有经验的企业代理商帮助促销，可以扩大销售成果。

2. 销售代理商　销售代理商是一种独立的中间商，委托负责代销生产者全部产品，不受地区限制，且有一定的售价决定权，实行佣金制。生产企业在同一时间只能委托一家销售代理商，企业本身不再进行直接推销活动。销售代理商对生产企业承担较多的业务，在代销协议中一般规定：一定时间内必须推销一定的数量；不能同时代销其他企业类似产品；为企业提供市场调查预测情况；负责进行商品的陈列、广告等促销活动。通过销售代理商，生产企业虽然需要支付一定的成本和费用，但是可以节省很多时间和准备工作。

3. 寄售商　即委托进行现货的代销业务，生产者根据协议向寄售商交付产品，销售后所得货款扣除佣金及相关销售费用后，再支付给生产者。寄售商自设仓库或铺面，储存、陈列产品。由于顾客能及时购得现货，易于成交，因此，委托寄售商销售商品，对发掘潜在购买力，开拓新市场，处理滞销商品有较好的作用。

4. 经纪商　经纪商既无商品所有权，又无现货，只为买卖双方提供产品、价格及一般市场情况，为交易双方洽谈销售业务起穿针引线作用的中间商。成交后，提取一定的佣金，其佣金的比例一般较低。

第三节　批发企业营销渠道策略

批发商是中间商的一种，是指不以向大量的最终个体消费者直接销售产品为主要目的的商业组织，相反，它们主要是向其他商业组织销售产品。批发商出售的商品是供给零售商专转卖或在生产用，是在工商企业之间进行交易活动，销售产品的数量比较大，销售频率低,设点少;零售商出售的商品一般是个人直接消费,交易对象是商品的最终消费者,销售产品的数量比较小,频率高,面广点多。

（一）批发商的渠道特点

1. 批发商业务量一般比零售商大,业务覆盖的区域也比较广。

2. 批发商所处位置的交通和通信条件非常重要。

3. 批发商采用的促销方式一般为人员促销,较少用广告或者根本不用广告。

4. 批发商在其所经销的产品线内,通常经销多种品牌甚至所有同类企业相互竞争的产品。

（二）批发商的分类

批发商也分为很多种,如:综合批发商、专业批发商,其中专业批发商又分为现款交易批发商、兼营运输批发商、邮购批发商等,随着批发商种类的增多,销售形式也越来越多样化、个性化。

独立批发商,指自己进货,取得产品所有权后再批发出售的商业企业。按职能和提供的服务是否完全可以将之分为两类:完全服务批发商和有限服务批发商。

一、直销

这类批发商执行批发商业的全部职能,包括保持存货、雇佣固定的销售人员、提供信贷、送货和协助管理等,包括批发商人和产业分销商。

1. 批发商人主要是向零售商销售,并提供广泛的服务　批发商人在整个销售过程,并不接触消费者,只是从生产厂商那里以低价格进货,再以比成本高的价格出售给零售商,主要赚钱中间的差价,并且提供更全面的服务。作为批发商人,在选择零售商时要考虑零售商的实力、店铺的定位和规模、零售店铺员工的素质等因素,选择好的零售商是批发商人的首要任务,这样不仅可以增加产品的销量、提高经济效益,而且间接促进了生产企业的发展。

2. 产品分销商向制造商而不是向零售商销售产品　很多人认为批发都是从生产者进货,然后将产品销售给零售商或最终消费者,却不知道批发商也可以向制造商销售产品,产品分销商就是特殊的批发商。以眼镜为例,眼镜不同于一般消费品,有些生产厂商并不会生产整副眼镜,可能只是生产其中一个部件,比如仅仅生产镜片、镜架等,产品分销商在销售产品的过程中也是从其他厂商那里进货,然后销售给制造商,最终形成成品。这样,一方面促进了各生产厂商之间的合作,另一方面给产品分销商带来了市场机会。

二、分销

这类批发商为了减少成本费用,降低批发价格,只执行一部分服务,可分为六种类型:

1. 收现自运批发商　收现自运批发商不赊销不送货,客户要自备货车去批发商的仓库选购货物并即时付清货款,自己把货物运回来。

2. 卡车批发商　卡车批发商不需要有仓库和产品库存,而是从生产者处把货物装车后立即运送给各零售商店,主要执行推销员和送货员的职能。

3. 直运批发商　直运批发商又称为承销批发商,是指拿到客户(包括其他批发商、零售商、用户等)的订货单后,就向制造商、厂商等生产者求购,并通知生产者将货物直接运送给客户。直运批发商不需要有仓库和商品库存,只需要一间办公室或营业所办公,因而也被称为"写字台批发商"。运用直运批发商大大减少了成本、降低了产品库存积压的风险,开展此活动也可以通过网络进行交易,但是需要建立专业的网络系统,如:网站设计、页面宣传、产品介绍等。

4.专柜寄售批发商　专柜寄售批发商是指在超级市场设置货架,展销其经营的商品,商品卖出后,零售商才付给其货款。这种批发商的经营费用较高,类似于推销员多劳多得。

5.邮购批发商　邮购批发商指那些全部批发业务均采用邮购方式的批发商,主要是为了方便客户分布在边缘地区的小零售商。

以批发为主的企业,首先要考虑进货渠道,是直接从生产企业批发产成品,还是从生产企业或代理商那里批发半制成品,然后自主生产加工,制成产成品。如果批发型企业直接销售给消费者,这就使得批发型企业充当类似零售商的角色,必须设立自己的销售点及办事处,这会增加批发型企业的成本费用,批发型企业可以采取稳扎稳打的双道策略,即"以零售带批发,以批发增销量"的策略。

第四节　零售企业营销渠道策略

一、零售企业经营形态

(一)连锁店(chain)

连锁店是指众多小规模的、分散的、经营同类商品和服务的同一品牌的零售店,在总部的组织领导下,采取共同的经营方针、一致的营销行动,实行集中采购和分散销售的有机结合,通过规范化经营实现规模经济效益的联合。连锁店可分为直营连锁(direct chain)和特许加盟连锁(franchising chain)。

1.直营连锁零售企业　所有单店本质上是处于同一流通阶段,经营同类商品和提供相同服务,并在同一经营资本及同一总部集权性管理机构统一领导下进行共同经营活动。

直营连锁零售企业的特点:

(1)管理模式高度统一:所有权和经营权集中统一于总部。即直营连锁经营模式统一的不仅仅是店面装修、人员形象和商品种类,更重要的是企业内部包括人力资源体系、财务体系、客服体系、IT 系统、市场营销体系等企业经营所需内部核心体系也全部统一。

(2)管理程序标准化:主要体现在企业经营过程中各种模块的运作方式采取同一程序并使用相同的监控标准。例如标准化服务流程、标准化物流管理、标准化商品管理、标准化质量控管等。

(3)强化渠道权力:直营连锁经营模式就如同一个"中央集权制国家",可以形成强大的渠道权力(channel power),从而对其渠道上游企业进行"影响"来实现零售企业在渠道竞争中的有利地位。

(4)统一资本运作:统一化的集约型管理是企业实现其统一资本运作的经营基础。强大的资金支持,统一规划的投资策略,严格监控的财务管理会形成企业快速扩张的巨大推动力。

(5)统一人才培养:直营连锁零售企业都会具备统一的、有针对性的人才培养体系。尤其对于跨越多区域(省市或国家)经营的零售企业更需要针对不同地区、不同文化、不同消费市场进行有计划地培养和储备人才。而既要整体共享培训资源,又要实现人才培养的差异化和针对性,很明显直营连锁零售企业在这方面会做得更好。

2. 特许加盟连锁零售企业　是指通过特许经营方式组成的连锁体系。特许加盟是特许人与受许人之间的一种契约关系。根据契约，特许人向受许人提供一种独特的商业经营特许权，并给予人员训练、组织结构、经营管理、商品采购等方面的指导和帮助，受许人向特许人支付相应的费用。通俗讲特许经营是特许方拓展业务、销售商品和服务的一种营业模式。

特许加盟连锁零售企业的特点：

（1）双赢型商业模式：特许加盟使特许经营人能够最充分地组合、利用自身的优势，并最大限度地吸纳广泛的社会资源，受许人则降低了创业风险和时间、资金等创业成本。

（2）快速扩张：加盟特许人合理地整合企业内部管理机制，实现商品组合、店面形象、市场营销、技术培训等经营管理模式的快速可复制性。受许人（投资人）甚至在并未精通行业运营技能的情况下也可以完成加盟零售店的开办，这使得特许加盟连锁模式成为了很多零售企业快速提高市场占有率的最佳方式之一。

（3）追求"平衡"的管理模式：特许加盟连锁企业形象地说类似"联邦制国家"，即在"国家宪法"的约束下，各个"联邦政府"可以拥有自己的各种法律条文。加盟受许人虽然在商品、店面形象等必须统一的条件下也可以有各自的人事制度、财务制度甚至彼此不同的促销活动等。这就要求特许人在制订特许加盟条件或约束加盟受许人的各种制度中寻求平衡。这些条件和制度既不能过于宽泛，造成加盟受许人的经营品质下降，从而影响加盟品牌的市场形象；又不能过于苛刻，造成投资人望而却步，从而影响特许加盟业务的拓展和扩张。

（4）混合型连锁模式：特许加盟连锁零售企业通常是由直营连锁模式发展而来，所以绝大多数特许加盟连锁零售企业都会有"直营店"和"加盟店"同时存在的状态。特许加盟连锁零售企业的"直营店"和"加盟店"的区别在于企业在考虑到企业形象、加盟推广和利润最大化的前提下会将大部分一线和二线城市的主要商圈计划为"直营店"经营范围，从而拒绝投资人的加盟申请。而对于一线和二线城市的非主要商圈或其他次级城市特许加盟连锁零售企业往往会选择积极开展特许加盟业务，以便更快占领该市场。

（二）独立门店（Independent stores）

独立门店是指拥有自主品牌，自主独立经营，门店数量不超过两家的零售企业。独立门店多属于个体零售商经营初期的企业形态，由于经营时间短，经营资金不充足而无法实现商品策略、市场营销等方面的发展与突破。中国眼镜行业中绝大部分小型零售企业属于这种形式。

二、零售企业对渠道上游成员的筛选和管理

渠道成员的筛选是企业建立高效而稳定的营销渠道所必经的管理程序。生产制造商对下游零售企业的选择标准大都集中在市场覆盖率、消费市场占有率、企业信誉度、企业财务状况等方面，而零售企业尤其是眼镜零售企业通常由于普遍经营规模较小，渠道权力较弱，在产品分销渠道建立、整合、冲突过程中经常处于被动地位，从而很难对其上游的大型生产制造商和批发商进行主动选择或管理渠道关系。不过随着中国眼镜零售行业近年来的快速发展，台资和外资企业相继进入并越来越重视中国消费市场，中国眼镜零售行业随之涌现出多家具有雄厚市场竞争力的零售企业，这些企业也很好地在眼镜营销渠道中完成平衡渠道权力的任务。

（一）企业间的相互认同原则

这是企业间建立渠道合作关系的基础。生产制造企业或批发商与零售商之间的相互认

同是彼此合作的前提。规模化零售企业在长期经营过程中会逐渐形成适合自身发展的企业文化，特别是在企业日常经营管理活动中不断体现出的价值观、信念、仪式、符号、处事方式等都会逐渐成为一个企业的灵魂和特有文化。拥有特定经营文化和理念的零售企业，如果想要维持渠道上游成员的稳定和可持续合作关系，就必须寻求其合作伙伴的企业间的相互认同，这也是维系渠道稳定合作的基本力量。

1996 年某公司进入了美国笔记本电脑市场，在初期市场运作失败的情况下，公司的领导层进行了彻底的反思并发现物流是主要的问题。既然认识到以改善物流为解决方案，就将以后的工作重点放在了选择最佳的物流合作伙伴上。当时美国的物流公司有包括联合包裹服务公司（UPS）和联邦捷运（Fedex）在内的多家有实力的企业，最终选择了联邦捷运并相互建立了紧密的联盟关系，这对该公司的竞争优势和盈利产生了巨大效应。而该公司能够选择联邦捷运的根本原因就在于"它将联邦捷运作为完全的、积极的和亲密的伙伴。该公司和联邦捷运的人员一起公开合作地解决了运营方面的问题，并开发了经过更新的物流服务方案。

（二）形象匹配原则

这是筛选渠道成员最普遍的原则。大多数零售企业在对市场细分的过程中都会逐渐明确企业的主要目标消费群体，而定位消费市场就是定位零售企业形象（corporate image，CI）的主要依据，而企业形象也是企业文化建设的核心。企业形象是企业精神文化的一种外在表现形式，它是社会公众与企业接触交往过程中所感受到的总体印象。

渠道内上下游企业间的形象选择依据并不仅仅局限在企业外部形象的匹配，双方企业的合作往往也会相互促进企业各自内部形象的提升。2009 年 8 月中国联通（China Unicom）宣布了将成为苹果 iPhone 3GS 手机中国市场发售的唯一合作伙伴。中国联通与苹果公司就 iPhone 手机在中国的分销合作正式签署三年入华协议，市场顿时一片哗然，消息提前透露，正式发布前一天联通 A 股在午后暴涨 5%。2010 年 9 月 17 日中国联通开始接受苹果公司新型手机产品 iPhone 4 的预订服务，在截至 9 月 17 日 17 时的 7 个小时内，联通 iPhone 4 合约计划的预约用户已接近 5 万。对于这家 1994 年成立的中国移动通信业务运营商来说，中国联通在中高端用户市场的占有率远远落后于其主要竞争对手中国移动（China Mobile），而与美国第二大智能手机制造商苹果公司的联手合作（2010 年第四季度美国第一大手机制造商是宏达电 HTC）真正提升了联通公司在终端用户中的品牌形象，并为其在 2011 年 3 月一举取得 29.94% 的 3G 用户市场份额起到了至关重要的作用（同期中国移动和中国电信的 3G 用户市场份额分别是 43.61% 和 26.45%）。

（三）长期渠道协作能力评判原则

零售商对渠道上游企业的评判往往不仅局限于商品质量、价格定位、利润空间等市场经营氛围内的考量，零售商对渠道合作伙伴的管理更着重于长期渠道战略性合作的高度，所以零售商更重视对其他渠道成员系统而全面的评价，以便能够构建长期而稳定的渠道合作体系。

零售商对生产制造商的长期渠道协作能力的评判原则具体有以下几方面：

1. 质量水平　包括：①物料来件的优良品率；②质量保证体系；③样品质量；④对质量问题的处理。

2. 交货能力　包括：①交货的及时性；②扩大供货的弹性；③样品的及时性；④增、减订货的批应能力。

3. 价格水平　包括：①优惠程度；②消化涨价的能力；③成本下降空间。

4. 技术能力　包括：①工艺技术的先进性；②后续研发能力；③产品设计能力；④技术

问题的反应能力。

5. 后援服务　包括：①零星订货保证；②配套售后服务能力。

6. 人力资源　包括：①经营团队；②员工素质。

7. 现有合作状况　包括：①合同履约率；②年均供货额外负担和所占比例；③合作年限；④合作融洽关系。

三、眼镜零售企业与消费终端之间的几种渠道模式

（一）社区渠道

社区商业是一种以社区范围内的居民为服务对象，以便民、利民，满足和促进居民综合消费为目标的属地型商业。

1. 渠道特点

（1）消费人群结构相对单一：社区商圈内的消费者大多来自门店所在地附近的居民区。而且由于社区居民的人口流动性较低，所以社区商圈内的消费者的重复购买率非常高，是最适合培养"老顾客"的商圈。另外社区商圈中消费者的年龄结构也比较有特点，主要以中老年和部分学龄儿童为主。消费者性别以女性消费者居多。

（2）购买机会成本低：购买机会成本包括消费搜寻成本、交通成本、时间成本和再次购买机会成本等。社区眼镜店由于具备地理条件和区域认知度的优势，在经营方面可以为社区消费者带来交通、售后服务等各种降低消费者购买机会成本的优势。

（3）消费者购买目的性强：社区商圈消费者进入门店多带有强烈的目的性和计划性，多少消费者不会由于漫无目的地逛街而进入社区眼镜店，而是为"有所求"而来，当然消费者的具体目的是购买还是寻求其他服务就要看具体情况了。

（4）购买过程较长：这里主要指的是消费者从入店到出店之间的时间。由于消费者大多居住在附近社区，且少有其他大量消费计划，所以他们通常不会急于完成一次购买的过程。另外，社区商圈消费者多以"回头客"为主，且老年消费者比例较高，这样的消费者结构也促成了时间较久的单笔消费过程。

2. 商品规划

（1）商品定位：社区眼镜店的商品定位必须以周边社区居住人口的可支配收入平均水平作为根本依据。虽然大部分社区的居住人口可支配收入水平没有官方统计数据，不过企业还是可以通过社区的不动产平均单价、家庭汽车拥有率、社区商圈其他零售业商品定位水平等信息作为参照间接预估该指标。

（2）款式陈列：社区眼镜店的商品（尤其是光学镜架和太阳镜）陈列和商品款式选择与社区消费者的组成结构密切相关。在商品款式方面，由于社区消费者以中老年和儿童年龄层段为主，大多属于理性消费者（儿童消费者的购买决定权通常掌握在其父母手中），所以社区眼镜店的商品款式应该追求功能性大于流行性的特点，并且尽可能多地迎合以上年龄层消费者的喜好。在商品陈列方面，因为重复购买的消费者较多，为了造成店内商品不断更新的效果，门店商品应该短期定期更换摆设道具并进行"台面商品调换"。

（3）商品库存管理：商品库存管理就是商品周转率管理，眼镜零售企业通常使用"商品数量周转期"来评价商品库存管理绩效。商品数量周转期（单位：月）= 该商品全年平均月销量 / 计算当月库存数量。周转期短的商品能够更快地被销售出去，周转期过长的商品则更容易变成"滞销品"。由于社区眼镜店的进店客流量相对低，所以商品数量周转期会比较长，零售商需要采取库存紧缩的管理策略。

3．市场营销策略

（1）会员制度意义重大：由于社区商圈消费者的重复购买频率很高，若想在激烈的市场竞争中维护"老顾客"的重复购买率就必须完善会员制的营销策略，加强企业会员对企业的认同感，同时也需要提高会员的退出成本。

（2）"家庭式"营销策略：对社区眼镜店意义最重大的营销策略莫过于"家庭式"营销，即以强化社区家庭成员的情感纽带为营销策划目标的一系列营销方式。例如建立"家庭视力保健档案"、"父母关怀"性促销、"让孩子远离近视"儿童视力保健日活动等。

（3）社区公益活动：社区眼镜零售企业应该设置定期社区视力免费检查和咨询的活动。这种公益类活动最好与当地社区管委会或物业公司达成一致意向，以及联合其他零售企业、卫生医疗机构、社会福利机构或其他企事业单位共同举办以提升活动的宣传效果。

（4）住户拜访和电话送货：住户拜访并不一定要"登门拜访"，大部分是由"电话拜访"和"信件拜访"两种方式完成的，住户拜访的作用主要是营造企业文化和加深消费者对企业品牌的印象。而电话送货更近似与餐饮业的"外卖"服务，即将顾客已经订做好的眼镜或接触镜和护理液通过电话确认后"送货上门"，这样做可以通过转换消费者的购买机会成本而避免了消费者到竞争同业消费的可能。

4．人员选择及要求　主要选择有耐心、会"聊天"的员工来为社区住户提供服务。

（二）学区渠道

学区商圈是建立在城市中大中小学比较集中的区域，消费群体以在学学生和少数教职员工为主体的商业环境。

1．渠道特点

（1）消费人群结构最为单一：在中国城市规划设计中普遍存在教育产业集约化发展的趋势，各个城市中"大学城"和各种"专业科技园区"相继建立。这些教学单位的集中规划建设也同时催生了消费人群以学生为主体的消费商圈，学区商圈消费者有着明显的职业、年龄、消费规律单一化的特点。

（2）企业经营活动相对受限：无论学区零售企业位于学校内部还是学校外部，都会受到学校管理方面的直接影响，例如房租、水电、学校对商业活动的各种相关规定等都或多或少地左右着商家们在经营活动中的策略。

（3）寒暑假市场萧条期：作为学区店就不可避免地面临着学校每年3个月左右的寒暑期周期性客源减少的问题。有些商家因为在这段时间没有生意可做也会跟着学校"放假"歇业，以降低经营成本，避免不必要的损失。

（4）口碑传播速度快：学生群体是一个互动性高、思维活跃、信息敏感又乐于制造"话题"的年轻人的组织，所以无论他们遇到喜闻乐见还是厌憎不平的事都会在短时间内在校园中最大范围地传播。学区商家通常因此而退出一些体验式服务并制造对自己有利的话题。

2．商品规划

（1）商品定位：首先，中小学校区眼镜店的商品定位和大学校区的商品定位一定有明显区别，因为中小学生通常没有自主消费权，所以这种学区店的商品定位应该主要依据该校区学生的家庭平均收入来规划，例如在普通中学校区商圈开店和在贵族重点中学校区商圈开店，它们店面陈列的商品价值通常会相差数倍。而大学学区商圈也同样存在这样的区别，不过由于大学生多数被允许自主消费，他们的消费意识和消费能力都并不强，所以大学学区店的商品定位通常不高（当然在名校附近的商圈也会存在例外）。

（2）款式陈列：学区眼镜店面对的消费者年龄结构非常单一，主要以学龄儿童、少年或青年大学生为主,还有少数学校教职员工和附近居民。所以单就眼镜店商品款式来说,应该以款式个性、色彩明快、价格中低端的光学镜架和价位适中的接触镜产品为主。在商品陈列方面应该多考虑到学生对动漫作品和外来新奇事物的喜好,多以此类摆设品来衬托眼镜商品的风格款式。

（3）商品库存管理:由于近视发展速度和眼镜保养等方面的差异,中小学生的眼镜更换频率明显高于大学生,所以中小学学区眼镜店的商品周转期比较短,而大学学区眼镜店的商品周转期比较长。

3.市场营销策略

（1）"近视防控"概念营销策略:尤其在中小学学区眼镜店推广以"近视预防和控制"为主题的概念营销是非常有针对性的,只要在科技原理、临床试验数据和商品品牌方面针对学生家长进行信任性宣传,配合以名家现场咨询活动就可以最大限度地将相关商品销售给目标学生。

（2）"买送"降价促销:利用价格促销虽然不被市场营销专家们所提倡,但是这种营销方式在大学学区商圈确实很受学生消费者的喜爱,并容易形成连锁附加销售（享受低价消费的学生会很快在其校园里为商家做免费广告）。这种营销策略虽然不宜长期应用,但是对于希望以短期促销来加速商品周转期的商家是一个不错的方法。

（3）赠品营销策略:无论中小学生还是大学生消费者,都会对免费获取的东西怀有强烈的猎奇心理,甚至商家的赠品可以设计成为系列性产品以引诱学生消费者的收集欲望,从而造成他们的重复购买和推荐购买行为。

（4）学区公益活动:学区的公益活动可以"免费视力保健咨询""近视的预防与控制讲座""爱眼奖学金""特困生资助配镜"等形式在小区内或者与学校学生组织联合在校外开展。

（5）品牌赞助推广营销:这种营销模式在学区经常被商家使用,其形式主要以商家向学校或学生组织提供物质赞助以支持其某项活动的开展,而学校或学生组织也以活动内部加入赞助商家的品牌信息或在校园内为商家提供各种广告宣传作为商家投资的回报。品牌赞助营销更多属于纯粹的商家品牌宣传为目的的营销策略,当然如果条件允许,也可以在活动期间进行校内的商品销售活动,不过所销售的商品多以接触镜和太阳镜为主的类快速消费品。

（6）团购:在学区内组织的团购活动与互联网上的团购方式存在明显区别。学区内的团购活动多由学区商家和学生组织（或特定学生团体,例如同班、同宿舍等）合作进行,团购目标消费人群的范围界限比较清晰,团购买卖双方信誉度比较高。

4.人员选择及要求　学区店的从业人员应该同样以年轻人为主,这样才能与目标消费者制造共同感兴趣的话题。

（三）商业街渠道

商业街就是由众多商店、餐饮店、服务店共同组成,按一定结构比例规律排列的商业繁华街道,是城市商业的缩影和精华,是一种多功能、多业种、多业态的商业集合体。

1.渠道特点

（1）商圈业态多样性:商业街类型多,专业呈现多样性和复合型趋势。商业街有专业型商业街如酒吧街、食品街、电子商品街、服装街等。也有很传统的老牌复合型商业街如北京王府井、上海南京路、成都春熙路、广州上下九等。当然,随着中国各地城市化建设进程的不断深入,各个新兴城市也在着力打造新型商业街,但很多新建商业街由于地段选择、招商引资、物业管理、营销宣传、商圈竞争等原因无法达到其建设预期而陷入萧条。

（2）投资高风险大:对于眼镜零售企业来说,开设商业街铺的大部分经营成本来自"门店租金",商业街在地区知名度和人流量越高,"门店租金"就越高,而且租赁店面通常需要一次性缴纳给店东几个月租金和高额押金,所以开设商业街门店的首期投入往往会高于投资其他商圈。但是,商业街门店的投资是否能得到合理回报往往取决于商圈人气、门店位置、商圈消费环境、店面格局等门店租赁人不可控的因素,而店面管理、商品规划、市场营销等经营管理因素反而不是投资成功与否的关键因素。

（3）成功消费比例低:商业街眼镜店的进店顾客有很多属于"逛街型"顾客,他们的主观购买意愿较低或者属于消费目的不明确类型,所以商业街眼镜店内经常会呈现出顾客人来人往,眼镜没卖几副的"怪"现象。

（4）消费者构成多样性:综合性商业街通常没有根据消费者年龄、性别、消费习惯等消费者构成条件进行细分化定位,更多的是根据商业街所辐射周边地区的经济状况和居民消费力水平来定位店面类型和商品"档次"。所以综合性商业街眼镜店应该在符合商业街总体定位的基础上尽可能寻求能够充分展现企业自身优势和实力的细分市场定位,以最大优势争取特定目标消费者的关注,而不应该追求不切实际的"让所有人都满意"的经营方式,因为没有特色、没有定位、没有针对性的零售店会让"所有人都无法真正满意"。

2. 商品规划

（1）商品定位:对于综合性商业街的消费者结构来说几乎没有明确的团体区划,所以商业街眼镜店的商品定位,应该在符合商业街总体消费"档次"定位的基础上,来规划符合自身企业定位和发展的商品定位策略。不过零售企业在对商品定位过程中,还是应该根据商业街所处周边环境的主要目标消费者结构等具体因素进行有针对性地设计规划。

（2）款式陈列:商业街眼镜店内的商品应该根据季节进行主要商品种类、款式、陈列等方面的调整。总体规律是:全年第一季度以中高端光学镜架、功能性镜片为主要商品陈列和销售目标（因为农历春节期间属于中国的传统高端消费假期,另外学生寒假和学期开学也会促进中高价位的功能性镜片的销售）;第二季度以各种价位、款式太阳眼镜、变色和染色镜片以及接触镜作为主要商品陈列和销售目标（由于夏季开始,围绕太阳镜的消费市场份额会越来越大,不少年轻的近视患者也会选择变色镜片、染色镜片或者干脆验配接触镜后再购买太阳镜）;第三季度以各种太阳镜、深受学生喜爱的板材塑胶镜架和学生型功能镜片为主要商品陈列和销售目标（此时太阳镜销售旺季已经接近尾声,而第三季度即学校的暑假期间,正是学生家长为其子女防控近视、重新配镜的高峰消费期,所以此时学生消费者会成为消费主力群体）;第四季度通常是眼镜零售行业全年业绩最淡季,四季度的零售总额只相当于全年零售总额的15%左右,所以四季度所有商品的销量都会呈现下降趋势。眼镜零售商为了能够在此季度保持健康的零售业绩额,通常会努力提高消费者一次性购买单价,所以店内应以中高端商品和高附加值商品（例如渐进多焦点镜片或名牌中高折射率镜片）作为主要陈设商品和销售目标。

（3）商品库存管理:商业街眼镜店的商品库存管理也应该遵循前文所述,根据季节规律适时调整库存,并及时运用有效的促销手段处理库存滞销品和过时的季节性商品（例如太阳镜等商品）。

3. 市场营销策略

（1）重视假日短期促销:商业街的公休日和假日的客流量与非节假日差距很大,所以在部分周末和每个节假日及时而准确地策划短期促销活动会为企业带来高于平时数倍甚至数十倍的营收业绩额。

（2）重视店内行销设计:商业街商圈内的消费者购买行为的随机性很高,所以顾客进门后往往会漫无目的的"闲逛"，如果店内没有能够短时间吸引顾客注意力的商品和摆设布置，他们就不会产生任何购买意愿而匆匆离开。所以眼镜店内的各种促销活动和主流销售商品必须要通过店内的行销设计快速表达给进店顾客，这些行销设计包括：门口"易拉宝"海报、大厨海报、店内灯箱片、店内吊顶POP（卖点广告point of purchase）、柜台促销立卡、促销主题音频和视频播放、新品体验区、新品展示区等。当然，这些店内行销设计必须符合门店的消费定位和企业形象，否则这些布置也可能会产生"画蛇添足"的效果。

（3）重视店内人气营销：大部分消费者都有"从众"心理，即好热闹，所以在人流量很大的商业街内营造店内旺盛人气至关重要。营造店内人气的关键就是：留住进店顾客。商家要做到这一点就必须做好两方面工作：第一，免费服务要多做，免费服务是消费者容易接受，也乐于为此花费一定时间的，以此来尽可能留住进店顾客营造店内人气是既有效又便捷的方法。眼镜店内的免费服务项目通常包括：免费验光、免费清洁保养眼镜、免费奉茶、免费更换眼镜零配件等；第二，免费服务要做细，例如免费清洁眼镜时不要只是用水洗洗，可以在清洁后用医用酒精消毒一下镜片和与皮肤接触位置，使用时间太久的眼镜需要拆卸镜片进行清洗并免费更换鼻托等。既然服务设定为"免费"，就更要给顾客宾至如归的感觉，而不能草草了事，这样既能使顾客把更多时间留住店内来制造人气，又可以向消费者进行品牌宣传从而创造良好口碑。

4. 人员选择及要求　商业街门店的人员选择和要求没有特殊性。

（四）大卖场渠道

大卖场是指由大型超市及围绕超市布局的各种商铺共同构成的零售商圈。

1. 渠道特点

（1）价格敏感型商圈：大型超市的经营策略多以"低价策略"为基础，例如"天天平价"的标语在大型超市内随处可见。所以到大卖场商圈消费的顾客更多关注"降价"或"促销"等价格敏感信息，其消费心理也会呈现出典型的价格导向形态。

（2）客流规律性强：大卖场内的客流量主要受大型超市消费人群的日常作息规律性的影响，客流量主要表现为：每月月尾大于月头；每周周末大于平日；每天上午开始营业（8：00～10：00）、下午下班高峰（16：00～18：00）、傍晚晚饭后（19：00～20：00）三个时间段大于其他时间。大卖场内客流量的变化如上述规律性极强且弹性极强，甚至每天客流高峰时间段的客流量超出其他时间段十数倍。另外，客流的流动方向也呈现高度的一致性，绝大部分消费者的流动方向都是由超市或卖场的入口开始，向卖场出口行进的。

（3）店面管理部分受限：通常大卖场内各个零售商都可以按照自己品牌的风格进行装潢、实行相对独立的管理制度，大卖场管理部门只针对门店门头、外部招牌的设计安装、门店营业时间、门店水电消防和公共设施维护及卫生等方面有统一要求，当然，不同的卖场管理方的具体要求仍然不尽相同。

（4）消费行为快捷简单：大卖场购物环境下的消费者更多是以超市自选为主要采购形式的，所以在消费者购物过程中没有过多的销售人员的产品介绍，也没有复杂的购买程序。在这种消费环境中，消费者和商家所追求的买卖过程都会尽可能达到简单快捷的共同要求，这也要求大卖场内的眼镜店能够采取较传统经营模式更简单更高效的销售程序，以适应这种卖场环境的要求。

2. 商品规划

（1）商品定位：大卖场属于价格敏感型商圈，超市中几乎所有商品都被冠以"低价"标签。所以大卖场中的眼镜店在商品价格定位上应该选择低价商品作为主要销售商品，辅以部分中价位商品。

（2）款式陈列：大卖场内眼镜店的商品陈列必须考虑到卖场内消费者的消费心态和特殊客流规律。由于大卖场中的顾客流动速度比较快（主要消费目标是超市内的各种商品，所以无论顾客购买前还是购买后都不会对超市以外的门店产生太多关注），所以眼镜店内的低价商品和快速消费性商品（例如太阳镜和接触镜护理产品、成品老视镜等）必须以醒目的方式陈列在门店前端入口处或在店内做大型展示，例如在店内摆放更多太阳镜展架、做接触镜护理液堆头等。

（3）商品库存管理：由于大卖场店以销售低价商品和快速消费性商品为主，商品周转期短，所以应该为此类门店准备较为充足的商品库存。

3．市场营销策略

（1）低价策略：在大卖场消费环境中，采用低价营销策略是商家经营策略中的基本原则。但由于大卖场环境中消费者短期内重复消费的行为普遍存在（大部分消费者都会在短期内选择在同一超市内采购日常用品和食品），所以为了刺激顾客的购买欲和引起其好奇心，商家需要频繁更换不同商品进行低价促销。

（2）便捷营销：在大卖场消费环境中，消费者更习惯简单快捷的消费过程，所以商家需要简化销售和服务流程，以迎合顾客的消费习惯。例如眼镜店常规的眼镜购买程序是先验光，再挑选镜片，再挑选镜架，再下订单，最后付款。而大卖场中的眼镜店就可采用先验光，再选择固定优惠额度的镜架＋镜片的捆绑商品，再付款的便捷营销策略以节省顾客购买时间。便捷营销的主旨就在于：认真服务，简化选择，快速决定。

（3）营销信息传递策略：商家的低价促销信息能否及时有效地传递给卖场内的消费者是其营销策划能否成功的关键环节。大卖场内不能任意发放印有促销信息的印刷品，也不能任意拉横幅贴广告，所以大卖场内的商家就必须寻求卖场管理方认可的宣传方式进行广告。例如大卖场内的定时广播、超市收银台消费打印单据的背面广告、超市促销活动广告册夹页广告等。

（4）以量取胜的营销策略：大卖场商圈的商品单价普遍较低，即单位商品毛利润较低，所以商家必须以提高商品销售数量来抵消由此带来的经营成本压力。提高商品销售数量的行销方式多种多样，以眼镜店为例：买一送一、配镜送染色片（部分消费者会再购买镜架）、太阳镜情侣促销、接触镜护理液多瓶捆绑销售、送花镜送孝心等。

4．人员选择及要求　大卖场商圈要求快捷性消费方式，所以商家在门店人员选择方面也应该尽可能选择"动作快"、灵活的工作人员为消费者提供快捷服务。

（五）百货摩尔渠道

摩尔（Mall）原意是林荫大道的意思，现在是对设立在城市郊区的商业综合体，购物街的意思。随着现代全球商业化的快速发展，Mall逐渐以超大型商业地产的顶级形态展现在全世界各个现代化城市的黄金地带，并成为都市中产阶级的一种生活方式，除了购物，它提供娱乐休闲一站式服务。百货商场是更为传统的设立在城市商业区中以经营日用工业品为主的综合性零售企业。眼镜零售企业在这两种商业业态中的经营方式非常类似，所以将它们列入同一种渠道模式。

1．渠道特点

（1）经营管理严格受限：因为百货商场和摩尔的经营管理机构对卖场环境都有统一管理要求和形象定位，所以卖场管理方会对内部商家的品牌形象、店面装潢、人员着装、营业时间、收银管理甚至商品摆设等方面进行严格要求并统一管理。

（2）促销活动统一规划：大部分百货商场和商业综合体都会力求推出整体统一的适用于商场所有商家的促销活动，虽然一种促销活动很难适合所有类型的商品销售，但是商场经营管理方仍然会在组织、宣传和其他方面给内部商家以回馈来实现最大程度的统一。

（3）收银管理统一要求：百货商场都有统一的收银管理制度，商场内任何商家都不能单独对消费者直接收取任何费用，而是指导顾客到商场统一收银处完成交易。但是部分商业综合体允许内部商家自主收银。

（4）门店管理与租赁方式多样性：由于百货商场和摩尔都有统一的商业规划制度，所有内部商家必须服从卖场管理方的统一安排，所以百货商场和摩尔内部商家通常要面临更换门店或柜台位置的经营风险。在门店租赁方式方面各个百货商场和摩尔的经营管理方也不尽相同，其中主要包括固定租金和营业额扣点两种方式，前者为"定期定额"缴纳门店租金的方式，后者为"定期不定额"缴纳门店租金的方式。

2. 商品规划

（1）商品定位：百货摩尔内部眼镜店的商品价格定位一定要以商场本身的总体定位为依据。大部分百货摩尔商业圈都属于当地区域的重点商业中心，所以其对目标消费人群的定位不会过低，多数属于中高端定位。

（2）款式陈列：百货摩尔商业圈的购物环境更加符合追求时尚、新奇的青年人族群，所以商圈内的眼镜商品应该以中高端太阳镜和设计独特的光学镜架为主。相反，该商圈内的光学镜片销量往往较低，这也反映了经常光顾百货摩尔的消费者更注重商品外观的消费心理。在眼镜商品陈列方面也由于商品中高端的定位要求商品摆设应该以精致、时尚展示为主，而不能做过多地密集陈列。

（3）商品库存管理：百货摩尔内部眼镜店应根据消费环境和特性对商品库存进行针对性调整。由于商圈以太阳镜和高档光学镜架销售为主，所以连锁经营眼镜企业不适宜设置多余库存，独立门店可考虑根据季节动态调整太阳镜库存。

3. 市场营销策略

（1）商场统一促销活动：在条件允许的情况下参与商场方面统一策划的促销活动，这样可以最大限度地发挥促销活动的吸引力和宣传效果，但是在商家内部的促销策划中必须根据自身商品规划重点详细计划，包括商品特点、毛利率控制、店内行销、商品库存准备等几方面。

（2）卖场联合路演活动：百货商场和摩尔的经营方经常需要在其卖场公共区域的中庭（或前庭）组织各种由内部商家主导的路演和展销活动，以期吸引更多客流，引起消费者更高关注。眼镜商家则可以联合渠道上游生产厂商和批发商共同在卖场内举办路演活动或产品展销，最常见的此类活动具体形式包括：会员现场抽奖活动、明星品牌代言活动、接触镜类商品展销活动等。

（3）季节柜促销策略：百货摩尔卖场中的主要通道和公共中庭（或前庭）区域经常会设有临时性柜台，商家为临时柜台支付一定额度租金后即可使用。眼镜商家库存中的一部分具有强烈季节性的商品和可快速消费的商品可以安排使用此类临时性柜台进行集中促销。

4. 人员选择及要求　人员主要以年轻、容貌端丽的女性为主，这样的人员更了解消费者对时尚元素的需求。

（六）眼镜专卖百货公司渠道

不同于电器商城、服装商场等广泛存在的商业业态，中国国内的"眼镜城"多属于批发和零售混合经营形式的，其卖场管理、市场营销等方面也并不统一，卖场的招商管理方更多地承担着物业管理的职责。

以眼镜零售为主要经营方式的大型眼镜专卖百货公司并不多见。眼镜专卖百货公司经营模式是集合眼镜验配销售、视光学专业服务、个人配镜造型设计、特殊视力矫正服务、眼镜文化展示和交流等多元化眼镜主题零售卖场。

眼镜专卖百货公司的渠道特点：

1．商品种类多，款式全。

2．商品价格跨度大。

3．内部设置主题专区，例如接触镜验配区、儿童配镜区、眼镜"流行馆"、VIP专属区等。

4．硬件设备一流，包括验光设备、眼镜定配设备、眼镜维修设备、视功能检查设备和视觉体验设备等。

5．生产制造商直供专柜多，眼镜专卖百货经营商通常会掌握较强的渠道权力，所以眼镜生产制造企业也会更重视此类分销渠道，在卖场中出现较多生产制造商所属品牌专柜也就顺理成章了。

6．单独门店营业额高、客流量大。

（七）互联网渠道

互联网现今已经逐渐成为了很多人日常生活的一部分，网上购物更是取代了传统门店购物成为了部分年轻人的消费方式。网上购物就是通过互联网检索商品信息，并通过电子订购单发出购物请求，然后填上私人支票账号或信用卡的号码，厂商通过邮购的方式发货，或是通过快递公司送货上门。国内的网上购物，一般付款方式是款到发货（直接银行转账、在线汇款），担保交易，货到付款等。很多眼镜零售商看到了网上购物模式带来的商机也纷纷建立了自己的网络购物平台，甚至已经出现了专门以眼镜产品网络销售的网络零售商。

小　结

营销渠道是促使产品或服务顺利地被使用或消费的一整套相互依存的组织。

营销渠道的结构，可以分为长度结构、宽度结构、广度结构，三种渠道结构构成了渠道设计的基础模式；营销渠道的基本成员包括：制造商、中间商、终端用户。它们拥有产品或服务的所有权并相应地承担实质性的风险。设计营销渠道系统需要分析顾客需求、建立渠道目标，对各种备选渠道结构进行评估和选择，从而开发新型的营销渠道或改现有营销渠道的过程。而影响营销渠道设计的选择关键因素有：商品、市场、竞争者、制造商以及环境。在渠道设计的策略实施与管理阶段，会遇到渠道冲突以及窜货等矛盾，可以通过多渠道战略联盟结合渠道绩效评估来解决渠道矛盾。

生产、批发企业营销渠道策略中每一条分销渠道的起点都是生产者，终点是通过个人生活消费或生产消费能在实质上改变商品的形状，最终实现商品的价值和使用价值；眼镜零售企业与消费终端之间的营销渠道模式可分为：社区渠道、学区渠道、商业街渠道、大卖场渠道、百货摩尔渠道、眼镜专卖百货公司渠道以及互联网渠道。

参 考 文 献

1. Anne T，Erin A，Louis W，et al.El-Ansary，Marketing Channels.6th ed.Upper Saddle River，NJ: Prentice Hall，2001.

2. Erin A，Anne T. Coughlan.Channel Management: Structure，Governance，and Relationship Management，"in Handbook of Marketing，ed. Bart Weitz and Robin Wensley（London: Sage，2001），pp.223-247.

3. Frazier GL，Organizing and Managing Channels of Distribution. Journal of the Academy of Marketing Sciences. 1999，27（2）：226-240

4. 李洪鹏. 2010年居民消费比重 饮食居首. 法制日报. 2011, 9（2）: PA11.

5. Vinhas AS, Anderson E.How Potential Conflict Drives Channel Structure: Concurrent（Direct and Indirect）Channels. Journal of marketing Research, 2005, 42: 507-515.

6. 陈敏. 联通 iphone 4 合约计划预约首日用户接近五万. 网易科技报道. www.media.163.com, 2010-09-18.

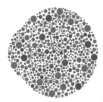

第五章 眼镜产品促销策略

学习目标

1. 了解：促销策略的概念。

2. 了解：眼镜生产企业、批发企业和零售企业的不同促销策略。能够运用以上理论为不同的眼镜企业进行促销策略的设计和实施。

第一节 促销策略概述

成功的市场营销活动，不仅需要制订适当的价格（price）、选择合适的分销渠道（place）、向市场提供令消费者满意的产品（product），还需要采取适当的方式进行促销（promotion）。"桃李不言，下自成蹊"的时代已经不复存在了，在现代市场竞争环境中，仅有一流的产品、合理的价格、畅通的销售渠道是远远不够的，还需要有成功的促销来推动。市场竞争是产品的竞争、价格的竞争，更是促销的竞争，企业的营销力特别体现在企业的促销能力上。

一、促销的定义

促销（promotion）是指企业通过人员和非人员的方式把产品和服务的有关信息传递给消费者，以激起消费者的购买欲望，影响和促成消费者购买行为的全部活动的总称。

促销实质上是一种沟通活动，即营销者（信息提供者或发送者）发出可以刺激消费的各种信息，把信息传递到一个或更多的目标对象（即信息接受者，如听众、观众、读者、消费者或用户等），以影响其态度和行为。

促销有广义和狭义两层含义。

在市场经济中，社会化的商品生产和商品流通决定了生产者、经营者与消费者之间存在着信息上的不对称，企业生产和经营的商品和服务信息常常不为消费者所了解和熟悉，或者尽管消费者知晓商品的有关信息，但缺少购买的激情和冲动。这就需要企业通过对商品信息的专门设计，再通过一定的媒介形式传递给消费者，以增进消费者对商品的注意和了解，并激发起购买欲望，为消费者最终购买提供决策依据。因此，广义的促销，从本质上是一种信息的传播和沟通活动。

狭义的促销，为了与广义促销相区别，常常翻译成销售促进（sales promotion，简称SP），通常包括：节庆促销、上市促销、季节性促销、会员制促销、主题促销等。

从促销的概念可知促销有以下几层含义：

（1）促销的核心是沟通信息。

（2）促销的目的是引发、刺激消费者产生购买行为。

111

（3）促销的方式有人员促销和非人员促销两大类。

在企业经营管理活动中，常常有人对于促销产生一些误解，在此进行解释：

（1）促销不是赠品和降价，这些只是我们看到的促销的一个环节，一种形式。

（2）促销是一个相对长期的过程，日常看见的大多是阶段性促销，这是促销的一种策略或者方法。

（3）促销需要最终形成消费者满意消费才能算是阶段性成功。

所以，促销不是我们经常看到的简单的打折、赠品、搭售等，而是一系列通过精心设计的过程、方案、事件等，借此刺激顾客需求，达成顾客满意条件下销售产品或服务的一个系统化的过程。

二、促销策略

促销策略（promotion tactics）是指促销所采用的具体谋略和方法。促销策略有各种不同形式，如按照顾客在购买活动中心理状态的变化，适时展示商品以刺激顾客的购买欲望，或启迪诱导以激发顾客的购买兴趣，或强化商品的综合印象以促进顾客的购买行为。

（一）从促进销售的顾客心理因素，对促销策略的划分

1. 供其所需，即千方百计地满足消费者的需要，做到"雪中送炭"、"雨中送伞"，这是最根本的促销策略。

2. 激其所欲，即激发消费者的潜在需要，以打开商品的销路。

3. 投其所好，即了解并针对消费者的兴趣和爱好组织生产与销售活动。

4. 适其所向，即努力适应消费市场的消费动向。

5. 补其所缺，即瞄准市场商品脱销的"空档"，积极组织销售活动。

6. 释其所疑，即采取有效措施排除消费者对新商品的怀疑心理，努力树立商品信誉。

7. 解其所难，即采取相应的措施以方便顾客，例如眼镜店设立配镜师，就是在顾客配镜时提供专业的顾问服务。

8. 出其不意，即以出其不意的宣传策略推销商品，以收到惊人的效果。

9. 振其所欲，即利用消费者在生活中不断产生的消费欲望来促进销售。

以上策略的使用前提在于商品本身的质量，如果脱离了产品和服务本身，"无中生有""小题大做"，就会把促销做成了"忽悠"。

（二）从指导思想方面，促销策略的划分

促销策略从总的指导思想上可分为推动策略和拉引策略两类：

1. 推式策略　即以直接方式，运用人员推销手段，把产品推向销售渠道，其作用过程为：企业的推销员把产品或劳务推荐给批发商，再由批发商推荐给零售商，最后由零售商推荐给最终消费者。

该策略适于以下情况：

（1）企业经营规模小，或无足够资金用以执行完善的广告计划。

（2）市场较集中，分销渠道短，销售队伍大。

（3）产品具有很高的单位价值。

（4）产品的使用、维修、保养方法需要进行示范。

由以上适用情况看，眼镜行业更适合推式策略，事实也是如此。

2. 拉引策略　采取间接方式，通过广告和公共宣传等措施吸引最终消费者，使消费者对企业的产品或劳务产生兴趣，从而引起需求，主动去购买商品。其作用路线为：企业将消费者引向零售商，将零售商引向批发商，将批发商引向生产企业。

该策略适用于：

（1）市场广大，产品多属便利品。

（2）商品信息必须以最快速度告知广大消费者。

（3）对产品的初始需求已呈现出有利的趋势，市场需求日渐上升。

（4）产品具有独特性能，与其他产品的区别显而易见。

（5）能引起消费者某种特殊情感的产品。

（6）有充分资金用于广告。

在眼镜行业中，也不乏采用拉式策略的案例，从最早的某品牌接触镜，到近年的某品牌太阳镜等，均为拉式策略的典型案例。

（三）国际市场营销对促销策略的一般划分

国际市场营销对促销策略一般划分为：广告促销、人员推销、公共关系、营业推广、互联网传播与网上营销等。

1. 广告促销　"商品如果不做广告，就好像一个少女在黑暗中向你暗送秋波。"这句话充分表现了广告在营销中的独特地位。市场营销学中的广告是指：以促进销售为目的，付出一定的费用，通过特定的媒体传播商品或劳务等有关经济信息的大众传播活动。

根据广告活动的目标，选择合适的媒体进行合理地配置，才能尽可能减少广告浪费，实现广告目标。广告一般可分为：

（1）报纸媒体。

（2）杂志媒体。

（3）广播媒体。

（4）电视媒体。

（5）直邮广告。

（6）户外广告。

（7）网络广告。

（8）互联网社群营销。

在移动互联网渗透率如此高的今天，传统的广告形式效果越来越弱，基于移动互联网和大数据，构建在微信、微博、QQ上的社群营销方式正在成为主流。

2. 人员推销　人员推销是一种古老的推销方式，也是一种非常有效的推销方式。人员推销是指企业通过派出销售人员与潜在消费者交谈，作口头陈述，以推销商品，促进和扩大销售的活动。

人员推销一般要经过7个步骤：

（1）寻找潜在顾客。

（2）访问准备。

（3）接近顾客。

（4）洽谈沟通。

（5）应付异议。

（6）达成交易。

（7）事后跟踪。

其基本形式有：

（1）上门推销，常见于眼镜制造、批发企业。

（2）柜台推销，常见于眼镜零售企业。

（3）会议推销。

3. 公共关系　从营销的角度讲，公共关系是企业利用各种传播手段，沟通内外部关系，塑造良好形象，为企业的生存和发展创造良好环境的经营管理艺术。公共关系以其具有长期效应、更注重深层次沟通、具有较高可信度和一定戏剧性而备受推崇。

公共关系的活动方式包括：

（1）宣传性公关：常用的是通过印刷品、视频等形式传播企业形象。

（2）征询性公关：常见的有市场调查、用户回访等。

（3）交际性公关：包括宴会、座谈会、招待会、慰问、接待参观等。

（4）服务性公关：如各种消费教育、售后服务、社区服务等。

（5）社会性公关：如举办或者赞助一些大型的社会活动。

4. 营业推广　作为一种促销方式，营业推广与其他促销方式相比，最根本的特点是与日常销售活动紧密配合，产生"短、高、快"的销售效果。其以较好的协同促销、见效较快、形式多样、易于形成短期效益而经常被企业采用。

营业推广包括向消费者推广和向中间商推广。

向消费者推广，是为了鼓励老顾客继续购买、使用本企业产品，激发新顾客试用本企业产品。其手段主要有：

（1）赠送样品。

（2）赠送代价券。

（3）包装兑现。

（4）提供赠品。

（5）有奖销售。

（6）降价销售。

向中间商推广，其目的是促使中间商积极经销本企业产品。其推广方式主要有：

（1）折扣。

（2）资助。

（3）经销奖励等。

5. 互联网传播与网上营销　近些年来，继电子商务普及之后，移动互联网也成为人们日常生活必不可少的一部分，通过网络营销成为企业进行促销的"新宠"。

一般针对消费者进行网络促销的方式有：

（1）网上折价或者变相折价销售。

（2）网上赠品。

（3）网上抽奖。

（4）电子积分。

（5）网上联合促销等。

显然，随着竞争的不断加剧，采用单一的促销方式一般难以取得有效的促销效果，适当的策略搭配，同时针对不同企业类型采用适当的促销策略能够起到意想不到的促销效果。

三、促销的实施

如前所述，促销是一个系统化的过程，为了成功地把企业及产品的有关信息传递给目标受众，企业需要有步骤、分阶段地实施促销活动。一般来讲，实施促销一般遵循六个步骤：确定目标受众、确定沟通目标、设计促销信息、选择信息沟通渠道、制订促销预算、确定促销组合。

（一）确定目标受众

企业在促销开始前就要明确目标受众是谁，是潜在购买者还是正在使用者，是老人还是儿童，是男性还是女性，是高收入者还是低收入者。确定目标受众是促销的基础，它决定了企业传播信息应该说什么(信息内容),怎么说(信息结构和形式),什么时间说(信息发布时间),通过什么说(传播媒体)和由谁说(信息来源)。确定目标受众是促销实施的开始,它决定了促销策略实施的成败,决定了后期促销策略的效果是"俞伯牙和钟子期"还是"对牛弹琴"。

(二)确定沟通目标

确定沟通目标就是确定沟通所希望得到的效果。沟通者应明确目标受众处于购买过程的哪个阶段,并将促使消费者进入下一个阶段作为沟通的目标。消费者一般会处于:知晓、认知、喜欢、偏好、确信、购买、忠诚等阶段。对于不同阶段顾客采取的策略或者促销方式应该有所区别。

以某眼镜店推出配镜套餐活动为例:如果促销的目的不同,比如是为了吸引有潜在购买需求的顾客引起兴趣(即增加门店的进店客数),或者为了让已经到店配镜的顾客因为购买套餐而增加消费预算(即提高成交单价),那么,活动内容的设计和传播方式将截然不同。

如果是为了增加门店的进店客数,套餐的金额应低于平均客单价,给顾客以"超值"的感受并因此决定购买;如果是为了提高成交单价,套餐的金额必须高于平均顾客单价。与此同时,为达到第一个目的,对活动的宣传应当在店外面向潜在顾客进行;而如果是第二个目的,对活动的宣传可以在店内进行。

(三)设计促销信息

设计促销信息,需要解决四个问题:信息内容、信息结构、信息形式和信息来源。

1. 信息内容 信息内容是信息所要表达的主题,也被称为诉求。其目的是促使受众作出有利于企业的良好反应。一般,信息内容表现为一句朗朗上口的标题和通俗易懂、精准干练的具体内容。

2. 信息结构 信息结构也就是信息的逻辑安排,主要解决三个问题:①是否作出结论,即是提出明确结论还是由受众自己得出结论;②单面论证还是双面论证,即是只宣传商品的优点还是既说优点也说不足;③表达顺序,即沟通信息中把重要的论点放在开头还是结尾的问题。

3. 信息形式 信息形式的选择对信息的传播效果具有至关重要的作用。如在印刷广告中,传播者必须决定标题、文案、插图和色彩,以及信息的版面位置;通过广播媒体传达的信息,传播者要充分考虑音质、音色和语调;通过电视媒体传达的信息,传播者除要考虑广播媒体的因素外,还必须考虑仪表、服装、手势、发型等体语因素;若信息经过产品及包装传达,则特别要注意包装的质地、气味、色彩和大小等因素。

4. 信息来源 由谁来传播信息对信息的传播效果具有重要影响。如果信息传播者本身是接受者信赖甚至崇拜的对象,受众就容易对信息产生注意和信赖。

(四)选择信息沟通渠道

信息沟通渠道通常分为两类:人员沟通与非人员沟通。

1. 人员沟通渠道 人员沟通可以是当面交流,也可以通过电话、短信、QQ、微信等方式进行。这是一种双向沟通,能立即得到对方的反馈,并能够与沟通对象进行情感渗透,因此效率较高。在产品昂贵、风险较大或不常购买及产品具有显著的社会地位标志时,人员的影响尤为重要。比如,眼镜零售企业推广渐进多焦点镜片或者 VIP 内购会,就很适合采用人员沟通。

2. 非人员沟通渠道 非人员沟通渠道指不经人员接触和交流而进行的一种信息沟通方式,是一种单向沟通方式。包括大众传播媒体、氛围和事件等。大众传播媒体面对广大的受众,传播范围广;氛围指设计良好的环境因素制造氛围,如商品陈列、POP 广告、营业场所的布置等,促使消费者产生购买欲望并导致购买行动;事件指为了吸引受众注意而制造或利用的具有一定新闻价值的活动,如新闻发布会、展销会等。

(五)制订促销预算

促销预算是企业面临的最难作的营销决策之一。行业之间、企业之间的促销预算差别相当大。

制订促销预算的方法有许多,常用的主要有以下几种:

1. 量力支出法　这是一种量力而行的预算方法,即企业以本身的支付能力为基础确定促销活动的费用。这种方法简单易行,但忽略了促销与销售量的因果关系,而且企业每年财力不一,从而促销预算也经常波动。

2. 销售额百分比法　即依照销售额的一定百分比来制订促销预算。如企业今年实现销售额 100 万元,如果将今年销售额的 10% 作为明年的促销费用,则明年的促销费用就为10 万元。

3. 竞争对等法　主要根据竞争者的促销费用来确定企业自身的促销预算。

4. 目标任务法　企业首先确定促销目标,然后确定达到目标所要完成的任务,最后估算完成这些任务所需的费用,这种预算方法即为目标任务法。

(六)确定促销组合

现代营销学认为,促销的具体方式包括人员推销、广告、公共关系和营业推广四种。企业把这四种促销形式有机结合起来,综合运用,形成一种组合策略或技巧,即为促销组合。

企业在确定了促销总费用后,面临的重要问题就是如何将促销费用合理地分配于四种促销方式的促销活动。设计促销组合,必须考虑以下因素:

1. 了解各种促销方式的特点　各种促销方式在具体应用上都有其优势和不足,各有其实用性。所以,了解各种促销方式的特点是选择促销方式的前提和基础。

2. 充分考虑影响促销组合的因素　企业的促销组合受到多方面因素的影响:①产品的类型;②促销总策略;③购买者所处的阶段;④产品所处的生命周期阶段;⑤促销费用。

明确了促销目标,了解了不同促销策略的优缺点,才能适当运用不同的促销组合达到促销的目的。

因此,根据顾客所处的不同购买阶段,不同企业类型、处在产业链不同环节的企业实体,采用的促销策略、促销方式或者促销组合是不同的。下面就眼镜产业链不同环节经常采用的促销策略进行阐述。

第二节　生产企业促销策略

在眼镜产业链中,生产企业处在产业链的上游,一般不直接接触消费者,需要通过多个环节包括:批发 / 代理、零售才能形成有效销售。当然,也有一些生产企业是生产兼直销零售,或者通过电子商务的形式,如天猫旗舰店来直接对接终端消费者。

生产企业经常采用的促销策略包括:推广式促销、拉动式促销、概念促销。

一、推广式促销

在上一节,我们已经了解了推广式促销的核心要义。对于生产制造企业而言,推广式促销主表现为经销商激励。

经销商政策激励是生产企业经常使用的比较有效的促销方式。一般认为对于眼镜产品,不论是镜架、镜片、太阳镜或者接触镜,普通消费者对了解相对少,即使有过十年甚至以上戴镜史的消费者,也很难真正对不同产品进行有效的比较选择。这时,采用推广式促销,通过经销商政策激励,让利下游环节,加大推销力度由此获得促销的效果。

（一）经销商政策激励的原则

1. 其核心是"让经销商在待续合作过程中有最大获利可能" 首先，站在企业角度，经销商是企业在市场的外延部分，要让经销商代表企业在市场参与竞争，企业的经销商激励政策就必须有竞争力。其最主要标志就是能否提高经销商在商品交易过程中的赢利能力。

2. 为经销商激励政策进行整合配套 不断开发新产品、差异化产品、高赢利产品，满足经销商盈利要求，提高经销商的赢利能力；提供技术服务支持；制定区域销售管理制度；建立经销商评估、管理体系，不同的等级予以不同的政策相匹配；企业在创建品牌上有一定的广告宣传投入，拉动市场销量，增强经销商的信心和忠诚度。

3. 经销商政策要有连续性和差异性、全面性和导向性、规范性和灵活性 经销商政策需在企业往年的基础上相对稳定，纵向有连续性，稳定性，若有重大调整须慎重。同业间横向比较要有差异性，有自身特点。要全面衔接业务活动各环节，不能有遗漏。要建立各种备案制度，若有一环节脱落，会导致整个政策系统紊乱。经销商政策还要能够引导市场发展方向。

（二）经销商政策激励的制订方法

1. 激励政策的利益点

（1）产品价格：产品应质优价宜。价格偏高，奖励再高也无力。可通过协商确定批发指导价和零售指导价等，定出经销商的合理盈利空间。

（2）区域市场划分管理：经营半径稳定，保证市场容量（目标市场、区域市场），保护价格稳定，这是经销商最看重的市场资源。

（3）宣传推广利益点：媒体支持、人员推广、试用、零售促进，POP 广告。

（4）销售利益点：授信额度、返利、扣点、推广费、累进奖、零售计奖等。

（5）结算利益点：铺货、月结、批结、滚动、赊销额、付款奖励、奖息、结算让利、承兑汇票、降价，费用包干。

（6）产品质量方面的承诺：产品标准，用户使用效果，使用方便，运输损坏、包装损耗等包换包退等。

（7）服务方面承诺：最短到货周期、产品技术支持等。

2. 激励政策的组合设计 激励政策以年度经销合同、经销合同、代理合同（协议）及附件，产品价格表，厂家促销、让利公告、通知、双方另行签订的奖励协议、管理协议等涉及签约双方的文字材料为载体（书面、签章生效）。

（1）激励政策必须与产品策略紧密联系：新产品、老产品、特色产品激励利益点和设奖力度均有区别：新产品必须"低起点、高奖额、密档次"；老产品必须"高起点、高台阶、上封顶"；特色产品"低起点、宽档次、高奖额"。

（2）与价格策略紧密联系：如行业年度产品价格平均下调 5%，企业如不下调，则激励政策就会失效；销售季节中市场价变动后，价格必须随之调整；如冲货、调货后价格变动、结算价应适当调整。

（3）与财务结算方式紧密联系：如先款后货；预付定金，货到结清；货到付 40%，余款第二批货，结算 40%，第三批货时结清；货到付 60%，余款一个月内结清（下批货前结清）；授信额、奖息方式的组合使用；累进奖与扣点方式不同。授信额度必须总量控制：各部门、区域市场额度内分配，资金占用水平分级预算等。

（4）激励力度与渠道模式密不可分：高长渠道，因合作基数高，则返利、累进奖起点高，地市级、跨县区代理商、老客户适用；短宽渠道，则起点低，但片区内总量较高。

（5）激励政策与销量紧密联系：量是必要条件、重要条件，没有量的考核，也就没有激励政策的意义。

（6）淡旺季的激励政策调整：淡季让利，旺季促销。旺季授信额度可调高，淡季授信额度应收拢。

（7）对零售商的奖励政策是经销商激励政策的重要辅助部分：对经销商区域内的零售商给予奖励是激励经销商积极性的强心剂。

（8）对经销商的业务人员奖励：对经销商企业内的批发员、业务人员和推广人员等给予奖励，让其主推公司的产品。

（9）区域性的特殊激励政策：区域市场往往有其个性特点，可作适当调整，以适应区域市场，但须经过批准、授权，面不宜过宽。

（10）合作年限：一般1～2年，期限太短，大部分经销商无积极性，期限过长，企业容易受经销商控制。结清后，老客户优先合作。

（三）经销商政策的设计

经销商政策设计中应注意以下问题：

1. 经销商激励政策与企业内部业务人员息息相关　注意企业内部激励政策与外部激励政策的配套、协调。

2. 激励政策推出的时机非常重要　好的政策必须要在适合的时间、空间推出。推出过早，被竞争对手获悉并针锋相对；推出过迟，不利于业务人员与经销商谈判、推销政策。

3. 经销商年度结算"二清"水平与奖励挂钩　呆、赖账水平与结算让利挂钩，余货调集。

4. 根据企业产品结构注意集中市场与分散市场的区别　此二类市场营销策略不同，人、财、物投入不同。

5. 注意空白市场、成熟市场有所区别　基数不同、财务结算方式不同、肥田瘦地，应区别对待，各有侧重，返利起点和档次均不同。

6. 注意新、老经销商有所区别　有时为了鼓励新经销商开拓市场，可采用低起点，结算灵活等方式。

二、拉动式促销

采取间接方式，通过广告和公共宣传等措施吸引最终消费者，使消费者对企业的产品或劳务产生兴趣，从而引起需求，主动去购买商品。

在生产企业中，拉动式促销主要表现为广告促销，指企业通过广告媒体方式把产品和服务的有关信息传递给顾客，以激起顾客的购买欲望，影响和促成顾客购买行为的全部活动的总称。广告促销策略在前面部分已有基本介绍，这里主要论述广告促销的设计原则、设计过程及需要注意的问题。

（一）广告促销的原则

1. 关联原则　广告主要是一种信息的传递，因此广告本身的设计或者审核的最主要的原则就是需要和产品/服务需求的宣传点联系起来，形成传递和表达关联。在此条件下设计相关创意才能刺激眼球，才能真正达到促销的目的。

2. 定人、定点原则　大部分产品设计功能都不是针对所有大众的，因此所谓定人、定点就是要将广告投放到相关顾客群体能够相对集中接受的地方，这样既能在成本方面节约同时又不失促销效果。

3. 主题相对稳定原则　如大家熟知的某日化公司旗下的两个洗发水品牌，如果留心其电视广告的话，显然可见在每一阶段其主打一个产品。然后经过一段时间更换，但是在相同的时段内相对稳定。这其实就是考虑到如果主题或者主打产品更换频繁，一是广告相关费用提高，还有就是会给顾客一种错乱感。

4．思想第一、创意第二原则　广告促销的目的是要将产品的功能特征、特性借助广告刺激消费需求。因此从本质上讲广告促销需要传递的产品思想，所要表达的真正含义最为重要，其次才是创意。当然并不是创意不重要，好的创意将能使广告效果更佳，实现更好的信息传递。

（二）广告促销的设计过程

1．六个确定

（1）确定广告的目的：对市场现状及活动目的进行阐述。市场现状如何？开展这次活动的目的是什么？（是处理库存？是提升销量？是打击竞争对手？是新品上市？还是提升品牌认知度及美誉度？）只有目的明确，才能使活动有的放矢。

（2）确定活动针对主体：活动针对的是目标市场的每一个人还是某一特定群体？活动控制在多大范围内？哪些人是促销的主要目标？哪些人是促销的次要目标？这些选择的正确与否会直接影响到促销的最终效果。

（3）确定主题：主题必须在目的和主体确定的前提下进行。切记一次活动最好只有一个主题，但是要注意主题和主题词不同，一个主题可能会有多个主题词进行支撑。在确定了主题之后要尽可能艺术化地处理，淡化促销的商业目的，使活动更接近于消费者，更能打动消费者。

（4）确定广告促销的方式

1）伙伴：是厂家单独行动，还是和经销商联手？或是与其他厂家联合促销？和政府或媒体合作，有助于借势和造势；和经销商或其他厂家联合可整合资源，降低费用及风险。

2）媒体渠道：选择哪类媒体，哪些媒体来发布广告；是选择大众媒体直接向消费者诉求，还是选择行业媒体，主要影响下游企业的采购决策，包括批发商和零售商。

3）确定刺激程度：要使广告立竿见影，可以在广告内容中添加刺激购买的活动，那么，就必须对刺激程度进行规划。

（5）确定时段和地点：时间和地点选择得当，会事半功倍，选择不当则会费力不讨好。

（6）确定可支配资源和预算：每个企业都有自己相关预算，不同的投资额度效果一般会有不同，但是需要依据前5个确定先进行预算。

2．前期准备　前期准备分三部分内容：

（1）人员安排：保证各个方面要有人做有人管，无空白点，也无交叉点。谁负责与合作伙伴、媒体的沟通？谁负责文案写作？谁负责检测广告效果。如果没有明确的分工，就会临阵出错，顾此失彼。

（2）物资准备：要事无巨细，大到车辆，小到螺丝钉，都要罗列出来，然后按单清盘点，确保万无一失，否则必然导致现场的忙乱。

（3）测试方案：活动方案是在经验的基础上确定的，因此有必要进行必要的试验来判断促销工具的选择是否正确，刺激程度是否合适，现有的途径是否理想。试验方式可以是询问消费者，填调查表或在特定的区域试行方案等。

3．中期操作　中期操作主要是通过过程控制保证按照方案进行。执行力是战斗力的保证，是方案得到完美执行的先决条件，在方案中对应对参与广告活动人员各方面要求作出细致的规定。控制主要是把各个环节安排清楚，要做到忙而不乱，有条有理。同时，在实施方案过程中，应及时对促销范围、强度、额度和重点进行调整，保持对促销方案的控制。由于前期工作充分操作就会相对简单。

4．后期延续和评估总结　后期延续主要是媒体持续宣传的问题。有的广告促销持续时间很短，但可以通过后续媒体跟踪宣传让广告效果得以延续更长时间。评估总结是为下一次广告积累成功经验和失败教训。评估一般指标设计可以参考前文的6个确定。

（三）广告促销设计的注意事项

1. 注意相关法规　新的广告法对企业的广告行为增加了许多限制条款，比如某镜片在广告中出现百分百阻隔紫外线，结果就被相关部门要求出示有关证明，否则就视为违法。

2. 注意广告真实性　许多消费者对广告有了"免疫力"，认为广告就是"忽悠"，这时如果广告中出现不实信息，就更加招致消费者的不满和抵制。

三、概念促销

所谓概念促销，指企业将市场需求趋势转化为产品项目开发的同时，利用说服与促销，提供近期的消费走向及其相应的产品信息，引起消费者关注与认同，并唤起消费者对新产品期待的一种营销观念或策略。

比如某品牌推出一款面向45～55岁初老视患者的渐进多焦点镜片时，将这款镜片命名为"无龄感"镜片。这在当时是一个全新的概念，所谓无龄感就是消除年龄的界限，让中年人可以拥有与年轻人一样的视觉，不必为老视而困扰。这就是一种概念促销。

概念促销着眼于消费者的理性认知与积极情感的结合，通过导入消费新观念来进行产品促销。目的使消费者形成新产品及企业的深刻印象，建立起鲜明的功用概念、特色概念、品牌概念、形象概念、服务概念等。

概念挖掘的首要条件是了解市场，了解社会需求、大众需求以及准顾客的真正需求。

充分发挥概念促销开拓市场先声夺人的作用，应当重视和做好几项主要工作：

1. 保证新产品适销对路　新产品是概念促销的物质基础，应能反映科技先进水平和发展趋势，在较大程度上凝结消费者潜在需求和市场竞争的优势特征。在此保证下的概念促销，才能言之有据，说者有理，提出恰当的承诺。同时才便于有目的收集消费者意见，准确反馈改进产品与调整营销策略的市场信息。

2. 促销宣传客观如实，重点突出　产品没有上市时，无论促销宣传多么生动有力，也如同雾里看花，有待事实验证，所以促销控制十分讲究。促销低调，激不起消费者兴趣与认知追究；促销高调，又容易引起消费者过高期望，甚至引起置疑，万一产品效用达不到消费者预期，就可能使新产品与企业处于不利的状况。因此，概念营销的生命力就在于实事求是。掌握的分寸是既能激起消费者关注热情，又留有产品改进与营销策略调整的余地。再者，促销内容应有重点。因为在信息爆炸、消费者自卫意识增强的市场，从一点或几点突出新产品特色，比起面面俱到的促销更容易引起消费者注意。甚至对于多方面创新的产品来说，集中宣传一点，带动消费者全面了解，在信息的注意度上也优于全方位多视点的促销效果，更容易促使人们去尝试购买。

3. 注意促销中的保密问题　概念促销抢占先机创造需求的作用十分显著，但也容易引起竞争者注意。促销操作稍不留意信息控制，就有被竞争者乘机谋利的可能。因此概念促销严格要求技术保密，原则上既能使消费者充分了解产品性能与功用，建立起产品概念、品牌概念和企业形象概念等，又能防止竞争者短期模仿和捷足先登。掌握分寸使消费者了解产品功用所带来的一切利益，又要通过购买活动进一步学习和熟悉产品使用方法。

4. 产品开发与概念促销互促互进　产品开发与概念促销是攻占市场的两个方面，在适应市场需求与推出时间方面必须相互衔接，不可脱节。一方面促销预算要前后照应，前期投入促销目标明确，力度适中；中期跟进市场洞开；后期续展销售效果显著，防止促销宣传先强后弱功亏一篑。另一方面，企业要靠掌握新产品开发的必要资源，有适应需求并迅速转化为批量生产与经营的能力。同时做好改进产品、调整营销策略的准备，随时顺应顾客变化的要求。在概念促销与产销能力上、产销能力与后备资源上，防止"雷声大雨点小"。否则产品满足不了需求，引起顾客抱怨，模仿者乘虚而入，为他人做了嫁衣裳。

在此需要说明一下的是概念促销最好是能够和新品上市促销结合，将概念作为新品上市促销的主题。当然后期仍需要长期维护概念，深入消费者内心。

（一）概念促销设计的原则

1. 树立科学的消费观　概念促销不等于过度承诺和胡编乱造，也不是简单的文字游戏或名词杜撰。树立科学的消费概念是实施有效概念促销的前提，没有科学的消费概念，概念促销是不可能取得长久成功的。

要树立科学的消费概念就要努力做到以下三点：首先，提出的消费概念必须符合消费者的消费需求。这是消费概念取得成功的基础，无论提出的概念多么新颖，只要不符合消费者消费需求都是没有用的。其次，消费概念的接受者应当具有一定的普遍性。这是概念促销取得成功，形成规模消费的关键。第三，消费概念应具有前瞻性。新的消费概念不能是对传统消费的简单重复或修改，要能引导消费新潮流、新趋势，有良好的培育前景。仅仅为一时吸引消费者眼光而哗众取宠，缺乏新意的消费概念是不可能被树立成功的。

2. 与时俱进，顺应消费者的需求变化趋势　概念是新的市场消费环境下的产物，追求个性、健康、时尚、价值已成为这个时代的消费主题，因此我们必须提高消费者的有效认知、拨动其消费之弦，顺应和把握消费者需求变化趋势，并从中挖掘出既具前瞻性又具经济性的消费概念，使概念融入现代人的生活。概念促销通过倡导新的消费方式来激起消费者的欲望，创造出他们对产品的需求，实现消费者购买。聪明的企业往往提出消费新理念，培养人们科学的生活习惯，进而唤起人们对新产品的渴求与期盼。

3. 概念必须立足于产品实际，营销可以"小题大做"，却不可"无中生有"；否则只会提高消费者的期望值，最后因为名不副实而让消费者愈加失望。

4. 概念必须与目标顾客的切身利益相契合　若能与消费心理相匹配，并具备传播价值，能与消费者实现无障碍沟通。概念作为特定的信息，必须具备高度而客观的传播价值。只有把产品的核心价值与目标顾客的切身利益相契合，才能引起目标顾客的认同与共鸣。消费者需求心理及其观念的变化，将直接影响其消费行为，因此，在概念促销中把握目标顾客的消费心理至关重要。

概念促销的基本点在于必须有一个好的概念，如同主题促销需要一个好的促销主题一样。其他方面和其他促销设计过程大同小异，只要坚持把握原则并注意概念促销的注意事项即可，所以概念创造是概念促销的关键点。

（二）概念促销中概念创造的一般过程

1. 分析市场环境和产品特点　概念的创造是在一个动态的市场环境中进行的，以将来市场环境的发展趋势为着眼点、以产品为基础。

2. 分析消费者心理和目标顾客的需求特性　消费者心理需求及其观念的变化，直接影响消费行为。洞察消费者的需求变化，捕捉消费者的消费心态才能从中寻找到顺应消费趋势与消费能力的促销新概念。同时，脱离了消费者需求的概念是毫无意义的，概念的创造必须以消费者的需求为前提。因此，我们只有以消费需求为导向来进行概念设计，才能取得实效。企业在设计概念之前，必须考虑消费者的价值判断体系，针对不同的消费者提出不同的概念。

3. 概念的塑造　任何一个品牌或产品自从它诞生那一刻起就已经具有了一定的概念，只不过你没有把它挖掘出来而已。任何产品都具有它独有的功能、特点，或表现在技术上，或表现在它所处的氛围上。如果产品并不具备特殊的优势，没有哪一点可以包装成概念，就要让技术人员改进工艺、用料等作出特色来。在作出来之前，这个特色是被"想象"出来的，这个可以实现的特点就可以成为"概念"。"概念"得出应具备某种客观合理性。基于产品本身的特性赋予其新概念等于赋予了产品新的生命，赋予了消费者一个热爱你产品的新理由。

在概念设计的具体方法上，提炼性概念和目标性概念是小异而大同的，既有各自的特殊性，但共同遵守的原则是一致的。第一个原则是优势：所谓"优势"是以市场为标准的，而不是以企业或老总个人喜好为标准。要设计概念，就必须以"市场认可的优势"为素材。第二个原则是差异性：首先表现在概念素材即优势因素的差异性上，其次表现在概念的表达上。第三个原则是务实性：概念必须是实际的、可行的、有根基的。

4. 概念的适时提出　第一，当一种产品进入一个新目标市场时，企业可以用概念促销来打开市场。第二，当一种产品面临竞争者的挑战时，企业可以用概念促销来巩固并开辟新市场。

第三节　批发企业的促销策略

批发商是产业链上的第二大环节，是连接生产商和零售商的桥梁。批发商促销的直接对象为零售商。

批发商经常采用的相对适合的促销策略有：返利促销、培训支持、战略伙伴支持、面向消费者的促销等方式。

一、返利促销

返利促销是同时适用于生产商和批发商的促销方式。所谓返利促销就是根据关系双方事先约定的规则，当下游达到要求后，上游企业给予下游企业约定数量的利润返还。当然企业给下游环节返利促销除了考虑到促进销售外，还需要考虑纳税问题，处理返利的方式不同将有着不同的纳税结果。

（一）返利促销的原则

返利促销不单单是制订一个返点数量或者比例，在进行返利促销时，需要考虑以下几个原则：

1. 效应与企业负担相适宜原则　返利促销是通过返点给予下游环节一定的"刺激"，增加下游销售动力，如果返点的比例或者额度或者采用的方式没能达到需要的促销效应，则该返点策略将会徒劳失败。一般认为越高的返点越能促动销售，但是过高的返点让企业自身成本过高，因此需要在效应和企业负担中进行平衡。

2. 层次原则　层次原则指返利促销应该针对不同的绩效/业绩给予不同点数，对于销售来讲能够售出的数量越大，则应该给予更多的返利促销。当然一般下游会销售上游多种品牌或者系列的产品，此时更适宜于将数量返点转变为销售金额返点或者利润额返点。

3. 公平平等原则　公平平等原则主要考虑针对同一企业下游企业一般不止一个，缺失了公平平等原则，将会打消同层次/级别的下游企业的积极性。

（二）返利促销策略的制订过程

1. 明确需要促进销售的产品系列或者类型　采用某种促销策略进行促销方案的制订都要遵循系统化的流程，即都是需要明确目标。这样才能有针对性。

2. 设计经销商的返点空间　要想很好的促进销售，那就要让经销商看得见利益；同时还需考虑经销商的欲望逐年递增的情况。根据经销商每年销售的增长幅度，设计出一个持续增长刺激、梯次返点方案。

3. 制订市场管理制度，严格把关　考虑到下游经销商是合作商，不是制造商的隶属单位，他们唯一关心的只有自身如何能够赚钱，所以他们不但不会维护制造商的市场管理制度，反而还不断研究制造商的政策，去寻找有没有漏洞可钻。这对制造商来说是一种考验，要想管理好市场，没有严密、规范的市场管理制度是不行的。光有制度，不能严格地执行也是不行的。客户有时违规，对公司来说是一种试探，看公司的态度，假如公司原则性很强，予以惩罚，客户下次就不敢了；假如公司管控不严，下次他就会变本加厉的，到那时公司再想去管已是来不及了。

4. 总结和调整　总结不多赘述，关于调整指的是由于每年产品类型、市场状况、生产企业政策、下游经销商都有可能与往年不同，因此每年需要进行适当的调整，然后及时沟通确定。

（三）返利促销的注意事项

1. 销量门槛　即销售量达到一个门槛之后可以开始返利，这样在保有一定的基本销量时，通过返利促销才能真正刺激销售。

2. 返利的期限　通常是和财务结算的时期相同的，即以月、季、年为限，不过也有以旬为单位的返利。返利通常是以累进方式展开的，即销售量达到某一个门槛量之后就会以递进（或者比较罕见的以累退的方式）变动。

3. 注意区别返点和折扣　返利促销这种方式很容易与价格折扣相混淆，虽然两者都带有用利润换销量的意义，但价格折扣一般是为了与下游企业达成交易而作出的无奈之举，返利促销则更加积极。

二、培训支持

所谓培训支持指的是对下游企业的员工进行系统的产品／服务知识、工作方法等方面教导，通过提高人员素质，支持下游企业提升服务质量，赢得消费者更高认可。

有一位眼镜企业家说过这样一句话：所谓营销，要么是你教育消费者，要么就是你被消费者教育了。批发企业对零售商的培训支持，是比较根本性的提升下游企业群体素质的方法，再由下游企业群体来完成对终端消费者的教育。但是目前一些中小企业还没能认识到这一点，这主要是因为培训支持需要花费精力但是却不保证只对自身有利。

一些国际眼镜企业开了先河，接触镜公司、镜片公司、镜架公司都建立了培训学院，并且在一些产品和专业领域获得了行业的话语权。在他们的影响下，越来越多的批发商也开始效仿着建立自己的培训师团队。

（一）培训支持设计的原则

1. 主体明确原则　该原则主要是提醒培训设计时不能过分泛化，需要相对聚焦，必须是某个方面的，接受培训人员目的明确，培训便于组织实施。有些批发企业认为"礼多人不怪"，凡是培训都希望下游企业尽可能多地委派人员参加，结果就出现了"初中生、大学生在一个教室里听高中课程"的情况，初中生听不懂，大学生不屑听，最终导致下游企业对培训产生厌烦和抵触。

2. 持续性原则　培训其实是需要经常做的，由于产品、市场都在变化，不同时间点需要的相关知识是不同的，因此在不同时点进行培训需求调查，持续地开展培训。

3. 互动和实践结合　很多培训中，只涉及课堂讲授内容，但是对于某些如业务方面的知识，仅仅进行单方向传输效果不佳，如果能够增加互动甚至设计环境模拟实践，效果更佳。

4. 对象定制原则　培训对象不同设计的内容应该有所区别。由于不同人员知识状况，处理业务状况不同，进行千篇一律的培训难以取得较好的效果。

（二）培训支持设计过程

1. 深入"一线"进行需求调查　每一个产品入市前，都要进行详细的市场调查与测试，培训也是如此。在举办培训前须对接受培训方关注问题、想了解什么、想解决什么进行充分的交流与调查。

2. 内容设计　培训内容的确定与安排尤为重要，只有切合实际的内容才能吸引他们。培训者或者厂家要将培训具体内容传递给接受方，与他们商讨内容的适用性。他们不会也不愿意浪费时间听培训者漫天过海地谈论一些听不懂的东西。因此需要在需求调查的基础上进行深入研究，精心设计内容。

3. 过程控制与指导

（1）节奏控制：在培训过程中，切忌"快"。一快，就会出现"填鸭式"的培训，促使经销商患上"消化不良症"，回去之后易急躁，不知道方向。节奏，就是一个一个问题进行讲解。在一个问题没有解决前，不要提及第二个问题。培训不在内容多，主要在适用对他们有帮助，适用最基本就是要理解透。所以培训要把握好节奏。

（2）现场指导：这类培训要多进行现场指导。一种方式是进行现场模拟游戏，进行角色互换培训；一种方式是派业务经理或培训人员到店面进行规范指导。第二种方式是接收方目前接受度较广的一种形式，这样不仅可以节省时间，而且更易解决问题。现场指导可以帮助解决更多的销售管理问题。如：进行货物陈列、店面管理、现场推销、库存管理指导，还可以进行管理销售人员、激励员工培训等。

4. 跟踪总结改进　帮助与指导还在于连续性与持久性，所以培训内容完成后，要定期进行培训后业务改进跟踪。帮助其将培训内容彻底消化掉，并指导自己的销售管理。即使再好的培训讲师加上最优秀培训课程也不能保证完全符合需求，只有连续跟踪、总结并持续改进，这样才能步步提高，更加贴近培训的需求。

（三）培训支持设计的注意事项

1. 注意"虚""实"相结合　其实不论是对企业的中高层还是一般的普通员工，培训建议都采用务虚务实相结合的课程内容。只是在于知识的深浅和比重问题。

2. 有"理"有"据"有"物"　所谓有"理"有"据"有"物"和第一项注意事项类似，只是更注重在培训讲师的选择方面，需要理论和实践知识均很丰富的人员。

3. 免费或者价格适中　建议采取免费或者适中的价格。可以将其作为一种对下游企业的一种优惠政策，这样亦是有利于产品的推广销售。

4. 选择合适时间并集中进行　这一点主要考虑到接受这方面培训的人员都是在职人员，尽量选择销售淡季，如寒暑假的前两个月。同时集中进行，时间上的集中对于培训组织还是接受培训方都是相对有利的。

三、战略伙伴支持

战略伙伴是指能够通过合资/合作或其他方式，能够给企业带来资金、先进技术、管理经验，提升企业技术进步的核心竞争力和拓展市场的能力，推动企业技术进步和产业升级的国内外先进企业。一般战略伙伴是供应链上的关联企业。战略伙伴支持本质上不属于促销的范畴，但是如果选择合适战略合作伙伴互相帮助，相互支持，从长期来讲对于促销作用甚至大过其他促销策略。

例如，有一些镜片企业向下游零售商赠送验光、配镜设备，作为交换条件，零售商需在规定时间内销售该镜片企业的产品达到一定数量。这种就属于战略伙伴支持，零售商获得了镜片企业提供的先进设备，可以在一定程度上提高经营效率和效益；与此同时，也会增加该镜片企业的产品销量，是一种双赢模式。

（一）战略伙伴支持的原则

1. 优选原则　称其为战略伙伴是因为能在长期进行互助支持的企业。目前在国内的很多企业过于急功近利,战略合作伙伴关系成为难事。要想形成较为稳固的,能够长期支持的战略合作伙伴,重在于优选,"鱼目取珠"。

2. 注重长期收益　企业经营的目的是获利。但是国内存在不少企业,过于短视,只注重短期收益,不顾合作伙伴的经营压力。这样当上下游任何一个企业垮掉,要想培养发展新的企业伙伴耗费巨大,更主要的是需要较长的时间来实现。

3. 忠信为基础乐于分享　忠信与否可谓是战略合作伙伴之间关系稳固与否的根本所在。只有战略合作伙伴之间相互忠信以待,这样必然会有更多的交流和分享。

因此战略合作伙伴之间支持的基础是选好的战略伙伴。战略合作伙伴的选择和供应商选择类似,下面主要就如何选取战略伙伴进行阐述。

（二）战略伙伴选取的过程

战略伙伴的选择是一项复杂的、动态的工作,由于与企业有业务往来的企业甚多,不可能所有企业都被纳入到战略伙伴集合中来,因此,企业在选择之前要有一个合理的工作步骤。

一般可以将该过程归纳为:

1. 建立评选小组　在供应链管理环境下,企业选择战略伙伴,首先要成立一个小组来控制和实施评价与选择的工作。小组成员要包括来自销售、市场、质量、财务等,各部门密切配合,而且每个成员要有一定的专业技能,可以对"准伙伴"进行客观负责的评价和选择。小组需要一个熟悉与企业有业务往来的在本企业内有威信的人担任评选小组组长。

2. 分析现有合作企业在该行业的状况,搜集相关信息　于信息的选择也是企业的一项投资活动,选择范围的大小将直接影响费用的高低。这时也可以聘请第三方机构来协助进行甄选工作。

3. 建立评价指标体系进行评选　评价指标体系是对伙伴进行综合评价的依据和标准。类似于各种竞赛的评分标准。要求内容全面、科学、稳定可比和灵活可操作,合理科学地建立综合评价体系和选择标准。

4. 伙伴参与,建立分享支持机制　在评价小组初步评选出结果以后,企业要和伙伴取得联系,与相关企业建立起信息等分享机制和互助支持机制。作为后期合作的主要流程的依据。

5. 动态评估,必要时进行评级　对于战略伙伴我们有互相负起支持协助对方的责任,但是对于某些出现严重的连续的偏离评价标准要求的伙伴,企业也要有勇气与其解除战略伙伴关系。必要时进行评级,当企业在级别方面"探底"时,也是解除关系之时。

（三）战略伙伴支持的注意事项

1. 支持不仅仅在金钱方面,还可以进行多方面支持　大家熟知的某日系汽车公司,对其关联企业的关心可以说是无微不至,派遣技术人员、管理培训和指导人员,甚至常驻伙伴企业进行培训指导。也就是说如果要想长期发展,需要进行长期的细致入微的投入才能取得效果。

2. 注意职业经理人管理的缺陷　现如今一些企业开始引进职业经理人,这些管理者一般不是企业的所有者,都有一定任期,他们可能会更多地考虑短期收益,因此在与这些企业进行合作时,必须考虑职业经理人的岗位变化对战略伙伴关系的影响。

四、面对消费者的促销

对于批发企业而言,促销的最终目的是将产品销售给消费者。所以,开展面对消费者的促销,往往来得更直接更有效。

然而事实上,很多批发企业更热衷于"个体奖励促销"。所谓个体奖励指的是针对个体的表现进行奖励,以此形成持续的动力促进销售。在眼镜行业,个体奖励是一种较为常用的促销策略。因为批发商面对的不是最终顾客而是零售商家,所以批发商的奖励政策主要是针对零售商进行的。如前所述,眼镜行业大部分消费者对于产品本身的特征知之甚少,很多情况下是零售店的销售人员决定了产品的销量。因此适当的个体奖励能够激励零售商,使其重点推销明星产品,借此能够在一定程度上提高销售业绩。

但矛盾产生了!

首先,并不只是一家企业需要促销,如果你对零售商的店员进行个体奖励,你的产品销量提升了,势必造成竞争产品的销量下降,因为个体奖励并不会真正意义地增加门店销量,只是改变了销量的分配而已。所以,竞争对手很快也加入到个体奖励的队伍中来,你给10元,我给20元,最后,双方都增加了促销成本却依然没有"促进销售"。

其次,零售门店的销售员在拿到个体奖励之后,一定会提高销售的积极性,但除非这种奖励长期存在,否则,一旦奖励停止,销售积极性也立刻消失了。这导致了眼镜行业的一个怪相:去年顾客到这家门店配眼镜,店员推荐的是A品牌,并且强调A品牌的质量上乘;今年,顾客再次前来配镜,顾客倒对A品牌挺认可的,但店员却强行向他介绍B品牌,说B品牌才更胜一筹;这时顾客会发现你前后矛盾。

正是基于以上的理由,有些批发企业开始走出"个体奖励"的泥潭,开始进行面对消费者的促销。

向消费者的促销原则

1. 合作共赢原则　批发商希望促销的产品,应该也是零售商乐于推广的产品,这个产品带有一定的独特性、前瞻性,并且可以满足零售商适当的利润。这样,零售商更愿意和批发商携手来推动产品的销售;在促销中更积极的配合。比如,某镜片企业与国内某大型零售企业联合举办面向消费者的促销,推广一款高性价比的变色镜片。对于该零售企业而言,如果这款产品的销售份额提高了,那么意味着这家企业的整体销售额也会相应提升;同时,这款有卖点的产品还能够为零售企业带来口口相传的转介绍顾客。于是,在批发商提出的优惠幅度基础上,零售商也给予顾客额外的价格补贴,使得活动力度更大,效果更好。

2. 适时适地原则　不同产品都有其销售淡旺季,不同产品都有其目标消费群体。开展面对消费者的促销时,必须选择最佳的时机,瞄准成功率最大的客群。一些高档镜架批发企业,在每年春节前后,与零售商合作开展新品VIP内购活动。邀请零售企业的VIP客户,先人一步,选购当季最新款眼镜并显示专属的优惠。一方面,"一年之计在于春",这个时间节点刚好是很多品牌推出当年新款的时间,又是消费者换购新眼镜的当口,此时先声夺人,能够在竞争中取得优势;另一方面,高档镜架批发企业针对VIP客户实施促销,向其潜在客户群精准投放信息,使得促销行为效益最大化。

3. 幅度适中原则　面向消费者的促销,往往是为了使新产品迅速打入市场或者迅速消化库存,如果优惠幅度过小,起不到促销的作用;幅度过大,会对今后的业务产生不良影响。

关于面对消费者的促销,在后面零售企业的促销策略中还会提及,这里节约篇幅。

第四节　零售企业的促销策略

一、节庆促销

所谓节庆促销是指利用"元旦、春节、元宵、三八、五一、六一、端午、国庆、中秋"等传统及现代的节庆搞促销活动,以吸引大量客流前来购物。现在,又增加了"情人节、愚人节、圣诞节"等西方节日以及"五二〇、六一八、双十一"等"人造节"。这些节日的共同特点是:

消费者更有理由消费,更愿意消费。零售行业如果把握好这些"消费"旺季,可以取得较好的效果。

（一）节庆促销的设计原则

1. 深入挖掘节庆特色　从节日的特征出发,不同的节日具有不同的特征,当然需要不同的促销主题和形式,甚至需要店面有不同装饰。如"315"侧重于服务与质量的促销、"66"爱眼日则侧重健康科普、春节需要突出浓浓的年味儿。

2. "师出有名",有的放矢　商场如战场,节日的商场更是"战火漫天",要想"弹无虚发",就得做好促销的策划。首先需要明确为什么做促销,不能为了促销而促销;在明确节庆特色条件下,一定要将促销的主题与节庆紧密联系起来,做到"师出有名",有的放矢。

3. 尽量做到全年"一盘棋"　为什么要有这一条原则?最主要的原因是保持促销的连续性和突出企业特色。因此要先把全年相关的节日与市场计划联系起来,做到前后呼应。其次是做到事先规划,而不是想到一出是一出。许多促销活动是需要一定的时间来筹划的,比如定制礼品、制作宣传广告甚至内部动员都需要时间,匆匆上马一定会漏洞百出。企业可以制作一份全年可进行节庆促销的活动日历,确定重点,万不可过分密集,但是亦不可间隔过长,并且每次都有提前准备的时间余量。

4. 分清主次原则　节庆促销活动展开时,一家企业的不同分店,有主次之分,面向不同类型的消费者,也有主次之分。永远记住二八定律,将精力放在 20% 的重点市场的 20% 的重要顾客,获取 80% 效益,但也并不是提倡冷落其他分店和其他顾客。

（二）节庆促销的设计过程

1. 深入调查分析,探明方向　由于节庆从节日本身考虑不具有专属特色,几乎大部分的零售商、批发/代理商以及生产商都可以拿来进行促销,因此要想更有效果的实施节庆促销需要作如下调查:

（1）自身产品特征与节庆关联关系。

（2）竞争对手往年状况调查,在合法合理情况获知此次促销策略等。

（3）自身资源状况调查:包括可用的人力资源、资金资源、媒体资源等。

（4）顾客群体调查,同样需要锁定促销的核心顾客。

2. 形成完整的促销方案　方案需要包括以上分析确定的目标、方向、基本策略、关联创意、需要配置的资源和短缺的资源处理、媒体宣传策略等;联系生产商、批发/代理商进行适当联合,同时适当获取支持;相关负责人到位并对人员进行相关的培训,设计处理促销执行流程。

3. 促销实施　节庆促销活动的开始不是从节庆之日开始的,从方案确定的第一天就已经开始了。最初可能是针对目标群体进行宣传、邀请,可以是移动传媒、车体广告、会员短信/微信邀请等方式;其次需要针对节庆进行气氛营造的准备,包括店面的布置、主体关键字/句,店员服装/标志、礼品、优惠券、折扣券等到位;再其次是当天执行,按照设计流程/预备流程进行,期间主要是控制好节奏和气氛;最后是活动末期以及后期处理。

4. 总结评价　这一步几乎是所有活动必须要进行的一步,能够汲取教训,总结经验,为以后开展各类活动奠定基础。同样是依据目的、目标、损益分析、市场拓展分析、与竞争对手的比较分析、人员执行情况分析等方面。

（三）节庆促销需要注意的问题

1. 并不是所有的节庆都要进行促销　眼镜商品的消费频次比服装、美容美发和餐饮企业相比要低很多,用户也存在特殊性,所以,并不是所有的节庆都要去凑热闹。

2. 注重内部沟通——保障执行到位的关键因素　在这里尤其要强调的是"上下同欲"。很多零售企业是由经营管理层来策划节庆促销活动,再交给门店去执行。这中间如果出现

"沟通漏斗"，门店执行人员未能领会策划者的意图以及执行侧重点，就可能"南辕北辙"。

二、店内促销

对于大部分消费者而言，眼镜仍属于刚需商品，未必会因为有促销而专程来购买；相反，大部分消费者是到了店里，才知道店内正在做促销活动。所以，促销活动的意义不再是吸引更多消费者，而是确保到店顾客产生较高的转化率（成交率）和客单价（包括单件商品单件和连带购买），这就是店内促销所要实现的效果。

（一）店内促销设计的原则

1. 注意成交率和毛利率的平衡　从本质上讲，促销就是牺牲一部分利润换取更大的市场占有率；因此，在设计店内促销时必须把握促销力度和销售毛利之间的度。有些企业迫于销售业绩的压力，而贸然推出力度非常大的促销，虽然在短时间内提高了销量，但却造成两个不良影响：一个是对老顾客的影响，让老顾客产生"受骗上当"的感觉，反而降低了顾客忠诚度；另一个是对促销结束后的销量影响，因为有一些消费"被提前了"。

2. 围绕企业的竞争优势展开　每个企业都有其自身的优势，这是有别于竞争企业的制胜法宝，在设计促销活动时，应充分体现企业的这一优势；否则，促销很容易被对手模仿，就失去了对消费者的吸引力。

比如，很多眼镜零售企业在新店开业时，会做赠送老花镜的活动，来吸引人气，打开知名度。但是，一副成品老花镜并没有任何技术含量，你可以送，竞争对手也可以送。但如果把活动内容改为免费体验渐进多焦点镜片，还是免费、还是面向中老年群体，但这需要企业具有一定的专业功底，就不是谁都可以模仿的了。

（二）上市促销的设计过程

1. 建立促销目标　促销目标概括来说有两大类：短线速销和长期效果。短线速销一般可通过三个途径达到此目的：提高购买的人数，常用方法——pop 推广、合理减价优惠、免费试用等；提高人均购买次数，常用方法——赠品、折价券、减价优惠、酬谢包装、更多的积分等；增加人均购买量，常用方法——折价券、减价优待、赠品、酬谢包装等。长期效果常用方法：积分加倍、赠品。

2. 选择合适的促销工具并形成方案　在选择促销工具时要考虑以下因素：如需要确定促销目标，特定的促销目标往往对促销工具的选择有着较为明确的条件制约和要求，从而规定着促销工具选择的可能范围；展现企业的优势；充分调研消费者的消费心理及消费习惯；确定对象顾客群体；时刻关注竞争对手的情况；做好促销预算。

促销的方案包括：促销形式——即采用何种促销形式；促销范围——包括产品范围和市场范围；确定折扣率，要对以往的促销实践进行分析和总结，力求引起最大的销售反应，并结合新的环境条件确定适合的刺激程度；选择促销对象；促销媒介的选择；促销时间的选择——包括何时促销，何时宣布，持续时间及频率等；促销预算的分配；确定促销的期限和条件。

3. 促销过程管理　店内促销管理分为有形管理与无形管理，有形管理主要是管理促销过程中的促销品，助销物料以及与促销相关的资金费用等，无形管理主要是控制促销政策走势与执行，防止促销带来的市场负面效应。

4. 后期及评价总结　网上有很多促销方案，但对于促销后期的评价总结阐述较少，似乎意味着只要照章办理，效果必然显现。其实不然，后期的总结评价是个长期反馈改善过程，由此环节才能形成完整的促销系统化过程。

评价总结主要涉及是否能够达到预定的促销目标、过程中预算状况如何、资源配置情况是否合理、那些以外情况处理存在问题等。也包括对于优秀人员的奖励。

三、季节性促销

所谓季节性，指的是依据时令的不同或者是淡旺季的不同开展促销活动，达到销售提升或者平衡的目的。季节性促销不像其他促销方式适合于所有类型产品，除了我们常见的淡旺季促销，与时令相结合的季节性促销需要能够将产品与季节联系起来。

如前所述，季节性销售明显的产品，都存在淡旺季之分，每一年都在重复着淡旺季这种规律，促销也就是每一年都要重复的运作。店铺在旺季开始前期，需要对市场进行一定的告知性促销，以预热市场，目的是使商品能够顺畅地流入市场，得到市场的前期效果，为产品旺销季节的到来奠定基础，甚至达到提前启动旺季的效果。在产品旺季正式开始时，促销活动进入肉搏战，是近距离的短兵相接，基本围绕着产品的直接销量。店铺必须把握好这个时机，在进行主打商品促销的同时，还利用低价低毛利的商品来干扰竞争品的促销活动，保证自己主打产品的销量。旺季结束之后，销售开始下降，为了延长旺季时间，店铺应立即进行促销，尽可能地消化库存，收回当年边际利润，保证来年有更好的竞争实力。随着市场进入淡季，此时店铺还有必要开展促销活动，目的不是销量，而是希望获得顾客来年更大的支持。

（一）季节性促销设计原则

1. 产品的功能或者理念必须与季节存在联系　有人认为，季节性促销主要是优化库存（简单地理解为过季产品清仓），这是对季节性促销的片面解释。如果能将时令季节和产品功能合理的联系，季节性促销也会像其他促销方式一样起到较好的促销效果，反之只能是通过降价方式反季销售清仓。

2. 季节性促销必须把握合适的比例　对于眼镜零售行业来讲，除太阳镜这个更具时装属性的产品，整体受到季节的影响相对小。此外，由于学生配镜占到眼镜行业较重的份额，每年寒暑假也会出现销售小高峰。季节性促销一般就是围绕以上两个节点展开的。

3. 季节性促销必须把握合理时间范围　季节性促销需要把握时间范围，如对于太阳镜，从传统意义上来讲，主要是为了防止太阳强光对人眼的刺激，因此夏季经常会是太阳镜的销售旺季，此时应该能够在旺季来临之前保有一定量和库存，到季末时可以适当降低售价降低库存。当然近些年来，太阳镜已经超出了遮阳的原始功能，成为一种时尚用品，其销售的时间也较以往有所延长，但仍有规律可循。比如，在春夏季购买太阳镜的顾客，大都出于解决遮阳这个问题，他们对价格会比较敏感；而到秋冬季节，购买太阳镜的人数会减少，但他们对价格的敏感度会降低，反而更在于品牌、款式等维度。

4. 合理定价原则　虽然季节性促销本质上和价格没有多少联系，但是每当换季时，各零售商均会在此时将季节性促销整合价格策略同时推出，此时任何一个零售商不考虑竞争对手采取的价格策略而单独行事将难以实现预想的促销效果。

（二）季节性促销的设计过程

1. 季节特征及产品市场环境的分析　如前所述，季节性特征需要和产品特征联系起来，此时需要确定是反季产品的促销还是时令性季节的促销。季节性的划分相对简单。存在淡旺季和四季六种情况。此时需要针对产品进行分析，哪些产品在四季中属于哪些类型，是到了销售旺季还是淡季，由此进行产品系列的季节性归类。

2. 活动目的分析与主题设计　通过季节性特征及产品市场环境分析确定了需要加强促销的产品组合，由此明确促销方向和目的。在此条件下需要设计相关的促销主题，到底是结合夏季主题或者是劳动节主题。

3. 筛选关联主体和适当的媒体选择　零售企业的相关主体不仅仅是零售企业的各个门店或者卖场，和对应产品的生产商及批发商亦是息息相关，因此需要相关主体给予配合，一则能够获得相关技术、人力、资金、物品等方面支持,二则是在较好的主题配合下易于形成整体的联合促销方案,同时减小促销冲突。当然,每次促销都需要相应的媒体予以配合,在相对合理的成本条件下获得较好的宣传效果。

4.促销预算、活动的组织形式和实施安排　有了前三步的基础,还需要进行相应的预算,包括成本预算、预期的销量和盈亏平衡等。然后设计相关组织形式,对于各门店或卖场一般设置专案小组,由店内相关负责人直接领导,企划部或合作单位共同参与,下设宣传、各活动负责、联络、监督、安全等部分,确保分工明确,责任到人。实施的安排除了人员外,促销具体的开始时间,相关手续,何时结束,意外情况的处理等,尽量确保万无一失。

5.活动后期及评价　在活动开始之际的方案设计节点就需要设计对应的评价值指标,奖励政策等,然后到了后期,一方面需要作出对活动结束后顾客方面其他情况的处理外,还需要对活动的成果进行总结和评价,因为这种类型的促销活动不是一次两次,可能每年都需要举办,甚至一年之内会开展几个同类型或者不同类型的促销活动,因此经验总结尤为重要。

(三)实施季节性促销需要注意的问题

1.意外情况防范　促销活动经常会汇集很多人,此时活动过程中的变数将会增多,人员安全,场面的控制、天气等情况都是不得不考虑的因素。既要能够秩序井然,气氛又不能低迷,更重要的是在人多的情况下尽量不能冷落的顾客。必要情况下准备预备方案,防止可能发生的任何异常情况。

2."不忽悠,真促销"　当下各种促销活动巧立名目,虚假促销已经严重挑战了消费者对"促销"的耐受度。但是因为人的性格弱点造成消费者实际上对"捡便宜"还是"乐此不疲"的,不过前提是这确实是个"便宜",若消费者认为这只是个"狼来了"的话,伤害的只有品牌本身。同时,有一些企业在促销前抬高价格,然后在促销季大肆降价,这样对于熟悉产品的顾客无疑是一种伤害。

3.注意简化部分流程　这点主要是考虑到可能比往日多的顾客造成即使增加再多的人手还是忙不过来,此时则需要简化部分流程,让每个顾客能够更快地得到服务,这样不但减轻成本负担,同时能够更高效地服务顾客,当然对于产品品质保障方面的环节也必不可少。

四、会员制促销

所谓的会员制促销,指的是通过发展会员,提供差别化的服务和精准的营销,提高顾客忠诚度,长期增加企业利润。会员制更看重长期性,非常适合眼镜店这类顾客需要连续购买的零售类型。

(一)会员制促销的设计原则

1.注重抓住老客户　采用会员制的直接目的就是抓住老客户,通过会员制提高老客户忠诚度,当然这是建立在长期忠诚会员能够享受到一定实惠的基础上的。由帕累托法则可知:20%的忠诚顾客创造了80%的销售利润。所以会员制的设计必须能够抓忠诚的老顾客。

2.会员具有一定的层次性　这里的层次性并不是歧视,而是相对的"区别对待",主要目的还是刺激顾客消费,加强顾客忠诚度。层次性主要体现在因为会员级别不同所能够享受的优惠或者其他政策,但是相对于顾客在服务方面不能依据层次性而区别对待,一旦引起顾客反感,失掉的不仅仅是一个顾客,可能损失整个相关群体。

3.确有"实惠"原则　顾客成为会员的直接目的就是希望能够享受到与其级别对应的实惠,因此在对顾客成为会员后承诺的优惠、奖励、免费服务支持等在顾客达到要求时要能够较好的兑现,否则将会失去顾客信任。

(二)会员制促销实施的一般过程

企业在进行会员制规划前,必须详细了解自己的状态,特别需要了解销售的产品和提供的服务是否具有竞争力。因为客户忠诚是建立在客户满意度基础上的,只有产品和服务具有竞争力,会员制才能行之有效。在全面了解目前企业及产品和服务的状况后,必须完成以下工作:

1. 明确实行会员制的目标是什么　切忌盲目仿效,为了会员制而搞会员制。

2. 会员制的目标客户群是什么　回答以上两个问题对你要制订哪种类型的会员制计划有非常大的影响。其中,目标客户群的选择与会员制为会员提供利益有着直接关系。因为每一种目标客户群都有自己的偏好,要求得到的利益也不同。

3. 为会员选择正确的利益　这是会员制营销中最重要也是最复杂的部分。会员利益是会员制的灵魂,它几乎是决定会员制营销成功或失败的唯一因素。因为只有为会员提供了真正的利益,才能吸引会员长久地凝聚在企业的周围,成为企业的忠诚客户。而企业为会员提供的利益是否对会员有价值,这不能凭自己或别人的经验来确定,只有征求客户的意见后才能作出判断。

4. 做好财务预算　会员制推广和维护的费用很高,很多会员制营销失败的主要原因之一就是没有严格控制成本。所以,建立一个长期、详尽的财务预算计划非常重要,内容应该包括可能产生的成本以及收回成本的可能性。

5. 为会员构建一个沟通的平台　为了更好地为会员服务,企业必须建立一个多方位的沟通平台,这个沟通平台包括内部沟通平台和外部沟通平台。内部沟通平台用于企业内部员工进行沟通交流,让内部员工理解支持并参与到会员制营销的开发中去,因为只有内部员工同心合力,会员制成功的概率才有可能提高。外部沟通平台用来确定会员与会员制组织之间,以及会员与会员之间需要间隔多长时间、通过什么渠道、进行何种形式的沟通。

6. 会员制的组织与管理　具体包括:确定组织和管理的常设部门,如客服中心;决定将哪些活动外包出去;确定需要哪些资源配合,如组织、技术、人事等;如何实现向会员承诺的利益等。

7. 数据库的建立与管理　及时有效地建立数据库,将会员的相关信息资料整合到企业的其他部门,以充分发挥其对其他部门的支持作用。会员资料对于企业的研发、产品管理和市场调研等部门非常有价值,充分挖掘会员制的潜力,既能帮助上述部门提高业绩,也能增加会员制营销自身的价值。

(三)实施会员制应该注意的问题

1. 牢固树立以会员为中心的零售观念不改变　零售观念是零售商组织开展零售经营活动的指导思想,它表现了零售活动的出发点,是实现零售活动目的的纲领。零售店要对会员产生吸引力,就必须树立以会员为中心的零售观念。而会员卡能否圈住消费者的心,关键是看消费者能否从会员卡消费中真正受益。调查资料表明,消费者对商店有三个期望:一是能够获得到满意的商品;二是能够得到良好的服务;三是有舒适的购物环境。

2. 避免会员"沉睡"　眼镜商品的消费周期较长,顾客回店频次较低,如果以为把顾客发展成会员就可以高枕无忧,那就大错特错了。会员制促销的另一个核心内容,就是和会员保持互动,避免会员"沉睡"。

(四)常见的会员优惠办法

鉴于眼镜行业的特点,一般对会员采用三种优惠方式:

1. 累积获得更高折扣及增值服务　具体方法是:顾客累积消费到一定金额(或次数),可以享受更高的优惠幅度或者更多增值服务,类似于航空公司的银卡、金卡、白金卡制度。

中国移动也有 VIP 制度,当用户年消费金额达到一定数值,就会晋级为 VIP 用户,会配备专人(VIP 客户经理)提供一对一的服务。

这种方法,适用于原本价格政策较为稳定的企业;如果在门店经营中本身就存在一定的议价空间,那么,会员的特殊性就得不到体现。同时,这种方法也比较适合于高端的眼镜零售企业,因为高端用户更在乎差异化服务。

2. 消费积分换取相应的礼品　具体方法是:顾客的消费可以兑换一定的积分,积分累积到一定数量,可以兑换相应的礼品。

这种方法对礼品的选择要求较高,礼品应具有实用性、价值感以及与眼镜行业的相关性。

3. 消费积分可以在下一次消费时抵扣现金　具体方法是:顾客的消费可以兑换一定的积分,在下一次消费时扣除一定的积分可以抵扣一定的现金。

这种方法操作较为简单,顾客也可以得到"看得见"的实惠,但因为在下一次消费时抵扣了部分现金,所以会造成单价的下降(类似于折价)。因此,兑换的比例是要仔细斟酌的,如果比例过高,对毛利的影响较大;反之,比例过低,对消费者的吸引力就较低。

五、主题促销

所谓主题促销,一般指的是利用某个时点、事件等作为主题,将其与产品有机联系刺激消费,达到促进销售的目的。主题促销是企业特别是零售企业常用的促销方式。

（一）主题促销的设计的原则

1. 明确主题　明确主题可以认为是主题促销设计的第一步,如果主题不能明确,传递给消费者信息将会模糊不清。

2. 主题要与消费者兴趣相联系　促销的目的是让消费者形成有效购买,因此必须懂得消费者需要什么,而且乐意于参与活动。

3. 促销主题需要和产品类型或者品牌定位相对一致　一个好的主题促销活动必须是跟消费者关心的事物有关,例如,"身心健康""颜值提升",但其中必须有实实在在的新颖性、趣味性、实用性等;一个好的主题促销还必须与自己的品牌定位统一,有选择性地突出自己品牌的特点或经营宗旨。

4. 促销主题最好能够吸引友好媒体参与　主题活动如果具有一定的社会意义,可以吸引媒体的眼光,那么媒体的报道实际上就是软广告,取得正面的、产品广告所无法比拟的广告效应。

5. 连续适度原则　主题促销不可滥用,有的企业利用几乎所有的相关主题设计促销,会给消费者一种误导,长此以往会降低档次。

（二）主题促销的设计的过程

一般的主题促销相对简单,效果有限。要想取得较好的促销效果,促销必须具有一定的系统性,需要精心的设计。

1. 筛选并确定合适主题 - 题材系列　主题促销一般不是件简单的一个核心主题如时间点,同时需要附带其他相关主题,因此如上原则进行核心主题筛选的同时,要确定其他辅助题材,形成一个较为完整的主题 - 题材系列。如以重阳节关爱老人为主题的促销方案设计,加上情感题材进行消费刺激:"顾客配一副眼镜,我们再送您父母一副"。

2. 主题促销群体,区域辐射规划　促销活动乃至整个的营销活动对于群体区域都必须有个辐射范围规划,不同群体对于需求的刺激效果相差较大,同时区域辐射范围的大小直接关系到营销投资预算。

3. 有效配置促销资源　任何促销活动都需要进行投资预算,需要进行人力、资金等方面的资源配置。这里需要考虑的因素有群体、区域、需要何种媒体参与,持续时间、需要那些专业人员等。有效资源配置能够更加挖掘主题,同时节约成本。

4. 形成系统方案 好的促销活动需要一个完整的系统促销方案作为开展的依据。需要确定负责人、主题 - 题材、配置资源等,还需要与促销相对应的其他配合,同时需要对促销的过程进行监控并对效果进行评价。

(三)主题促销需要注意的问题

1. 合理的过程控制 主题促销属于一种概念性的理念性促销方式,活动过程中容易发生消费者误解,需要事先制订预案和话术,避免失控。

2. 避免与相关主体的主题冲突 眼镜店开展主题促销应该和对应的批发 / 代理商、生产商进行有效的沟通,避免与其主体产生冲突,这样将会对各自的促销效果都会大打折扣,最好能够联合供应链上利益相关者共同研究设计促销方案。

3. 实事求是 促销的直接目的是刺激消费需求,一定需要牢记消费者的"需求",如果我们打着某个主题"幌子"没能真正满足消费者与主题相关的需求,此时该促销活动将从根本上失败,直接影响后期企业的发展。

第五节 促销策略案例

一、B眼镜公司的促销策略组合

B眼镜公司是国内规模较大的眼镜连锁企业之一,市场营销的理念和实际运作在业内相对领先。其最大的亮点是:建立了"促销策略组合",构筑起一道密集的促销火力网。

以下就简单介绍一下B眼镜公司的促销组合是如何发挥威力的:

(一)店内促销

B眼镜公司擅长于"社区店"的经营模式,也就是把店开在大型社区中;这类门店的主要客户群体就是方圆一两公里内的居民,因此顾客结构相对稳定。这时,店内促销就变得尤为重要了。

B眼镜的很多门店都在橱窗、外墙或者门柱上设立了广告灯箱,定期更换活动内容。其实很多促销活动实质内容大同小异,但活动主题和表现形式却是千变万化,几乎是天天有活动,月月新主题。试想一下,每天有许多上下班的人从店面经过,如果店内没有促销活动或者活动内容"千年不变",就无法对潜在顾客形成刺激。而B眼镜的店内促销活动总是与他们的主推商品和特色商品结合起来,始终给消费者"推陈出新"的感受。也许某位顾客会说:"上个月推荐的近视太阳镜没有吸引到我,但这个月的防疲劳眼镜我却想要了解一下。"

(二)会员制促销

B眼镜公司在国内眼镜零售业较早使用ERP系统,现在又和微信服务号连接起来,消费者关注B眼镜的微信服务号、完成实名认证,就可以在自己的手机上查询会员信息,截至当前还有多少积分,积分可以兑换什么礼品或者参加什么活动,都一目了然。

这样,不仅用户的忠诚度和活跃度有了保障,而且B眼镜也可以获取用户的微信信息,以便于更了解用户特征,开展更有针对性的促销活动。

(三)节庆促销

B眼镜公司抓住一年中多个节庆,如圣诞、元旦、春节、情人节、感恩节、重阳节等,每一次都会推出针对特定人群符合节庆气氛的促销活动。有些企业会以为活动内容一定要不断创新,曾经做过的促销活动不宜重复,其实,与创新相比,效果更加重要。双十一活动几乎年年一样,反而让消费者持币等待。B眼镜公司的节庆促销也是沿着这个思路展开的。

（四）主题促销

B 眼镜公司充分发挥自身的规模优势，与上游供应商联合，取得一些新产品和新技术的行业首发权。然后，利用这些新产品和新技术，推出主题促销。由于这些产品和技术对应了不断升级的消费需求，总能激发起消费者对"新、奇、特"的好奇。久而久之，B 眼镜公司树立起"引领行业新科技新风尚"的社会形象。

例如，前不久 B 眼镜公司与一家眼镜制造企业合作，率先推出该企业的环保镜架。这种镜架采用棉花、蓖麻油、谷壳等原料制成，用旧丢弃后可以在土壤里自然降解，不会造成污染。B 眼镜公司利用这款产品推出了"爱地球，镜环保"的主题促销活动：消费者凭旧眼镜到 B 眼镜公司指定门店购买环保系列眼镜，每副可抵 100 元现金；同时，全部旧眼镜将由环保眼镜的生产厂家负责回收后做无公害处理。这个活动一经推出，反响非常热烈，微信推文活动达到 10 万多的阅读量。

（五）季节性促销

B 眼镜公司每年都会举办 VIP 内购活动，以此来消化过季商品，与此同时，在寒暑假的开学季和太阳镜热销季也会有相应的促销。

（六）社区推广

如果以上的活动都属于"守株待兔"模式，那么，社区推广就是主动出击了。B 眼镜公司经常组织员工在附近社区做免费服务活动，由此拉进与社区居民的关系，传播专业服务的口碑。

以上就是 B 眼镜公司的促销策略组合，它们相互交织起来，对各类客户群体、各个销售时期、各个市场层面形成了全面覆盖，对业绩形成巨大的助推作用。

二、如何利用社会化营销打破"坐销"的瓶颈

社会化营销，是利用社会化网络，在线社区，博客，百科或者其他互联网协作平台媒体来进行营销，公共关系和客户服务维护开拓的一种方式。又称社会媒体营销、社交媒体整合营销、大众弱关系营销。移动互联网的普及使得报纸、电视、电台等传统媒体黯然失色，利用社交媒体开展社群营销，已经成为企业市场营销的新方向。

C 眼镜公司是一家时尚眼镜品牌集合店，这种经营模式有别于传统的专业验配店和近几年兴起的快时尚速配店，在行业中自成一派。在这家企业的促销体系中，社交媒体营销扮演着举足轻重的角色。

C 眼镜公司的社交媒体营销主要包含以下几个板块：

（一）微博

由于微信的迅速崛起，微博的传播效果已经被削弱，但是，娱乐消息、明星逸闻还是被大家津津乐道的，C 眼镜的官方微博充分利用了这一点。每当他们所代理、经销的眼镜品牌被明星戴出镜，其官方微博就会推送相关图文信息并且 @ 该明星的微博账号，这使得一些本来鲜为人知的小众品牌迅速蹿红。许多爱屋及乌的"追星族"都以拥有"明星同款"而引以为傲，于是，他们找到了 C 眼镜店。

（二）微信自媒体

一家眼镜公司自己的微信订阅号是很难获得大量关注的，因为这是一个信息爆炸的时代，而眼镜又是低频消费品，没有太多的消费者有兴趣关注眼镜公司的订阅号。所以，C 眼镜公司利用的是拥有流量的其他自媒体，比如一些时尚类的微信订阅号；以软文方式传播品牌文化、潮流趋势、新品动向等，得到了极好的市场反响。

（三）客服微信号

客服微信号即以客服名义建立的微信个人号，其优点是：吸引消费者关注后，就悄

无声息地"潜入"顾客的微信朋友圈,只要推送的内容是顾客喜闻乐见的,并且推送频次不是很高,就不会令人厌烦。这是一个实时、内容多元、形式多样并且成本极低的传播方式。

(四)微信服务号

眼镜零售企业没有必要建立微信订阅号,理由已经在前文中叙述了,但微信服务号还是有必要建立的。微信服务号的功能类似于400客服电话 + 企业官网,在这个人们已经很少打电话、很少使用PC端来查询信息的时代,消费者希望最快找到你的路径就是微信。所以,微信服务号是企业在微信端开出的一个窗口,诸如门店地址、新品信息、会员积分、售后服务等,都可以通过微信服务号来解决。同时,还可以通过分享有礼、"买家秀"等方式,形成会员"裂变"。

以上就是C眼镜公司社交媒体营销。这是在新的商业环境下营销方式的一种"进化",同时,利用"人以群分"的特征,不断拓展客户群体的边界。

三、某品牌变色镜片的重点企业促销案例

T公司是全球大型变色镜片制造企业之一。2013年,该公司针对中国市场推出了一款A系列变色镜片;相较于该公司的其他产品系列,A系列的性价比更高。T公司推出这款镜片的目的,就是想推动国内变色镜片的市场占有率。据该公司调查统计,国内变色镜片的销量只占镜片销量总数不足2%,而在一些发达国家,变色镜片的销量占镜片销售总量的10%~15%。T公司希望A系列镜片可以在一定程度上取代无色镜片,成为消费者升级换代的产品。

中国市场幅员广阔,眼镜行业非常分散,新产品要形成规模销售,需要经过漫长的过程。为此,T公司决定在国内选择几家规模较大的眼镜零售企业作为该产品的首发企业,并与之联合开展促销活动;希望在行业内树立起标杆并吸引更多企业仿效。

(一)促销活动开始前,T公司所做的准备工作

1. 编制《(产品)门店推广手册》并对重点零售企业的员工进行全面培训,包括产品的FABE(特性、优点、利益、证明),向顾客的推荐话术等。

2. 制作一部微电影,突出产品的目标客户和使用效果,在一些视频网站进行传播,并且同时在重点零售企业的店堂内进行循环播放。

3. 制作了产品的陈列、展示和演示道具。

4. 在重点零售企业设立安全库存,为阶段性销量暴涨解除后顾之忧。

(二)促销活动的主要内容

1. 对零售企业端 提供阶段性销售补贴,每卖出一副该镜片,T公司给予一定金额的返利;返利幅度由最终销量决定。为此,T公司与重点零售客户之间达成了约定,将销量指标定为低、中、高标,达成越高的指标获得的返利越多。

2. 对消费者端 在促销活动期间,凡在参与活动的重点零售企业购买T公司的指定产品,均可以免费获得一副价值580元的镜架。

3. 活动时间为2013年的二季度(4~6月),是变色镜片理想的推广时期。

(三)在执行中进行优化

以上促销活动一经推出,就获得了市场良好的反馈;但也出现了一些预想不到的问题。T公司在上述重点零售企业还有其他产品在销售,A系列镜片是其产品线中相对最低端的一款入门级产品。由于优惠幅度大,零售企业给予门店员工一定的单品奖励,所以,A系列镜片的销量增幅很大,而T公司其他产品的销量却跌了下来。

经过T公司与重点零售客户的协商,决定将T公司全系列产品一并列入本次促销活动

的范围内。如此一来,问题解决了。

（四）某零售客户创造的佳绩

在参加本次联合促销活动的重点零售客户中,有一家 BSD 眼镜公司,他们在 3 个月中销售 T 公司的镜片累计销量是上一年全年销量的 2 倍多。之所以能取得如此骄人的业绩,与该公司在执行过程中的一些具体做法有关。

1. 上下同欲者胜　BSD 眼镜公司共有 300 多家分店,分布在 40 多个城市。T 公司所做的培训,只能到达地区主管和部分店长层面。于是,BSD 眼镜公司组建了内部宣导工作组,到每个城市进行内部培训,将产品和活动信息贯彻到每一个门店,每一位员工。消除了许多大型连锁企业存在的"沟通漏斗"现象,真正做到了"上下同欲"。

2. 内部竞争机制　不同于许多零售企业采用单品奖励的方式来刺激销售的做法,BSD公司引入了内部竞争机制。如果每卖出一副指定产品即可以获得相应的单品奖励的话,完成销量的多少形成的奖励落差不够大,到最后很容易形成"积极的员工依然积极,消极的员工依然消极"的局面。而内部竞争机制是:大区与大区比拼,门店与门店比拼,个人与个人比拼;赢的奖金翻倍,输的奖金减半。这样一来,积极的员工为了赢得比拼,就会去带动消极的员工,而消极的员工为了集体的荣誉,也会改变态度。过去,门店员工只关心个人的销量,而在这次活动中,大家还会关心其他员工、其他分店的完成进度,形成了你追我赶的良性竞争。

3. 阶段性检查和实时监督　活动期间,BSD 眼镜公司建立了各级员工的微信群,每天,员工向店长,店长向区域经理,区域经理向营运经理,营运经理向总经理汇报活动进度和销量情况,发现先进立即表扬并总结经验,发现落后立即指出并分析原因。整个活动演变成企业内部的一个学习过程。

经过为期 3 个月的重点零售客户促销活动,T 公司的新产品 A 系列镜片成为这几家零售企业的明星产品。T 公司将活动的进程、活动的成果等信息通过行业媒体以及代理批发商在行业内进行传播,吸引更多零售企业与其开展业务合作。

四、某太阳镜品牌的"黑客行动"

BL 品牌太阳镜是国内销量领先的太阳镜品牌之一。该品牌在创建之初就投入大量的媒体广告,从而占领了消费者的心智,使得该品牌一度成为太阳镜的代名词。与此同时,BL 品牌也注重销售渠道的建设与维护;在全国各主要省市都设立了批发商,并且对批发商建立了严格的监管、考核体制。这些举措都产生了积极的效果,BL 品牌的销量增幅一直领先于其竞争品牌。

随着太阳镜日益普及,人均保有量逐渐增加,市场总量也越来越大,与此同时,竞争品牌也开始增多。面对机遇和挑战,BL 品牌也在促销策略上进行调整和创新。

2017 年,一个全新的"促销"活动出现在眼镜行业。活动的内容非常简单:BL 品牌公司招募了一批"神秘顾客"(俗称"黑客"),并且均为年轻女性。当她们来到经销 BL 品牌太阳镜的零售门店,表示"欲选购一副太阳镜",而接待她的店员首选推荐的商品就是 BL 品牌太阳镜,那么,这位店员就可以获得一定金额的现金奖励,名为"首推奖励"。

正是这个活动,让 BL 品牌太阳镜的销量更上一个台阶。

为什么呢?

因为当活动内容被广而告之之后,许多想要获得奖金的门店员工,遇到每一位进店的女性顾客,都会下意识地首推 BL 品牌太阳镜,他们也不知道谁才是真正的神秘顾客,却不希望错失任何一次机会。而在店内促销中,"百分百口头推荐"是最为有效的方法。BL 品牌的"黑客行动"无疑增加了该品牌的提及率,增加了"百分百口头推荐"的机会。

最终能够得到"首推奖励"的店员是有限的,但这个活动却在行业内形成了广泛的影响力,大有"四两拨千斤"的效果。

在这里,我们要学习两个概念:

1. "神秘顾客"(mystery customer) 是指进行一种商业调查的经过严格培训的调查员。他(她)们在规定或指定的时间里扮演成顾客,对事先设计的一系列问题逐一进行评估或评定。

由于被检查或需要被评定的对象,事先无法识别或确认"神秘顾客"的身份,故该调查方式能真实、准确地反映客观存在的实际问题。"神秘顾客"监督方法最早是由一批国际跨国公司引进国内为其连锁分部进行管理服务的;现在,已经被零售、服务业广泛使用。

"神秘顾客"的调查结果往往和服务人员的绩效考核挂钩,因而受到相关人员的重视;同时,不确定谁是真正的神秘顾客而将每一位顾客都视为神秘顾客去接待和服务,正是这个制度想要得到的结果。

2. "百分百口头推荐" 是指零售、服务业的员工向每一位顾客推荐某一款商品或服务。最典型的案例就是:消费者到洋快餐企业,无论你本意想点什么菜品,店员都会问一句"要不要品尝一下我们新推出的某某某",或者当你点完餐点之后,店员会问"要不要加2元可乐升大杯"或者其他店内促销活动。这是这一句"要不要"为这些企业带来35%的利润。

五、一次"转败为胜"的促销活动

在大部分企业,促销活动的策划是由专人负责的,比较常见的是由市场部牵头、营运部(或销售部)参与、总经理定案。在活动方案确定之后,再由管理层向下层层下达。在此过程中,基层员工总是最后一个知道促销活动内容;这样做,的确有利于保密,但有时也会出现弊端。

2004年,江苏H眼镜公司在策划新年促销活动方案时,就发生了这样的情况。

H眼镜公司是当地眼镜零售的龙头企业,每年春节都是业绩最高的月份之一,所以管理层对春节的促销活动策划非常重视。与往年一样,由市场部、营运部、总经理组成的策划小组提前半个月就开始了春节促销活动方案设计,并在1周内拿出了一个活动方案。

方案具体内容是:

春节期间,凡是到H眼镜消费的顾客,满600元即可以获得一个红包,满1 200元可获得两个红包,以此类推。打开红包,内有丰富的礼品,包括彩电、电脑、照相机、食用调和油、可口可乐等(红包总数根据去年同期的销售额推算,奖品总额以每个红包30元成本来推算)。

活动方案确定后,H眼镜公司与往常一样,召开了营运会议;全体管理层和店长参加。会上,由市场部经理宣布了活动方案,并且就执行中的细节进行了阐述。随后,各个店长对活动方案提出疑问,全部疑问解答完毕后进行表决,以少数服从多数的方式通过该方案。

但在这次的表决过程中,旗舰店店长在举手表示同意的过程中出现了一丝犹豫。总经理发现了这个细节,便询问店长:"对这个活动方案,还有什么问题吗?"店长回答说:"活动方案本身非常好,过年送红包符合民俗,而指定获得红包的消费金额,有利于门店引导顾客进行商品升级。但有一个执行中的问题,是策划部门未考虑周全的。每年春节,由于部分员工休假,导致门店人手严重不足,而推出这个活动势必要求门店安排专人负责礼品登记、确认、发放等工作。这在平时也是很难安排的,在春节期间更是雪上加霜、忙中添乱。如果出现一些顾客因为没有抽到大奖而寻衅滋事,就会使整个春节的销售被打乱。"

旗舰店店长说出自己的担忧后,其他门店的店长也纷纷附和。原来,他们对这个活动方案都心存顾虑,但每年都是总经理做决策,投票只是一个形式;所以大家都没有表达出真实的想法。

听完旗舰店店长的陈述，综合其他店长的意见，H眼镜公司的总经理当场决定：原定的促销活动方案作废，由全体与会人员现场策划一个新方案。

经过长达2个多小时的头脑风暴以及反复推敲，最终H眼镜公司确定了一套新方案：春节期间，凡是到H眼镜消费的顾客，满600元即可以获得一个红包，满1 200元可获得两个红包，以此类推。打开红包，里面有一张面额为188元的现金抵用券；在H眼镜消费时使用本券可以抵188元现金，有效期12个月内。与此同时，还有一个内部"促销方案"：春节期间（1个月），全部在岗的员工，销售提成翻倍。

新方案体现了两个层面：对于消费者，促销内容较之前的"抽奖品"更加简单，易于执行；对于店员，因为有了"销奖翻倍"，极大地鼓舞了士气，甚至使得一部分员工减少休假到店里参与销售接待工作。

最终，H眼镜公司在2004年的春节创造了最高单月销售业绩。

许多人对于H眼镜公司春节促销方案的第二点内容存有争议，因为这似乎不属于任何一种促销策略。事实上，策略是手段，促销才是目的，什么是促销？促销就是促进销售。H眼镜公司的这个活动有效地促进了销售，这才是促销的真谛。

六、连锁企业偏远分店的促销执行

W眼镜公司是一家跨地区经营的眼镜连锁企业；在某地级市，共有20家连锁店并且在周围的县城及乡镇都设有分店。

日常的促销活动由公司总部的市场部统一策划，包括活动主题、活动内容、相关的宣传物料、礼品采购等一手包办。在促销活动开始前三天，总部市场部将活动方案通过内部通信网络下达到各门店，与此同时，安排车辆将所有物资送达各个门店。为了对活动的效果作出相应的评估，市场部会给门店一份《活动效果评估表》，由各个分店店长在活动结束后填写并上交到公司总部。这个系统已经运作了几年，从流程上看可谓有条不紊，但事实上，危机四伏。

在这个系统运作到第三年，问题开始显现。

W公司的部分外围（县城和乡镇）分店开始出现业绩瓶颈，销售额的增长速度从原来的15%～30%下滑到10%以下，部分分店甚至出现了业绩下降。当然，冰冻三尺非一日之寒，造成业绩低迷的原因是多方面的，促销活动可能是最后一根稻草。

公司的管理层拿出过去三年回收的《活动效果评估表》（简称《评估表》），发现一个有趣的现象，最初的《评估表》许多店长会写下较多的感想，诸如"活动主题对顾客的吸引力不够""对手门店比我们优惠幅度更大""套餐的商品选择太少，顾客有抱怨"等；但到了近两年的问卷，基本上就看不到"长篇"的感想，而是"一般""不理想""有一定效果"等只言片语。

为什么会这样？

这是因为很多企业虽然有执行促销活动的流程，但绝大部分企业都把流程"流于形式"。市场部的确下发了《评估表》，但却并不关心店长们在表格上写了些什么，只是把表格"发下去、收回来、归入档案"；店长们的确在《评估表》上反馈了问题，但当市场部未及时给予回应之后，他们也没再跟进；到最后，干脆连问题都不反馈了。于是，问题被积压起来，最终通过业绩这条硬指标显现出来。

那么，究竟发生了什么问题呢？

由于W眼镜公司在当地处于领先地位，并且平均客单价要高于竞争对手，属于高端专业验配店；但其外围分店的市场地位就有所不同。在一些县城，竞争对手的市场占有率更高，并且高端消费者更倾向于到W眼镜的总部店配镜（大部分都有私家车），留在当地配镜的顾客，多数属于中低端消费。这种参差不齐的局面，导致了在总部店非常适合并且确实有效的促销活动，到了分店就显得很尴尬。

其实，这个矛盾并不是没有解决办法。在最初外围分店提交的《活动效果评估表》中，有一些店长提出了合理化建议，他们主张：每次活动主题不变的前提下，活动的细节可以作出微调。比如，同样设立配镜套餐，可以多设 1～2 个价位段，只不过，在总部店突出中高价位的套餐，款式更丰富，消费者选择更多；而在外围分店，则突出中低价位套餐。

找出问题的症结，解决方案也就呼之欲出。W 眼镜公司内部进行了流程改革，一方面要求市场部做活动策划时要"一企两制"，既要考虑总部店，也要顾及外围店。另一方面，给到外围店一定的发挥空间，可以提出更适合当地市场环境和消费者需求的促销活动方案，再由市场部整合到大活动中。第三点，也是最重要的一点，将《活动效果评估表》改成"打分制"，并且将最后得分与市场部的绩效考核挂钩。

经过这一系列的改革措施，W 眼镜公司的促销活动变得更加有声有色。

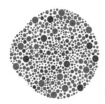

第六章 电子商务

第一节 电子商务概述

一、电子商务的产生

20 世纪 90 年代以来,随着互联网的应用,电子商务应运而生,成了国际贸易的通行证,给国际贸易带来了新的运作模式。自问世以来,电子商务在全球内的蓬勃发展,对世界经济格局和贸易体制的变化产生了深远的影响,其使国际贸易产生了传统国际贸易所无可比拟的优势,是未来国际贸易的必然趋势。

电子商务(e-business)指利用电子方式和平台开展公司业务。电子贸易(e-commerce)指厂商或网站在线销售产品或服务。电子贸易促进了电子购物和电子营销的发展。电子购物(e-purchasing)是指公司决定通过不同的网络供应商购买物品、服务和信息。明智的电子购物可以为企业节省数百万美元。电子营销(e-marketing)指公司通过网络发布信息,以及沟通、促销和销售其产品和服务。

电子商务是新时代的主要特征之一,电子商务优势在于消除了商务伙伴之间的时空差距,将各个企业独立存在的信息以最便捷的方式联系在一起,从而真正建立起一种贯穿于企业之间的协作,以此获取利润和市场份额的最大化。

网络经济是发展以创新为主导的知识经济的必由之路。在这种情况下,电子商务一方面代表先进的生产力,另一方面也为中国企业的快速现代化提供了一个宝贵的契机。

按照参加交易的主体不同,电子商务可以分为:
1. 企业与消费者之间的电子商务(B2C)。
2. 企业与企业之间的电子商务(B2B)。
3. 企业与政府之间的电子商务(B2G)。
4. 消费者与消费者之间的电子商务(C2C)。
5. 消费者与政府之间的电子商务(C2G)。

简单地说,B2B 就是把企业名录、商品目录放在网上,买方和卖方来交易,展现在人们面前的就是这样一个电子商务网站建构的电子市场。除此之外，B2B 还包括物流配送、应用服务提供商、外包解决方案、拍卖解决方案软件、内容管理软件、应用集成软件、网络商业软件、传统 ERP 公司等电子基础设施。B2B 的商务关系是构筑在高信任度的基础之上的，B2B 的大宗交易能够更大限度地发挥电子商务的潜在效益，并通过供应的集中、采购的自动化、配送系统的高效率而得以实现。

电子商务发展到目前为止，以 B2B 为代表的传统电子商务做的都是物质商品贸易，由B2B 衍生出来的 B2C、C2C 等各种形式的电子商务做的都是产品交易。随着互联网技术的高速突破、整个市场经济体制的不断完善以及社会对品牌文化这种无形资产的进一步认可与依赖，局限于物质商品贸易的电子商务已经无法满足中国特色社会主义市场经济的发展，"品牌 B2B"就是在这种背景下诞生的。

品牌 B2B 即 brand to brand，也就是品牌整合传播。它诞生于互联网的环境，并植根于互联网这片高科技土壤。它是利用互联网手段来开展品牌对品牌的文化传播，是以实现品牌的整合传播为其模式的核心诉求，是主要针对客户商和服务商的网络互动合作平台。所谓服务商是指为品牌整合传播服务的公关传媒公司、机构或组织。所谓客户商是指有品牌整合传播需求的企业、城市政府或其他组织。品牌 B2B 是传统电子商务的补充和提升。这两个阶段或两个方面相互渗透、相互作用，犹如密不可分的左右手，缺一不可。

与传统电子商务的交易主体不同的是，为品牌整合传播服务的人一般都是法人而不是自然人，即使是自然人，在其本质意义上，也是具有法人特性的自然人。因此，可以说品牌B2B 的交易主体中有一方一定是企业代表。

二、电子商务对国际贸易的两个影响

（一）促进国际贸易方式的改变

电子商务下的国际贸易方式与传统国际贸易方式不同，主要表现在贸易运作模式、贸易方式类型和流程三个方面。

在传统贸易模式中，制造商生产出成品后往往通过制造商、批发商、零售商、消费者的营销渠道对外销售产品，产品一般需要经历好几个环节才能到达消费者手中，这样冗长的供应链不仅降低了产品的时效性，而且增加了产品的成本。

而在电子商务商业模式下，消费者购买商品的步骤是：搜集商品信息、选购商品、商品运输、得到商品。减少了中间环节大大降低了购买成本。同时也促进了商品生产，制造商为了迎合消费者的需求和购买心理，进行新产品的开发。

（二）促进国际贸易营销模式的改变

电子商务引起市场营销的巨变，促进国际贸易营销，产生新的市场营销形式——电子营销。

三、电子商务带来网络（电子）贸易的优势

1. 网络贸易将会大大降低买卖双方的交易成本，买卖双方通过网络直接接触，无需贸易中介的参与，减少了交易的中间环节。

2. 网络贸易提高了工作效率，现有网络技术实现了商业用户间标准格式文件（如合同、提单、发票等）即时传送和交换，买卖双方足不出户就可在网上直接办理。

3. 网络贸易有利于企业增强竞争地位，公司和厂商可以申请注册域名，在 Internet 网上建立自己的网站，通过网页介绍产品、劳务和宣传企业形象，有利于扩大企业知名度，开拓海外市场和提高国际竞争力。

四、电子商务的主要模式

（一）企业与企业之间的电子商务（B2B）

B2B 是英文 business to business（商家对商家）的缩写，是商家（泛指企业）对商家的电子商务模式，即企业与企业之间通过互联网进行产品、服务及信息的交换。这些过程包括：发布供求信息，订货及确认订货，支付过程及票据的签发、传送和接收，确定配送方案并监控配送过程等。

（二）企业与消费者之间的电子商务（B2C）

B2C 是英文 business to consumer（商家对客户）的缩写，就是通常说的商业零售，直接面向消费者销售产品和服务。这种形式的电子商务一般以网络零售业为主，主要借助于互联网开展在线销售活动。B2C 模式是我国最早产生的电子商务模式。

（三）消费者与消费者之间的电子商务（C2C）

C2C 是英文 consumer to consumer（个人对个人）的缩写，C2C 同 B2B、B2C 一样，都是电子商务的模式之一。不同的是，C2C 是个人对个人的电子商务模式，C2C 商务平台就是通过为买卖双方提供一个在线交易平台，使卖方可以主动提供商品上网拍卖，而买方可以自行选择商品进行竞价。

（四）Groupon 模式

可以简单地归纳为是一种多方共赢（消费者，商家）的电子商务和线下消费的模式。消费者、商家、网站运营商各取所需，让资源分配得到最大的优化。

第二节　B2B 电子商务

一、B2B 简介

企业与企业之间的电子商务是 business to business 的缩写。商家（泛指企业）对商家的电子商务，即企业与企业之间的通过互联网进行产品、服务与信息的交换。从而将有业务联系的公司之间相互电子商务将关键的商务处理过程连接起来，形成在网上的虚拟企业圈。例如：企业利用计算机网络向它的供应商进行采购，或利用计算机网络进行付款等。这一类电子商务，特别是企业通过私营或增值计算机网络采用 EDI（电子数据交换）方式所进行的商务活动，已存在多年。这种电子商务系统具有很强的商务处理能力，使公司能以一种可靠、安全、简便快捷的方式进行企业间的商务联系活动和达成交易。通俗的说法是指进行电子商务交易的供需双方都是商家（或企业、公司），他们使用了 Internet 的技术或各种商务网络平台，完成商务交易的过程。这些过程包括：发布供求信息，订货及确认订货，支付过程及票据的签发、传送和接收，确定配送方案并监控配送过程等。有时写作 BtoB，但为了简便干脆用其谐音 B2B（2 即 to）。

目前基于互联网 B2B 的发展速度十分迅猛，据最新的统计，在本年初互联网上 B2B 的交易额已经远远超过 B2C 的交易额。2006 年全球 B2B 电子商务市场的规模已经达到了 5.8 万亿美元，预计未来几年全球 B2B 的年增长率将会保持在 45% 左右，2010 年全球 B2B 电子商务市场的规模达到 26 万亿美元。

二、B2B 的模式

（一）面向制造业或面向商业的垂直 B2B

又可以称之为行业 B2B。垂直 B2B 可以分为两个方向，即上游和下游。生产商或商业零售商可以与上游的供应商之间形成供货关系,很多企业与制造商就是通过这种方式进行合作的。

(二)面向中间交易市场的水平 B2B

又可以称之为区域性 B2B。水平 B2B 是将各个行业中相近的交易过程集中到一个场所,为企业的采购方和供应方提供了一个交易的机会。

三、B2B 常规流程

第一步:商业客户向销售商订货,首先要发出"用户订单",该订单应包括产品名称、数量等一系列有关产品的问题。

第二步:销售商收到"用户订单"后,根据"用户订单"的要求向供货商查询产品情况,发出"订单查询"。

第三步:供货商在收到并审核完"订单查询"后,给销售商返回"订单查询"的回答。基本上是有无货物等情况。

第四步:销售商在确认供货商能够满足商业客户"用户订单"要求的情况下,向运输商发出有关货物运输情况的"运输查询"。

第五步:运输商在收到"运输查询"后,给销售商返回运输查询的回答。如:有无能力完成运输,及有关运输的日期、线路、方式等要求。

第六步:在确认运输无问题后,销售商即刻给商业客户的"用户订单"一个满意的回答,同时要给供货商发出"发货通知",并通知运输商运输。

第七步:运输商接到"运输通知"后开始发货。接着商业客户向支付网关发出"付款通知"。支付网关和银行结算票据等。

第八步:支付网关向销售商发出交易成功的"转账通知"。

四、B2B 形式的现状

在中国电子商务应用与发展的过程中,企业的作用相当重要,但是国内已上网的企业中,对如何开展网络营销和商务活动,缺乏详细的规划。虽然大部分企业已接通互联网,但多数仅在网上开设了主页和电子邮件地址,很多网站内容长期不更新,更谈不上利用网络资源开展商务活动。究其原因,主要有以下几个方面:

(一)"商务为本"的观念薄弱

由于中国电子商务是由主导信息技术的 IT 业界推动的,使得中国电子商务在发展之初就带有过度技术化倾向。很多企业在没有了解自己的商务需求时就匆忙上网,以为只要 IT 厂商技术支持到位一切自然成功。结果上网企业花了巨资却赚不到钱。没有财富效应,因而和者必寡。

(二)对为什么需要 B2B 中介服务网站,企业的认识是模糊的

中国现有大型企业 15 000 家,中小型企业 1 000 余万家。如果每家企业都上网并建立了网站,那么在互联网上就有 1 000 多万网址,排除其他网址的干扰,让陌生的买卖双方在互联网上相互沟通、查询和匹配,将是一个大问题。正如慧聪国际资讯总裁郭凡生先生的比喻和分析,让人一目了然:"当只有 4 个买方和 4 个卖方时,买卖双方只有 16 种关系,不用电子商务便可以处理。但当有 1 万个买方和 1 万个卖方时,买卖双方会形成上亿种多元关系,这样一个庞大无比,错综复杂的关系网,就会在买卖双方之间产生四个问题:一是因为信息沟通不畅,必然造成生产和需求不对称,出现商品短缺和过剩并存的局面;二是由于一个卖家对应的买家有限,众多买家和卖家就会形成多层销售链,因而产生许多中间环节,致

使销售费用越来越高；三是由于买家与卖家选择余地的限制，造成买、卖竞价不充分，既影响交易效率又不能营造一个公平的市场环境；四是由于信息不畅，对市场反应迟钝，从而造成库存积压，生产成本加大的现象。而要解决上述四大问题，必然需要建立一个公共的信息交流与交易平台。因此 B2B 电子商务模式应运而生，将成为新经济的一个闪光点。"不过对于构建中介服务网站，也不可太多太滥，否则买卖双方在数量庞大的中介服务网站面前也将不知所措。

（三）对如何有效开展 B2B 电子商务，行动是盲目的

普遍的现象是：

1．企业网站的内容定位不准确，或设计得过于简陋，只有主页和电子邮箱地址；或片面追求大而全，发布信息不分主次；或片面追求网站功能的强大，企图"一站通"，以实现网上销售、网上配送、网上采购、网上结算等一条龙在线交易服务。

2．经营方式不正确，对网站挂接在何处才有利于企业网上商务的开展，缺乏本质上的把握。普遍的做法是：把企业网站挂接在自己的服务器上或租用网络服务商（如 ISP、ICP、ASP 或门户网站）的服务器，以为有了一个已注册域名的网址，商家就会通过 Internet、自动找上门来。事实上，笔者以为就企业网站挂接（或链接）在何处才有利于开展商务这个问题上，中国大多数企业一知半解，或者说对于中国企业网站的宏观管理，中国的 IT 及媒体部门把它们疏忽了，这是造成中国 B2B 电子商务市场发展不理想的主要原因。因为，按照上述做法，每家企业网站任意链接到众多的网络服务商网站上，在互联网这个汪洋里，买卖双方实际上是难以有效沟通的。除非企业是名牌厂商，网址家喻户晓，除非企业之间过去已有交易。对这个问题如若认为："通过门户网站强大的搜索引擎，商家能按某些关键字查询而找到企业网站的链接"。事实上搜索引擎的搜索结果往往不准确，太多太滥，因此其结果往往是难以使商家迅速找到相匹配的买主或卖主。至于认为："通过电视、报纸或杂志宣传企业网站网址，陌生商家就能记住企业网址，从而上网浏览信息"。试问这种方式与企业借助电视、报纸做传统广告有何差别？何以体现电子商务的优势？

尽管 B2B 市场发展势头良好，但 B2B 市场还是存在发育不成熟的一面。这种不成熟表现在 B2B 交易的许多先天性交易优势，比如在线价格协商和在线协作等还没有充分发挥出来。

五、B2B 形式的发展趋势

1．B2B 网站将呈现巨头独霸天下的"一边倒"格局。

2．行业性 B2B 网站难以脱离本行业转向多元化经营。

3．行业性与功能性网站将会出现着眼于优势互补的联合。

4．软件供应商将打破系统平台界限。

5．交易型模式将增加派生服务。

6．除大型企业外，公司集中模式将会被摈弃。

7．提供基础架构及服务共享的新型超级网站（ASP）将会出现。

8．传统商品交易所将被吞噬。

六、B2B 网站优化难题

网站优化已经成为 B2B 电子商务网站的基本网络营销策略。由于 B2B 电子商务网站具有明显的 B2B 行业特征，B2B 网站优化面临着 B2B 网站特有的问题。

（一）网站栏目和产品分类设置不合理的综合问题

B2B 网站结构看起来简单，无非是供应信息、求购信息、产品库、企业库等主要栏目，以及每个栏目下对不同行业、不同产品类别的分类，将相应的信息发布到相应的分类中。但实际上，B2B 网站分类方法对于网站的整体优化状况是至关重要的，因分类目录不合理将造成用户难以获取网站信息、搜索引擎忽略二级栏目及二级栏目中的信息，以及网站 PR 值低等综合问题。根据新竞争力对 B2B 网站优化研究的体会，B2B 网站的栏目和分类目录设置中的问题比较突出。

（二）大量新发布的信息无法被搜索引擎收录

随着供求信息发布量的增加，大量新发布的信息在不断滚动更新，但很多新的信息还未等到搜索引擎收录就已经滚动到多层次目录之下，而由于网站结构层次设计不合理的原因，即使全部网页都转化为静态网页，仍有可能造成信息无法被搜索引擎收录。

（三）动态网页的制约因素

领先的网站早已经过网站优化改造实现了全部信息的静态化处理，但 B2B 网站发展到今天，仍然有大量网站采用全动态网页技术，甚至主栏目和二级栏目都是动态生成，这样的动态网站已经无法在搜索引擎自然检索结果中获得任何优势，即使网页被搜索引擎收录，也难以获得比其他同类内容的静态网页有任何优势，其结果是，通过搜索引擎自然检索带来的访问量越来越少。

（四）网页标题设计及网页内容的相关性问题

在一般由网站维护人员编辑内容的网站中，网页标题的设计以及网页标题与网页内容的相关性问题可以得到比较好的控制，但在用户自行发布信息的 B2B 行业网站，网页标题设计不专业以及与网页内容相关性不高的问题比较突出，其后果是不仅供求信息内容网页在搜索引擎中没有竞争优势，甚至可能影响整个网站的表现。在"搜索引擎检索结果中的低质量网页及其成因分析"中对此有所描述。

七、B2B 网站的盈利模式

（一）会员增值服务费

1. 客户留言，前沿资讯短信服务和邮件服务。
2. 高级商友俱乐部收费服务和线下服务。
3. 优秀博客文章查阅服务。
4. 下载电子杂志。
5. 行业发展报告。
6. 网站数据分析报告。
7. 专家在线资讯服务。

（二）广告费

1. 文字广告 关键字，文字链接，资讯文章嵌入不同颜色文字。
2. 图片广告。
3. 动态广告等。
4. 广告联盟 分享投放知名网站上的广告。
5. 邮件广告。
6. 商业调查投放。

（三）搜索

1. 关键词竞价排名，指客户通过搜索关键词得到的排名。
2. 热点词汇直达商铺或企业网站。

第三节 B2C 电子商务

一、B2C 简介

B2C 即 business to consumer 的简称,翻译过来就是企业到客户,是指利用因特网进行全部的贸易活动,即在网上将信息流、资金流、商流和部分的物流完整地实现连接。在今天,B2C 电子商务以完备的双向信息沟通、灵活的交易手段、快捷的物流配送、低成本高效益的运作方式等在各行各业展现了其强大的生命力。B2C 模式是我国最早产生的电子商务模式。

B2C(business to consumer)就是我们很经常看到的供应商直接把商品卖给用户。例如你去麦餐馆吃东西就是 B2C,因为你只是一个客户,"商对客"是电子商务的一种模式,也就是通常说的商业零售,直接面向消费者销售产品和服务。这种形式的电子商务一般以网络零售业为主,主要借助于互联网开展在线销售活动。

二、B2C 网站的运营与管理

电子商务 B2C 模式的一种最为大家所熟悉的实现形式就是新兴的专门做电子商务的网站。这些新兴模式企业的出现,使人们足不出户,通过因特网,就可以购买商品或者享受资讯服务。这无疑是时代的一大进步。

(一)B2C 网站的类型

一般来说可以简单地分为四种主要类型:

1. 综合型 B2C　卖家只有一个但拥有可以满足日常消费需求的丰富产品线。这种商店是有自有仓库,会库存系列产品,以备更快的物流配送和客户服务。这种店甚至会有自己的品牌。

2. 垂直型 B2C　这种商城的产品存在着更多的相似性,要么都是满足于某一人群的,要么是满足于某种需要,抑或某种平台的。

3. 传统生产企业网络直销型 B2C　商品生产企业,通过网络直接把产品卖给消费者。

4. 平台型 B2C 网站　拥有庞大的购物群体,有稳定的网站平台,有完备的支付体系,诚信安全体系(尽管目前仍然有很多不足),促进了卖家进驻卖东西,买家进去买东西,如同传统商城一样。

(二)B2C 电子商务网站的组成

B2C 电子商务网站的三个基本组成部分:

1. 为顾客提供在线购物场所的商场网站。

2. 负责为客户所购商品进行配送的配送系统。

3. 负责顾客身份的确认及货款结算的银行及认证系统。

三、B2C 网站的收益模式

(一)收取服务费

除了按商品价格付费外,还要向网上商店支付一定的服务费。

网上购物消费者除了缴纳实际购买商品的费用外,需另外支付订货费和服务费,但是仍有很多顾客愿意选择网上商店消费,相对传统实体店来说网上商店的优越性在于:

1. 顾客感觉方便。

2. 顾客可以使用优惠券,节约资金。

3. 顾客可以更容易通过比较,购买商品。

4.可以减少计划外购物，获得自己真正需要的商品，节约顾客时间。

（二）会员制

根据不同的方式及服务的范围收取会员的会费；（QQ的收益模式）。

（三）降低价格，扩大销售量

例如：网上书店实惠的折扣价格。网上书店提供的所有商品，其价格都平均低于市价。价格的低廉，吸引网上读者，点击率提高，访问量持续攀升。

四、B2C的发展趋势

当自营业务发展到较高水平时，开放第三方卖家平台成了B2C电子商务提升业务水平的又一重要选择。数据显示，来自全球第三方卖家的商品在亚马逊所销售商品总量中已经超过三成。第三方卖家已经成为了B2C电商的重要组成部分。

目前，第三方交易平台已经形成了一个产业，未来将是电子商务的重要发展方向。第三方交易平台实际上是为电子商务买卖双方提供服务的重要平台，是一个服务商的角色。大型电商对于第三方商家而言是优质的分销渠道，其第三方平台的专业性，可以帮卖家降低成本。而电商开放平台是对系统能力的释放。开放平台后，商户可以共享B2C企业的用户、物流、仓储资源，使企业前期投入的资金更快回收，资源得到更高效的利用。

开发第三方平台是B2C行业的大势所趋，一方面有助于加快电商平台商品品类的丰富，增加用户选择余地；另一方面，物流、配送服务的开放，有助于提升品牌商家触网的速度，同时有利于提升用户的购物体验。对平台而言，开放可以迅速增加网站商品种类、快速收回前期投入成本；对商家而言，可以节省成本、更快接触用户；对消费者而言，则可以增加选择余地，甚至享受到更实惠的价格。

总之，电子商务为国际贸易提供了一个方便的交易与信息传输平台。随着世界经济一体化、全球化进程加快，国际贸易信息电子化以及电子商务的应用愈来愈成为国家和企业与国际环境接轨的重要方式，新型的国际贸易运行方式对于我国扩大贸易机会、提高效率、降低成本、增强企业竞争力和应变能力将发挥重要的作用。

第四节　基于电子商务平台的新零售模式

新零售，即企业以互联网为依托，通过运用大数据、人工智能等先进技术手段，对商品的生产、流通与销售过程进行升级改造，进而重塑业态结构与生态圈，并对线上服务、线下体验以及现代物流进行深度融合的零售新模式。线上线下和物流结合在一起，才会产生新零售。2016年10月的阿里云栖大会上，某知名电商企业董事长演讲中第一次提出了新零售，"未来的十年、二十年，没有电子商务这一说，只有新零售。"

一、O2O的基本模式

O2O即online to offline（在线离线/线上到线下）的英语读音简称，是指线下的各种商务活动通过互联网相互沟通，同时线下的商务活动与互联网上的商业行为相互融合，利用互联网的开放性质摒弃不必要的中间环节，从而提升商业本身在市场上的竞争力。

O2O的本质就是利用互联网直接连接消费者即需求方与消费需求提供者即供应方。O2O与B2C的区别在于，B2C主要完成的是由线上的供应方对线下的需求方提供产品的零售行为。B2C是一种单向的交易过程，即由线上到线下。而O2O则是需求方与供应方利用互联网来使交易更便捷和高效，供求双方均可能存在于线上或者线下，即O2O的模式具有双向性，就是线上线下融合性。另外，B2C的交易对象主要是实物商品的零售模式，而O2O

则更加拓展到服务型商业领域。以服务型O2O为例可以分为三类商业模式：服务平台类O2O模式；实体商业类O2O模式；纯电商类线下体验式O2O。

（一）服务平台类O2O模式

目前，这一类的企业最多，涉及的领域也最广泛。旅游服务类电商平台务中介类电商平台、工作中介类电商平台；这些平台类O2O的特点都是起到了开放式媒介的作用，利用电商平台的巨大流量，为两端用户提供所需信息。同时线下用户也可以通过平台分享自己的使用感受，或者向其他人推荐好的服务。

（二）实体商业类O2O模式

实体商业主要以大型百货零售或者超市为主要业态的连锁企业为主。此类企业依据自身经营理念和所销售的产品、品牌等特点，结合顾客的消费习惯和特性，利用互联网打造属于自己的电子商务平台，从而实现顾客可以随时随地选购商品，并在合适的时间到线下实体店体验商品和提货。

（三）纯电商类线下体验式O2O

电商企业为了加强用户对产品的体验感受，争夺线下消费市场，会在社区或者商业区等商圈开设线下实体店。其线下实体店所囊括的产品主要来源于电商企业直营商品或者属于其核心供应商的品牌产品。

二、移动电子商务概述

（一）移动电子商务的含义与服务

移动电子商务（mobile business，MB）也称无线电子商务（wireless business，WB）是无线平台上实现的电子商务。传统定义，是通过智能手机、个人数字助理（personal digital assistant，PDA）等移动通信设备与互联网有机结合进行的电子商务活动，它能提供PIM（person information manager）、LBS（location based service）、在下银行、实时交易、票务、移动购物、即时娱乐、无线医疗业务等服务，从应用角度来看，它的发展是相对电子商务的整合与延伸。凭借手持移动终端与无线通信的普及和技术进步，使得移动电子商务在获取营销和销售信息、接受订单信息、作出购买决策、支付款项上，真正实现了3A（anybody anytime anywhere）全方位服务。相对于传统基于互联网的电子商务，移动电子商务具有全天候化、精准性、安全性、快速性、便利性、可识别性、应激性、广泛性等特点。

（二）我国移动电子商务的发展状态

据《2015年度中国电子商务市场数据监测报告》显示，2015年中国移动网购交易规模达到20 184亿元，2014年8 285亿元，同比增长117.4%（图6-1）。

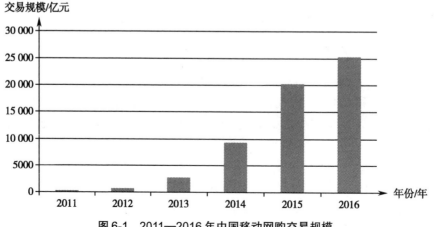

图6-1　2011—2016年中国移动网购交易规模

中国移动电子商务发展现状呈现为以下几种状态：

1. 电商企业从 PC 端向移动端平移是大势所趋。移动端不受地域限制、碎片化、互动性、传播效率高、转化率高等特征，拉近了与用户之间的距离。

2. 电商企业基于移动互联网平台开始深度拓展内容体验和社群传播。自 2015 年起，各大电商平台在移动端下工夫，开始了自身产品的"深度化"跃进，它们的"深度化"跃进表现在内容和社群两方面。加深了购物之外的体验，加上不断扩张品类和新业务，使得移动端持续渗透。显而易见，未来移动电商将取代 PC 端成为"主角"

3. 移动支付逐渐成为电商交易的主要支付方式。2015 年 11 月 11 日，A 移动端成交占比 68%；B 移动端下单量占比达到 74%；C 移动端的成交量占比超过了 80%，D 移动端订单量占比 67%。E 移动端占比 76%；美国某移动端订单量占比高达 70%。虽然仅此一天，但能折射出用户的购物习惯已经转移。

4. 移动电子商务已经成为互联网经济社群化和碎片化的主要平台。以微信和支付宝为代表的"红包大战"，无论在营销还是社交领域，特别是春节，上百甚至上千万的广告营销费用撬动大的市场，形成"红包经济"，也成为广告商、零售商的营销利器，同时也培育了一大批移动端的用户参与到移动网购体验中。

移动互联网加速渗透带动各领域 O2O 应用竞相发展。一方面，几大互联网巨头加大 O2O 领域的投资和并购力度，竞相推广移动支付平台的开放应用，打造 O2O 领域的开放平台，推动传统服务商的 O2O 转型走向实践，各商场 O2O 等传统百货纷纷试水；另一方面，基于社区、外卖、汽车、教育、医疗、美容、生鲜、婚庆、房产等领域的 O2O 创新和创业活动风起云涌，吸引了大量资本的关注，如聚焦社区服务的上百家 O2O 创业团队获得了外部投资。

（三）我国移动电商发展的新趋势

我国移动电商发展的新趋势如下：

1. 传统电子商务平台争相向移动端迁移，市场格局已初步形成。从 2014 年前三季度我国移动电商的市场结构看，基本延续了 PC 电子商务时代的市场格局，且电商巨头以超过 86% 的市场份额占据榜首，一家独大的市场特征尤为突出。排名前十位的移动电商企业，都是 PC 时代的主流电子商务企业，市场格局已经初步形成。

2. 移动时代流量入口多元化，从线上到线下的入口布局是竞争的焦点。移动互联网极大地拓展了用户上网的应用场景，PC 时代的用户优势面临挑战。2013 年以来，无论是电商巨头在来往、微博上的重金投入，还是其他电商企业在手机地图领域的大手笔并购。无不显示各巨头对入口争夺的重视。而 2014 年以来，移动入口争夺战更是从线上到了线下，电商巨头与线下商家展开了广泛的合作，积极布局二维码入口。在 2015 年的"双十二"活动期间，支付宝联合 100 个品牌、2 万家门店，涵盖餐馆、甜品、面包店、超市、便利店等多场景应用扫码支付创造了一天 400 万单的扫码交易记录。

3. 移动社交和自媒体的爆发，正开启去中心化的电子商务发展新模式。与传统电子商务企业通过一个平台聚集所有商家和流量的中心化模式不同，去中心化的电子商务模式是以微博、微信等移动社交平台为依托，通过自媒体的粉丝经济模式，通过社群关系链的分享传播来获取用户。更重要的是，购物也不再是单纯的购物，而会在人们碎片化的社交场景中被随时激发，这极大地降低了商家的流量获取成本，吸引了众多商家的关注。从微店服务商的发展看，在 2014 年 3 月微信支付开发支付接口后，1 周内开店商家暴增 3 000 家，并在此以后每月翻倍的速度增长，到 9 月份商家数量就达到了约 20 万家。

4. O2O 闭环生态链相关技术基本成熟，当前及未来一段时期是 O2O 模式创新和创业的窗口期。以二维码和 NFC 为代表的移动支付技术、以百度地图和高德地图为代表的 LBS

技术、以阿里云为代表的云计算技术、以微信公众号和百度直达号为代表的 CRM 管理技术以及免费 WIFI 等相关技术都已进入大规模商用阶段,服务线下商业的 O2O 闭环生态链基本成熟。特别是在开放平台策略的推动下,这些技术平台开启了基于 O2O 模式的创新和创业浪潮。据不完全统计,仅在汽车 O2O 领域,2014 年我国的投融资事件就达 30 起左右,投融资金额达 4.7 亿美元,涉及打车、租车、拼车、保养、维修、洗车、停车、二手车交易等几乎所有汽车相关的服务领域。

三、新零售模式的发展趋势与案例

(一)电子商务的社交化

所谓社交化电子商务,是指将关注、分享、沟通、讨论、互动等社交化的元素应用于电子商务交易过程的现象。具体而言,从消费者的角度来看,社交化电子商务,既体现在消费者购买前的店铺选择、商品比较等,又体现在购物过程中通过 IM、论坛等电子商务企业间的交流与互动,也体现在购物产品后消费评价及购物分享等。从电子商务企业的角度来看,通过社交化工具的应用于社交化媒体、网络的合作,完成企业营销、推广和商品的最终销售。

社交化电子商务的两大核心特征是导购和社交化元素。社交化电子商务具备三个核心特征:

1. 具有导购的作用。

2. 使用户之间或用户与企业之间有互动与分享,即具有社交化元素。

3. 最为关键,具备"社交化传播多级返利"的机制,即 SNS 传播,即可获益。

截至 2015 年 10 月,微信作为中国主流的社交媒体,其活跃用户数超过 4.68 亿。Facebook 在 2014 年 7 月发布的报告中称其全球活跃用户已经达到近 13 亿,而到 2014 年 12 月其全球活跃用户已经增至 13.9 亿。截至 2015 年 12 月我国互联网普及率达到 50.3%,超过全球平均水平 3.9 个百分点,超过亚洲平均水平 10.1 个百分点。而美国在 2009 年 1 月互联网普及率就达到了 73.8%。

随着移动互联网与移动终端社交应用的普及,传统商业的营销渠道也逐渐向移动社交平台进行快速转移和蜕变。中国互联网络信息中心发布的 2015 年中国企业选择的各互联网营销渠道使用率如图 6-2 所示。根据网络社交的定义,网络社交营销渠道包括了网络视频贴片广告、微博营销推广、即时聊天工具营销推广等,其使用率分别为 13.9%、24.7%、64.7%。其中即时聊天工具营销推广使用率最高。

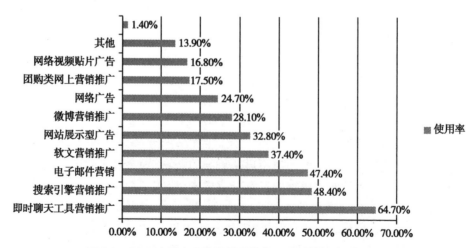

图 6-2 2015 中国企业选择使用的各互联网营销渠道使用率

资料来源: 中国互联网络信息中心, http//www.199it.com/archives/432605.html

中文互联网数据资讯中心发布的《2015 年中国社交媒体核心用户数据分析》显示,在 2014 年,社交媒体的用户结构呈现多样化态势,20 世纪 90 年代后占比最多,为 37.7%,20 世纪 50、60 和 70 年代占比呈现不同幅度的增长(图 6-3)。2013 年用户的平均年龄为 28.8 岁,2014 年用户平均年龄为 30.4 岁。以微信为例,微信用户普遍年轻,平均年龄为 26 岁。97.7% 的用户在 50 岁以下,88.2% 的用户在 35 岁以下。美国互联网市场调研机构 Netpop Research 调查显示美国网民在 2011 年平均年龄就到达到了 40.3 岁。

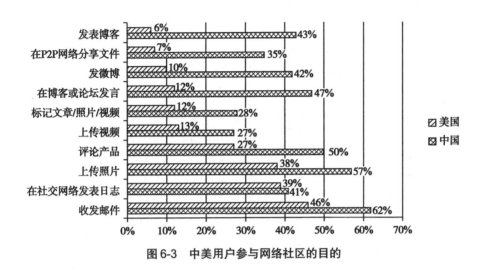

图 6-3 中美用户参与网络社区的目的

数据来源:Netpop Research,http//www.codesec.net/view/244057.html

(二)移动支付成为支撑我国新零售发展的生态基础

根据我国支付清算协会发布《我国支付清算行业运行报告(2015)》(以下简称《报告》),2014 年我国支付机构处理移动支付业务 153.3 亿笔,同比增长 305.9%,业务金额达 8.2 万亿元,同比增长 592.4%。2014 年支付宝和微信在线下各个支付场景展开激烈的争夺战。2014 年,几个手机品牌的企业几乎同时宣布,各自旗下的手机在线支付 app 与银联达成合作。不仅如此,多个国家手机制造商也纷纷开始布局中国移动支付市场。虽然我们无法估计在 2016 年以后的移动支付战场各家会有怎样的表现,但可以肯定的是,中国移动支付仍会保持蓬勃的发展,不断向前。

1. 中国移动支付用户特征分析

(1)中青年人群为移动支付的主要用户:中国支付清算协会移动支付工作委员发布的《2015 年移动支付用户问卷调查报告》(以下简称《报告》)显示,2015 年,移动支付用户中占比最多的是 21～30 岁群体,占总用户数的 54.5%;第二位的为 31～40 岁用户,占比为 26.2%。之所以中青年成为移动支付的主要用户,是因为中青年群体对新兴事物的接受程度较高,对支付便捷性的需求较大,且具备一定的购买能力。

(2)移动支付用户大多分布在沿海及南方:《报告》显示,华东地区移动支付用户最多,占比为 26.2%;华南地区列第二,占比为 23.9%。而在这些地区,主要是一二线城市的用户居多。现在移动支付在中青年中得到较好的推广,而且也不再是新兴事物,低收入人群使用移动支付的数量不断上升,一定程度代表了中国移动支付的基础设施的日益完善。华东和华南地区的消费者更愿意使用,一方面是经济上更发达,另一方面消费者更愿意尝试和接受新事物。移动支付的服务提供商,更想推动某种新的支付模式或移动支付服务,从华东和华南开始或许能更快生产效果。因此,移动支付服务相关的市场主体想要自己的战略得到更好的实现,地域布局上就需要下一番工夫了。

2. 中国移动支付用户使用行为分析

(1) 用户使用移动支付的频率不断提高：《报告》显示,2015 年有 33.6% 的调查用户表示每天都会利用移动支付来完成支付,每周使用 2～3 次移动支付的用户占比为 36.5%,有 10.3% 的用户每周使用 1 次移动支付,三者合计为 80.4%。

(2) 其次,移动支付用途以小额便民支付为主:2015 年,利用移动支付进行支付的单笔支付金额主要集中在 100～500 元,《报告》显示有 48.7% 的调查用户是在这一区间,单笔支付金额在 100 元以下的用户占比为 32.8%,较 2014 年的数据高出约 20 个百分点,单笔支付金额在 500～1 000 元的用户占比仅有 10%,单笔支付金额在 1 000 元以上的用户占比不足 10%。中国移动支付用户的使用频率在稳固攀升,这也侧面显示出中国移动支付的蓬勃生机。小额支付场景也是移动支付实现的关键场景,所以中国移动支付的市场主体们要想加快自己"圈地"的速度,需要有针对性地对关键的支付场景进行布局。

(三) 跨境电子商务成为促进全球经济一体化的新生力量

1. 跨境电子商务的概念　跨境电子商务是指分属不同地域或国家的交易主体,通过电子商务平台达成交易、进行支付结算,并通过跨境物流送达商品、完成交易的一种国际商业活动。跨境电子商务从进出口角度可分为出口跨境电子商务和进口跨境电子商务;从交易模式角度可分为 B2B 跨境电子商务和 B2C 跨境电子商务。2015 年,中国跨境电商交易规模为 5.4 万亿,同比增长 28.6%;中国跨境电商进出口结构出口占比 83.2%,进口比例 16.8%。2015 年,中国跨境电商交易模式跨境电商 B2B 交易占比 88.5%,跨境电商 B2C 交易占比 11.5%。

2. 跨境电子商务的特征　跨境电子商务是基于网络发展起来的,网络空间相对于物理空间来说是一个新空间,是一个由网址和密码组成的虚拟但客观存在的世界。网络空间独特的价值标准和行为模式深刻地影响着跨境电子商务,使其不同于传统的交易方式而呈现出自己的特点。跨境电子商务具有如下特征:

(1) 全球性(global):网络是一个没有边界的媒介体,具有全球性和非中心化的特征。依附于网络发生的跨境电子商务也因此具有了全球性和非中心化的特征。电子商务与传统的交易方式相比,其一个重要特点在于电子商务是一种无边界交易,丧失了传统交易所具有的地理因素。互联网用户不需要考虑跨越国界就可以把产品尤其是高附加值的产品和服务提交到市场。

(2) 无形性(intangible):网络的发展使数字化产品和服务的传输盛行。而数字化传输是通过不同类型的媒介,例如数据、声音和图像在全球化网络环境中集中而进行的,这些媒介在网络中是以计算机数据代码的形式出现的,因而是无形的。

(3) 匿名性(anonymous):由于跨境电子商务的非中心化和全国性的特征,因此很难识别电子商务用户的省份和其所处的地理位置。在线交易的消费者往往不显示自己的真实身份和自己的地理位置,而这些丝毫不影响交易的进行,网络的匿名性也允许消费者这样做,但是电子商务交易的匿名性导致了避税现象的恶化,网络的发展,降低了避税成本,使电子商务避税更轻松易行。

(4) 即时性(instantaneous):对于网络而言,传输的速度和地理距离无关。电子商务中的信息交流、无论实际时空距离远近,一方发送信息与另一方接收信息几乎是同时的,就如同生活面对面交谈一样,大大提高了人们交易的频率,免去了传统交易中的中介环节,但也隐藏了法律危机。

(5) 无纸化(paperless):电子商务主要采取无纸化操作的方式,电子计算机通信录取代了一系列的纸面交易文件,整个交易信息发送和接收过程实现了无纸化。

（四）眼镜新零售案例

美国的一个眼镜品牌企业，试图颠覆向顾客销售验光眼镜和太阳镜的方式。但是这个行业的传统巨头集团，控制了 80% 以上的大型眼镜品牌，也许是由于市场的高度稳定，顾客购买眼镜的传统体验远远没有吸引力。每副眼镜的售价在 300 美元以上，而且为了购买眼镜，顾客还要跑到零售店下订单，之后再回来取眼镜。美国这个眼镜企业通过电子商务销售社交时尚的自有品牌眼镜，每副售价为 95 美元。为了解决顾客跑远路挑选眼镜的难题，公司允许顾客选择 5 副眼镜框并免费寄送到家试戴。当顾客挑选好眼镜框以后，公司安装上有验光度数的镜片，再把最终的眼镜寄出。

这家美国眼镜企业最大的价值主张差异是它的价格——还不到传统公司眼镜价格的1/3。它在可得性差异上也有很大的潜力：对那些不愿多次往返店铺或所在地区没有很多零售店的顾客来说，在线服务具有很大的优势（为了吸引大城市来的顾客，该公司开设了数量有限的零售店和展厅）。此外，公司通过一个非营利机构，开展每卖出一副眼镜就无偿捐赠一副眼镜的活动。这项活动和其他社会公益事业（它通过了 B Corp 认证，也是低碳公司）对某些顾客来说意义重大。因此，至少对某些细分顾客来言（对价格敏感，想避免去零售店的麻烦，或者偏好社会公益品牌），这家公司提出了一个极具吸引力的价值主张。

这家美国眼镜企业的价值网络又如何呢？它在传递价值的过程中是否存在差异？第一个差异是它的在线销售渠道和极低的零售成本。能够保持低价还因为它的纵向一体化（它拥有自己的品牌，自己生产的产品，并且拥有整个销售渠道）。相比之下，传统巨头集团将旗下许多品牌授权出去，虽然它拥有大型零售连锁店，但也通过其他零售商销售产品，虽然可以为自己的品牌推广一个电子商务门户网站，但它的成本结构使之无法接近美国这家眼镜企业的价格。作为一个标准的上市公司，传统巨头集团也很难达到美国这家眼镜企业支持社会公益事业的程度。

显然，美国这家眼镜企业对传统巨头集团构成了颠覆性的威胁——它拥有无法模仿的极佳的价值主张，但它的影响范围有多广还不能确定。可能很多顾客愿意花高价买全球知名品牌眼镜，或者偏爱在附近的商店购物，或者并不在意碳排放量和公益。

小 结

随着互联网的应用，电子商务成了国际贸易的通行证，给国际贸易带来了新的运作模式，在全球蓬勃发展，是新时代的主要特征之一，按照参加交易的主体不同，电子商务可以分为 B2B、B2C、B2G、C2C、C2G，它促进国际贸易方式和营销模式的改变，提高了工作效率，增强竞争地位，扩大企业知名度，开拓海外市场和提高国际竞争力。基于电子商务平台的新零售模式也迅速发展，即 O2O、移动电子商务和跨境电子商务，企业以互联网为依托，通过运用大数据、人工智能等先进技术手段，对商品的生产、流通与销售过程进行升级改造，进而重塑业态结构与生态圈，并对线上服务、线下体验以及现代物流进行深度融合的零售新模式，线上线下和物流结合在一起，产生的新零售，即电子商务。

参 考 文 献

1. 袁毅,陆建平. 电子商务概论. 北京：机械工业出版社,2015.

2. 聂林海. 我国电子商务发展的特点和趋势. 中国流通经济,2014,6: 97-101.

3. 孙蕾,王芳. 中国跨境电子商务发展现在及对策. 中国流通经济,2015,3: 38-41.

4. 蔡剑,叶强,廖明玮. 电子商务发展案例分析. 北京：北京大学出版社,2011.

5. 王庆生. 电子商务网站的维护与管理. 商场现代化,2016,35: 177.

6. 蔡剑,叶强,廖明玮. 电子商务发展案例分析. 北京：北京大学出版社,2011.

7. 李建忠. 电子商务网站的建设与管理. 北京: 清华大学出版社, 2015.

8. 刘春梅. 电子商务对现代社会的影响. 集团经济研究, 2007, 18: 254-255.

9. 董铁. 电子商务的分类、流程和应用. 市场与电脑, 2003, 1: 58-59.

10. 王键. 电子商务的分类与层次. 国际贸易问题, 1993, 3: 63-65.

第七章 眼镜营销市场调查

学习目标

1. 掌握：眼镜营销市场调查问卷和调查报告的基本结构。
2. 熟悉：多种市场调查方法，市场调查设计。
3. 了解：眼镜营销市场调研的意义和分类。

眼镜市场是眼镜店经营活动的场所，它能灵敏而迅速地反映出眼镜产品的需求及其变化的趋势。前面我们已经学习了眼镜营销的基本概念，了解了眼镜行业现状。本章我们将学习与眼镜市场调查有关的知识和技能，为将来从事眼镜行业调查工作打下基础。

第一节 眼镜营销市场调研概述

市场调研（market research）是一种把消费者及公共部门和市场联系起来的特定活动，用以识别和界定市场营销的问题，产生、改进和评价营销活动，监控营销绩效，增进对营销过程的理解。眼镜营销市场调研就是为了了解消费者对眼镜或服务质量的评价、期望和想法，能够让眼镜店或眼镜企业系统客观地市场预测，调整营销策略，达到营销目的。

一、市场调查的内涵

对于眼镜店或眼镜企业而言，由于其身处的市场在不断变化，因此，只有不断收集最新的市场信息，时刻关注市场变化，才能使眼镜店或眼镜企业真正地满足市场的需要，在竞争中立于不败之地。眼镜店搜集的眼镜市场信息包括消费者的产品需求、行业市场状况、潜在细分市场等多个方面。比如太阳镜市场有哪些新样式或新品牌出现？角膜塑形镜的市场增长速度如何？在眼镜销售经营中有哪些新的服务类型出现？经常使用接触镜的消费者有哪些特性？

从广义上来说，眼镜店或眼镜企业所从事的与眼镜市场信息搜集有关的一切活动，都可以称为眼镜营销市场调查，其主要作用就是为眼镜店或眼镜企业管理者作出各种决策提供依据。因此眼镜营销市场调查是为发现和解决眼镜营销存在问题或寻求新的眼镜市场机遇所进行的系统、客观地搜集、整理和分析市场信息的过程，其主要作用是为管理者作出正确的决策提供依据。

二、眼镜营销市场调查的意义和类型

（一）眼镜营销市场调查的意义

眼镜营销市场调查，有助于管理者了解市场动态，掌握眼镜市场供求变化关系，更好地满足消费者的需求，也为管理者正确决策提供有力的支持。

1. 有助于眼镜店或眼镜企业了解市场供求关系，更好地满足消费者需求　通过市场调查，眼镜企业可以对眼镜行业的生产、销售进行调查，可以了解眼镜市场供给量；对购买力、人口、消费水平及各种购买影响因素与影响程度进行调查。通过搜集的市场信息，眼镜店或眼镜企业可以根据市场情况和企业自身的实际情况，决定眼镜店或眼镜企业的营销策略，更好地满足消费者需求。

2. 有助于眼镜店或眼镜企业发现市场机会并促进开发产品　企业通过搜集消费者信息，能更好地了解消费者的需求变化和消费者对自己产品的看法，从而帮助企业重新认识市场，把握新的市场机会开发产品，使企业在市场竞争中处于不败之地。

3. 有助于管理者正确决策　眼镜营销市场调查通过为管理者提供及时、准确、灵活、有效的市场信息，使管理者对自身的经营资源和经营能力以及市场需求和营销环境都有了更清晰的认识，从而能够理智地作出各种决策，发现市场空缺和市场机会，解决眼镜店面临的市场问题。

（二）眼镜市场调查的类型

眼镜市场调研从广义上分为探索性调研和结论性调研。

1. 探索性调研　主要指眼镜企业调研专题的性质和内容不明确，调研是为了明确现存的某些问题及其发生的原因所进行的市场调查。企业这些问题处于模糊状态，仍未明确表现出来，眼镜企业虽有所感觉但认识尚不明确，而这些问题可能在未来对市场造成很大的影响。比如某眼镜品牌的市场占有率一直无法有效提高，因此进行了市场占有率、竞争对手状况等情况的调查。探索性调研一般具有高度灵活性，探索性调研比较有用的方法是二手资料调研、经验调查、小组座谈和选择性案例分析。

2. 结论性调研　主要是指在市场问题已经明确的情况下，通过资料分析得出结论，结论性调研经常把重点放在消费者的态度、行为和其最终会对企业产生什么影响上，帮助企业为寻求解决该问题的方法所进行的市场调查。比如企业已经决定对某市场进行细分，为寻求更好的市场定位而进行的市场细分调查等。

市场调研从调研对象来分，一般可以分为消费者调研、市场观察、产品调查、广告研究。消费者调研指针对特定的消费者做观察与研究，有目的地分析他们的购买行为，消费心理演变等；市场观察指针对特定的产业区域做对照性的分析，从经济、科技等角度来做研究；产品调查指针对某一性质的相同产品研究其发展历史，设计、生产等相关因素；广告研究指针对特定的广告做其促销效果的分析与整理。

三、眼镜营销市场调查的步骤

眼镜营销市场调查一般分为5步（图7-1）。

（一）确定市场调查目的

确定市场调查目的就是明确市场调查任务，即眼镜店（企业）组织市场调查想要达到的具体目的。通过调查了解现有的问题还是为寻求解决问题的方法？取得哪些资料获得的调查结果对眼镜店（企业）决策有何帮助？例如眼镜店开店选址，某品牌价格定位等。确定调查目的是市场调查的起点，只有确定了调查目的，才能确定调查内容，设计调查项目。

在确定市场调查目标时，首先要通过访谈、实地考察、阅读二手资料等方法，了解眼镜店（企业）需要解决的问题以及问题产生的背景。围绕着"为什么调查，想要得到什么样的

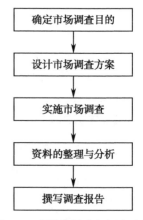

图7-1　眼镜营销市场调查步骤

资料,这些资料有什么用"提炼调查目标,确定调查目标后要反思调查目标是否客观适中,太大或太小都不符合市场调查目标的科学性要求。

(二)设计市场调查方案

市场调查是一项有计划的调查研究工作,市场调查方案是整个眼镜市场调查工作的行动纲领,其具体内容包括确定调查时间和调查对象,选取调查地点,确定调查方式和抽样方法,设计调查问卷,确定搜集信息的整理和分析方法,确定调查报告的提交方式,制订费用预算和详细的行动计划表等,这些内容将在本章第二节详细介绍。

(三)实施市场调查

设计好市场调查方案后,就可以开始按照方案要求进行眼镜市场信息的收集。收集信息是关系到眼镜市场调查成功与否的关键一步,主要包括两方面的内容:

1. 收集二手资料　二手资料收集是指对已有的资料进行有目的地检索、选取,从中找出对本次调查有用的信息。二手资料分为内部和外部两个来源,内部资料指组织内部信息系统所提供的各种数据,如企业的年度销售报告、利润报表等。外部资料指公开发布的统计资料和有关市场动态、行情的信息资料。外部资料的来源包括政府有关部门、市场研究机构、咨询机构、期刊、报纸、电子期刊数据库等。

二手资料收集的优点是搜集资料范围广,现存文献种类多,可收集到各类型的资料,省时省力;缺点是难以考察资料的真实性及调查样本的代表性,被动搜集现有资料,不能主动提出问题并针对性解决目前眼镜市场决策中遇到的问题。二手资料收集适用于市场调研的前期准备,搜集相关政策、会议资料、论文和调研报告等。

2. 实地调查　实地调查是调查人员现场收集资料的过程,是市场调查的关键环节。实地调查的方法有询问法、观察法和实验法等。根据调查方案的设计不同,可以选取适宜的方式方法。

在进行实地调查之前,管理者应做好调查人员的选择、培训工作,确保调查人员有足够的能力完成信息收集工作。管理者应对实地调查人员的工作进行监督管理,也包括对实地调查结果进行验证。比如,对调查对象进行电话回访等。

(四)资料的整理与分析

由于搜集的二手资料和实地调查资料来源于不同组织和个人,资料的形式也各不相同,很难直接用于分析和汇总,因此需要将调查中收集到的资料转换为适合于汇总制表和数据分析的形式,这是整个调查过程中的一个重要环节。

1. 资料的整理　资料整理的过程一般包括问卷检查、分组、编码和录入四个部分。

(1)问卷检查:问卷检查指对收集回来的问卷在完整性和完成质量方面进行检查,确定可以用于最终分析的问卷。那些填写不完整、乱答一气或者未按要求填写的问卷将会被舍弃或重新做过;将问卷中书写不清、填写不完整或前后不一致、含义含混不清的答案找出,分别视情况予以重做、赋值或舍弃等处理。

(2)分组:分组指根据事物内在的特点和调查研究的任务,按某种标志将所研究对象的总体划分为若干个组成部分或组别,使同一组内的各个主题单位保持同质性,而组与组之间具有差别性的一种分析整理方法。

对审核后的资料进行分组和汇总,才能为市场分析提供系统化和条理化的综合指标数据,这也是保证资料客观准确的重要条件。

分组标志就是分组的标准或依据。分组标志是多种多样的。调查的目的不同,调查对象的具体情况不同,选择的分组标志就应有所不同。例如调查青少年防控近视的调查过程,就应对防控方法,调查对象实施时间长短等进行标志。

(3)编码:编码指用代码来表示数据资料使其成为可进行计算机处理和分析的信息。

即给问卷中每一个问题的每一种可能答案都赋予一个数值代码，这样就可以将文字信息转化为可让计算机识别的数字代码，方便数据的录入、处理和制表。

（4）录入：录入是指编码完成后，将各种编码数据输入计算机的过程。

2．资料的分析　资料分析主要是运用统计分析方法对收集到的原始资料进行运算处理，并根据运算结果对研究总体进行定量的描述与推断，以发现市场的真实状况和内部规律。选取的数理统计分析方法应在调查方案设计阶段就予以确定，并分别结合统计技术的特性和所收集资料的特点，如此才能真实、恰当地反映出客观事实及其规律性。

市面上有大量数据分析软件，我们常用的数据分析软件主要是电子表格类软件和统计分析类软件，电子表格类软件以 Excel 为代表，常用的统计分析类软件较多，主要有 SAS、SPSS、Statistics 等，它们的功能差别不大，可根据自己的习惯选择。如果将两类软件配合使用，可达到很高的工作质量。数据分析的基本方法如下：

（1）频数分布：频数分布是指对统计数据按照一定的标示划分为若干类型组的基础上，把所有数据或总体单位按组归并、排列，形成所有数据或总体各单位在各组间的分布。

（2）集中趋势的度量：集中趋势指一组数据向某个中心靠拢的倾向，可以用平均数、众数、中位数等统计指标来表示。对集中趋势的度量是为了寻找样本数据的代表值或中心值，从而反映总体的一般水平。例如，我们想弄清楚某品牌太阳镜在商场上的价格水平，或者某中学学生配镜花费水平，就可以通过对样本数据的集中趋势的度量来找到答案。

最常用的平均数指全部数据之和除以数据个数；众数是一组数据中出现次数最多的标志值，它反映的是样本中最普遍的现象，有时可以用它来说明被研究现象的一般水平；中位数是将总体各单位标志值按照大小顺序排列后，处于中间位置的那个标志值。有时可用中位数代表总体的一般水平，尤其是在总体标志差异很大的情况下，可以排除极端变量值的影响。

（3）离散趋势和峰度的度量：离散趋势是指一组数据中各数据值以不同程度的距离偏离其中心的趋势。常用的离散趋势指标有极差、分位差、平均差、方差、标准差、离散系数等。

在数据分析时只进行集中趋势的分析都可能得出片面的结论。应该将集中趋势和离散趋势的分析结合起来，得到数据的一般水平时，再通过计算其离散趋势来说明集中趋势指标的代表性，两者配合补充可以对调查数据进行全面的观察。

偏度指数据分布的偏斜方向和程度，它是相比对称分布而言的左偏或右偏。

峰度指数据分布的尖削程度或峰凸程度。峰度主要用于配合偏度检查样本的分布是否符合正态分布，如果样本的偏度接近 0，而峰度接近 3，就可以推断总体的分布是接近正态分布的。

（4）变量间关系的分析：有时候我们需要研究两个变量之间的关系，如某眼镜品牌的市场价格和当地人民收入水平之间的关系，对这种关系的研究需要可能是相对确定的函数关系，也可能只是相关关系。

例如，我们认为某眼镜品牌的价格和当地人民的收入水平之间存在一元线性函数关系：

$$P=a+b \cdot I+u$$

其中，P 表示产品的价格，I 表示人民的收入水平，P 受到人民收入水平 I 的影响用 $a+b \cdot I$ 来表示，考虑到不被我们研究的其他变量影响价格，用随机变量 u 来表示。在这样的关系中，I 变量取一定数值时，P 变量有确定值与之对应，当需要得到比较确定的关系时就可以采用这种方法。在确定了函数形式后，可以采用回归方法拟合两个系数 a 和 b，可以直接用统计软件进行计算。

有时候我们认为两个变量是相关的，但两者之间的函数关系并不确定，当一个变量取定数值时，与之对应的另一个变量往往不确定，但它一般按某种规律在一定范围内变化，这种关系称之为相关关系，主要有相关表、相关图、相关系数等分析方法。

（五）撰写调查报告

从某种意义上来讲，调查报告是整个调查活动的书面记录，是对市场调查工作最集中的总结。管理者的决策依据主要来源于调查报告的内容，对市场调查活动的最终评价也是由调查报告的质量决定的。市场调查报告的具体内容将在本章第三节中详细叙述。

第二节　市场调查设计

一、概述

当眼镜店（企业）觉察到眼镜市场上某些可能会对眼镜店（企业）造成威胁的问题时，当眼镜店（企业）发现某些可能会带来巨大利润的潜在市场时，或者当眼镜店（企业）苦苦寻觅某些方法、途径以解决当前眼镜市场困境时，市场调查就是眼镜店（企业）管理者用来解决这些问题的有力工具，发挥着至关重要的作用。

那么，我们该如何着手实施市场调查呢？

在正式的市场调查行动开始之前，我们必须先进行市场调查项目设计。所谓调查项目设计就是指在明确调查目的之后，对调查内容、调查对象、调查方法、信息收集、资料编辑和经费预算等一切在调查实施过程中可能出现的各种问题进行全面、详细地考虑，选择适宜的调查方法，确定市场调查日程和合理的财务预算等。

二、市场调查设计的结构

市场调查设计包括调查目标、调查内容、调查对象、抽样方法、调查方式、调查日程安排、调查经费预算等内容。下面将以我国角膜塑形镜市场调查项目为例，具体阐述每一项设计要点。

1. 调查目标设计　调查目标应该明确、具体，并尽量可以量化。市场调查负责人对于调查目标的明确化责任重大，要特别考虑如何去准确定义或阐述市场调查目标，只有这样才能保证后续工作不会出现偏差。在明确市场调查目标时，可以考虑以下问题：为何要调查？想要了解哪些数据或信息？了解之后有何用处？谁想知道？向谁说明？用何种方式说明较好？一般来说，眼镜市场调查的目标包括了解眼镜市场基本环境，摸清眼镜市场供求状况、竞争对手状况、顾客消费偏好等。

> **案例一**
>
> **我国角膜塑形镜市场调查项目**
> **调查目标**
> 1. 为眼镜企业研发角膜塑形镜产品提供客观依据。
> 2. 为产品进入国内市场进行广告策划提供客观依据。
> 3. 为产品的销售策略制订提供客观依据。
> 具体可以描述为：
> 1. 了解国内角膜塑形镜整体市场状况。
> 2. 了解国内中小学生近视发展统计学资料，测算角膜塑形镜市场容量及潜力。
> 3. 了解国内消费者对角膜塑形镜消费的观点、习惯。
> 4. 了解国内已使用角膜接触镜的消费者情况。
> 5. 了解竞争对手的广告策略、销售策略。

2．调查内容设计　确定调查目标后，下一步就是确定调查的内容。市场调查内容与市场调查目的紧密联系，确定调查内容就是要明确选择调查的具体问题。内容为目的服务，调查内容一定要围绕调查目的和所需要解决的问题来确定，内容选取要做到准确、有效，通过眼镜市场调查所搜集的信息应能很好地解决眼镜店所需解决的问题。例如，在对某眼镜店的消费者群体特性进行调查时，调查内容可以包括这些消费者的消费频率如何？是否表现出足够的品牌消费忠诚度？消费者对眼镜消费的态度如何？他们对眼镜店的店面布置是否在意？而与调查目的无关的项目不应包括在内，以免浪费时间和金钱。比如消费者喜欢的颜色、消费者一般如何打发闲余时间等问题，就不适合出现在调查。

在确定调查内容时，可以先做些探索性调查研究，以更准确地确定市场调查的起点和终点，并能提供明确描述和衡量调查目标的有关数据。无关紧要的调查项目千万不能列入，否则既浪费时间和金钱，也无法满足调查的要求。调查内容设计还包括设计调查问卷，主要是将调查目标细分为更具体的指标和项目，并根据这些指标和项目具体设计问卷、观察表或调查大纲。

当前我国的眼镜市场调查内容主要包括以下几个方面：

（1）眼镜宏观市场环境调查：包括人口环境、经济环境、自然环境、科技环境、政治法律环境和社会文化环境。

（2）消费者需求调查：眼镜市场营销概念的核心内容就是满足消费者需求。因此，消费者需求的调查是眼镜市场调查的核心内容。调查内容主要包括消费者的购买力状况、消费者数量及地区分布、眼镜需求结构、消费者评价等方面。

（3）目标群体特性调查：只有更好地了解目标顾客的各种行为特性和心理特征，才能更好地为顾客提供其满意的产品和服务。目标群体特性调查主要包括消费者购买习惯、购买动机、品牌偏好、生活方式、个性等方面的调查。

（4）4P组合策略调查：包括产品调查、价格调查、分销渠道调查和促销调查等。眼镜店（企业）通过4P方面的市场调研，找出自身的竞争优势与不足，及时调整营销组合策略，从而保证在激烈竞争的市场中占据先机。

（5）竞争者调查：市场中不可能只有一家眼镜店（企业）为消费者提供产品和服务，竞争者自始至终都会存在。针对竞争者的调查主要包括潜在竞争对手调查、现有竞争者的实力调查、竞争对手的4P组合策略调查、竞争者市场定位策略调查等。

案例二

我国角膜塑形镜市场调查项目
市场调查内容

（一）消费者

1．验配角膜塑形镜率情况。

2．验配角膜塑形镜顾客统计资料（年龄、性别、眼病史、家庭成员近视情况、用眼卫生情况等）。

3．验配角膜塑形镜顾客目的描述。

4．验配角膜塑形镜顾客近视发展情况。

5．验配角膜塑形镜顾客使用描述。

6．验配角膜塑形镜顾客对广告的反应。

7．消费者需求及购买力状况。

（二）市场

1. 角膜塑形镜总体市场规模情况，包括在眼科医院、眼视光门诊等的销售情况，角膜塑形镜销售额情况。

2. 角膜塑形镜市场情况，包括国产和进口角膜塑形镜销售与市场份额情况，角膜塑形镜品种、品牌、销售状况。

3. 角膜塑形镜产品销售渠道状况。

（三）竞争者

1. 市场上目前现有角膜塑形镜的品牌、产区、价格。

2. 市场上现有角膜塑形镜销售状况。

3. 各品牌、各类型角膜塑形镜的主要购买者描述。

4. 竞争对手的广告策略及销售策略。

3. 调查对象设计和抽样设计 调查对象设计主要是明确调查对象和调查单位，是为了解决向谁调查和由谁具体提供资料的问题。调查对象是指可以提供各种市场数据和信息的个体，比如成年人还是未成年人，普通员工还是管理者等。调查单位由调查对象组成，比如某个医院或某个学校，三口之家或四世同堂的大家庭等。一般来说调查对象是各种数据和信息的主要来源，但有时由调查单位来提供则更为方便和可行，比如希望了解某小学近视率，则由该学校提供比较便捷。

抽样设计就是选取适宜的抽样方法，根据随机或非随机原则从调查对象总体中抽取一部分单位作为样本进行调查，然后根据样本结果推算出总体特征。抽样方法一般分为随机抽样和非随机抽样两大类。随机抽样一般用于总体数量较大的调查，而非随机抽样则用于总体数量较少的情况。

随机抽样中的简单随机抽样（又称完全随机抽样），是最常用的一种抽样方法，指从总体中随机抽取若干个体为样本，抽样者不作任何有目的的选择。比如说从电话黄页中随机抽取号码作为电话访谈对象。除了简单随机抽样，常用的随机抽样方法还包括分层随机抽样和分群随机抽样。分层随机抽样是先将总体按某一标志分成若干个类型组，使各组组内标志值比较接近，然后分别在各组组内按随机原则抽取样本单位，最后把各层中抽出的样本合在一起构成总体样本的方法。分群随机抽样，是将总体先按照某一标准划分为若干群，随机抽取部分群，对抽中的群内所有单位进行调查的一种抽样组织方式。

非随机抽样中包括便利抽样、判断抽样和配额抽样。其中便利抽样是指样本的选择完全由调查人员决定，取决于调查人员感觉是否"便利"。比如眼镜店在验光等候区中向顾客作询问调查等。在非正式的市场调查中，便利抽样应用最为广泛。

案例三

我国角膜塑形镜市场调查项目
调查对象及抽样

调查对象组成及抽样如下：

配戴者300户。

经销商40家：眼科医院10家；眼视光中心门诊16家；连锁眼镜店10家；眼视光工作室4家。

配戴者样本要求：
1. 家庭成员中没有人从事验光师和定配师工作。
2. 家庭成员中没有人在眼科医院或综合医院眼科工作。
3. 家庭成员中没有人从事近视防控工作。
抽样方法：简单随机抽样。

4. 调查方法设计　　调查方法是指我们用来搜集各种资料和信息的方法，常用的调查方法主要包括询问法、观察法和实验法。

（1）询问法：是一种用来获取第一手数据的常用方法。由于其方式灵活、交流深入彻底，可以直接从访谈对象处获得信息，并且便于获取大量数据，其使用范围非常广泛。根据询问方式不同，询问法具体分为面谈调查法、电话调查法、留置问卷法、网络调查法等。

1）面谈调查法：指调查人员在调查对象家、验光候诊室等适宜的场所，面对面地对调查对象进行询问，并当场记录答案，包括座谈会、入户访问、拦截访问和深度访问等方式。面谈法的优点是调查双方可以直接、顺畅地交流，能够较深入地了解调查对象的想法，也容易得到质量较高的调查数据，回收率高。但这种方法需要具有较高访谈技能的调查人员，同时耗费时间较长，人员培训及时间成本较高。

2）电话调查法：指调查人员按照抽样设计方法抽取某些调查对象的电话号码，以打电话的方式对调查对象提出调查问卷中的问题，并记录答案。这种方法的优点是访问时间短，搜集资料迅速，调查对象的选择容易控制，问卷简单，对访问员要求低。缺点是由于调查对象无法看到问题，在理解上可能会有些偏差，同时调查者无法看到调查对象的真实反应，答案的真实性无法保证，拒访较多。

3）留置问卷法：指将问卷当面交给调查对象，说明填写的要求，并留下问卷，让调查对象自行填写，并由调查人员回收的一种市场调查方法。留置调查法的优点是调查人员与调查对象可以交流，减少了误解发生的可能，调查问卷回收率较高，调查对象填写问卷时间充裕，调查问卷的信息量较大。缺点是难以确认是否是调查对象本人的真实意思表达；需要调查人员上门回收，工作量较大。

4）网络调查法：最常用的是网上问卷调查法，在网上发布问卷，被调查对象通过网络填写问卷，最后通过网络回收（整理）问卷完成调查的方法，目前市面上存在多种在线问卷调查平台，这种调查方法的优点是成本低廉，调查面积广而且网络平台还会提供数据统计功能、便于对调查结果进行统计。但它的缺点是调查对象的真实情况难以判断，同时问卷的完成质量也难以控制。随着互联网的迅速发展、网络普及率的提高、网民数量的增加，网络强大的信息储存与传播功能，网上问卷调查越来越成为市场调查的一种趋势。

（2）观察法：是指调查人员在不影响调查对象行为的情况下，客观地对某一具体事物或行为进行观察，并如实记录的方法。观察法具体包括人员观察法、痕迹观察法等。

1）人员观察法：是由调查人员客观地观察并记录调查对象的言行举止，具体又分为公开观察和伪装观察两种。公开观察法是指被观察者知道自己正在被观察并记录；伪装观察法又称神秘顾客法，是指调查人员将自己伪装成顾客或其他身份，在暗中对观察对象进行观察和记录，从而获得真实客观的第一手资料。

2）痕迹观察：是对某些行为或事物留下的痕迹进行观察，并从中推断得出一定的结论。

比如对某网站浏览记录的观察，从中推测出消费者对其服务的关注程度。

观察法最大的优点是可以减少主观偏见带来的错误，因为观察人员或机器只是客观地观察和记录被调查者在现场的行为，并不加以主观解释。相应的，该方法的缺点是只能观察到表面现象，无法探究到观察对象内心的真实想法。此外，该方法的成本也比较高，所需时间长。

（3）试验法：是因果性调查常用的一种方法，主要是指从可能影响调查问题的许多因素中选出 1～2 个因素，在假设其他因素不变的前提下，研究所选出的因素与问题之间的变量关系。实验法获取的结果具有较强的参考价值，但缺点是所需时间较长，成本较高，在对其他干扰因素的控制方面难度较大。

以上的市场调查方法各有优缺点，企业在实际应用过程中可以同时选择其中的几种，以实现互补效果，使获得的数据和信息更为准确、全面。

5. 调查日程安排设计　调查日程安排指调查工作各个流程的起止时间与天数，以及工作任务的负责人及人员的简要说明。在实际调查活动中，可根据调查范围大小、调查时间长短制作日程安排。

调查日程安排大致可分为准备、实施和结果处理三个阶段。准备阶段一般分为设计调研方案、设计调查问卷或调查提纲、调查员培训三个部分；实施阶段根据调查要求，采用多种形式，由调查员广泛收集与调查活动有关的信息；结果处理阶段是将收集的信息进行汇总、归纳、整理和分析，并将调研结果以书面的形式——调研报告表述出来。

案例四

我国角膜塑形镜市场调查项目
调查日程安排表

内容	日程安排	天数/天	主要负责人及成员	备注
调查方案初步设计	4月2日～3日	2	×××	
调查问卷初步设计	4月4日～5日	2	×××	
预调查及方案修行	4月6日	1	×××	
问卷修订及打印	4月7日	1	×××	
调查员挑选与培训	4月8日～9日	2	×××	
实施调查访问	4月10日～20日	10	×××	
资料整理与分析	4月21日～24日	4	×××	
撰写市场调研报告	4月25日～27日	3	×××	
修订报告并提交	4月28日～29日	2	×××	

6. 经费预算设计　经费预算指估计和测算整个市场调查活动可能产生的费用。调查经费预算设计主要考虑以下几个方面：调查项目策划与设计费；抽样设计费；问卷设计费；问卷印刷、装订费；调查实施费（包括试调查费、培训费、交通费、调查员和督导员劳务费、礼品费和其他费用等）；数据编码、录入费；数据统计分析费；调查报告撰写费；办公费；其他费用等。

三、调查问卷的设计

大多数情况下市场调查目标和市场调查内容都是比较抽象的,需要有大量的数据予以详细说明。如果我们让调查对象直接回答这些问题或一次性提供所有的数据,这显然是不可能的。因此,我们需要设计一份调查问卷来将我们所需的所有信息转化为一系列具体问题,通过每一道问题的答案,我们将最终获得所有需要的数据和信息。同时,对于被调查者来说,由于每次只需回答一道简单的问题,也更有利于其理解问卷中的问题和配合调查人员完成问卷的填写。

(一)问卷设计的原则

对于问卷的设计,并没有统一、严格的要求,但仍需注意一些基本原则:

首先要明确问卷中需要包含哪些信息。由于问卷中各项问题都是根据所需的信息来设计的,因此,设计问卷的第一步就是要明确市场调查目标和调查内容,并据此明确问卷中所需包含的信息。无关信息不应包含在问卷当中。

其次要保证问卷设计的适宜性。问卷不宜太长,也不宜太复杂,应视具体情况予以调整。比如,对于访谈法来说,由于沟通方便,方式灵活,访谈时间较长,因此问卷可以适当加长长度,并略微复杂一些;但对于电话访谈来说,则问卷应尽可能缩短长度和简单化。

再次要保证被调查者有能力回答问卷中的问题。由于调查对象的文化层次和知识背景各不相同,他们对问卷中问题的理解能力和把握能力也有很大差异。在设计问卷的时候要注意确保所有的调查对象都有能力回答问题。比如,问卷中就不适合出现统计分析运算题目。此外,询问调查对象在 6 个月前购买了何种品牌的滴眼液之类的问题也是不恰当的,这超出了正常的记忆能力。

最后要合理设计问卷的结构和问题的排列顺序。在设计问卷时,一般是将简单的、容易回答的问题放在问卷前面,比较难的、敏感的问题放在后面,这样可以提高问卷的完成度,问题之间的逻辑性也应注意,同类的问题尽量放在一起,问卷如果含有多页,同一题目的题干和答案选项应尽量处在同一页。

(二)调查问卷的结构

调查问卷一般由七个部分构成标题、说明词、调查问题与答案、被调查者情况、结束语、编号、调查者信息。

1. 标题　每份调查问卷都有一个标题,凸显调查主题及内容。例如"2018 年××省××市中小学生视力状况调查"这个标题,十分鲜明地反映出调查对象和调查中心内容。问卷标题通常包括时间、区域、范围、内容等要素。

拟定标题时要力求简练、精确、醒目。不能烦琐绕口,不知所云;也不能过于简单,引起误解;更不能题不对文,与调查内容不相称。

2. 说明词　调查问卷开始部分应有一个简要的情况说明,主要是介绍调查的目的、要求、组织单位、答题方法、保密措施等,其目的是引起被调查者的注意和兴趣,以取得他们的配合。要求文字一定要精炼并具有很强的吸引力。篇幅宜小不宜大,一般 200～300 字。

写得好坏与否,直接影响到被调查者的合作态度及合作程度。如果问卷填写有特殊要求或者需告知调查对象有礼物赠送等,都要在此处说明,以便于被调查者理解和合作。下面给出例子仅供参考:

例:《2018 年××省××市中小学生视力状况调查》问卷说明

亲爱的同学:

您好!××眼科医院为了了解我市中小学生视力现状,特进行这次问卷调查,请您提供宝贵的意见,它将帮助我们更好地拟定我市青少年近视防控措施,请您在您认为合适的答案的标号打"√",您所提供的情况我们将严格保密,谢谢您的合作。

3. 调查问题与答案　调查问题与答案是调查问卷最主要的部分,是指需要调查的具体项目和问题。如何确定好调查问题与答案是调查问卷设计的关键,也决定了调研的成功与否。设计问题时,应该注意围绕调查目的,切忌问一些无关问卷调查目的的问题,以免让被调查者反感。问题的描述应该清楚、明了,尽量避免晦涩的术语。对具体的调查问题进行分析,根据对问题要了解的深度不同,来确定选用何种提问方式。调查问卷的提问方式可以灵活多变,这里主要介绍四种:封闭式、开放式、半封闭式和测量表式。

(1)封闭式提问:封闭式提问要求被调查者从事先拟定好的备选答案中选择一个或一个以上的答案。有两项选择法、多项选择法工程度评定法、语义差别法、顺位法和过滤法等方式。下面分别举例说明:

1)二项选择法:如,请问您外出是否配戴太阳镜或变色镜(　　)

A. 配戴　　　　B. 不戴

2)多项选择法:如,您更换眼镜周期为(　　)

A. 半年　　　　B. 每年　　　　C. 每两年　　　　D. 两年以上

3)程度评定法:如,您在购买太阳镜时,认为品牌(　　)

A. 很重要　　　B. 比较重要　　　C. 一般　　　　D. 不太重要　　　E. 很不重要

4)语义差别法:如,请问您对某品牌太阳镜的看法(　　)

美观(　　)一般(　　)

价格高(　　)价格便宜(　　)

效果明显(　　)效果一般(　　)

知名度大(　　)知名度小(　　)

5)顺位法:如,当您选择太阳镜时,考虑的因素是(按重要程度排列回答并用"12345"填在括号中)

A. 美观(　　)　B. 价格(　　)　C. 品牌(　　)　D. 包装(　　)　E. 服务(　　)

6)过滤法:如,您发现屈光不正后,是否配戴过眼镜

A. 是(　　)　　　B. 否(　　)

如果是,请问您配戴的眼镜类型是:

A. 普通镜框(　　)　　　　B. 抗疲劳眼镜(　　)　　　　C. 青少年渐进镜(　　)

D. 隐形眼镜(　　)　　　　E. 其他(　　)

封闭式提问的优点是便于调查对象回答,能有效提高问卷的回收率和完成率,同时也容易进行信息编码,便于统计和分析,它的缺点是选项设计有一定困难,有时需要通过探索性研究来辅助设计,选项的覆盖范围比较小,具有不同程度的强制性。

(2)开放式提问:开放式提问对所提出的问题,被调查者可以不受任何限制自由回答,有自由回答法、完成法、联想法等方式。下面分别举例说明:

1)自由回答法:如,您认为配戴角膜接触镜有哪些优点和缺点_____

2)完成法:如,当您近视度数每年改变为_____

3)联想法:如,当您想预防近视时。您会想到_____

开放式提问的优点是被调查者可以不受限制地回答问题,调查人员可以获得比较全面的答案,它的缺点是答案分散,不易统计,主观性较强,一般来说,调查问卷中以封闭式问题为主,开放式问题为辅。

(3)半封闭式:是结合了封闭式与开放式两种提问方式,既有拟定好的备选答案供选

择,也可以由调查对象自由回答,例如:

近视后,您希望验配的第一副眼镜是在?

A. 眼科医院　　　　　　B. 最近的眼镜店　　　　　C. 大型连锁眼镜店

D. 眼视光门诊　　　　　E. 其他_____

(4) 态度测量表法:是通过一套事先拟定好的用语、记号和数目来测量人们心理活动的度量工具。如评比量表:

很喜欢	喜欢	稍喜欢	无所谓	稍不喜欢	不喜欢	很不喜欢
1	2	3	4	5	6	7

4. 被调查者情况　被调查者情况是指被调查者的基本情况,如姓名、性别、年龄、职业、文化程度、居住地区等有关内容。在设计调查问卷时,被调查者的基本情况究竟选择哪些,要根据调查的目的及要求而定。

5. 结束语　一般在调查内容完成后,要向被调查者表示谢意,注意语言一定要简洁、精炼,起到画龙点睛的作用。

6. 编号　包括调查问卷的编号和每一个具体项目的编号。一项调查工作需要设计很多份调查问卷,为了便于统计,通常要把每份调查问卷进行编号;另外,每份调查问卷中的具体问题也要进行编号,以便于计算机的统计和分析。

7. 调查者信息　调查者项目主要包括调查人员姓名、调查地点、调查日期等与调查人员相关的信息、其作用在于明确责任和便于查询、核实。

(三)市场调查问卷设计的程序

问卷调查是市场调查中最为有效的一种方法。在问卷调查中,调查问卷最作为实现调查目的和收集数据的必要手段,在设计中要求更加严格。设计市场调查问卷一般分为八步,如图7-2所示。

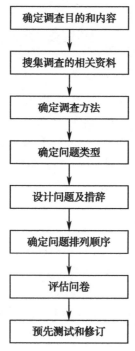

图 7-2　市场调查问卷设计的程序

1. 确定调查目的和内容　调查目的是一切活动的出发点，问卷的设计归根结底是为实现调查目的，因此，问卷设计的第一步就是确定调查目的和内容。在着手设计问卷时，首要的工作是认真讨论调研的目的和内容，将需要调查的内容及问题具体化、条理化和操作化，变成一个个准确的调查细目。

2. 搜集调查的相关资料　问卷设计不能凭空想象，要把问卷设计完善，调查人员需要收集相关的原始资料和二手资料，为问题设计提供丰富的素材，同时加深对调查问题的认识。搜集资料时可以查阅期刊，丰富问卷问题设计的相关知识，也可以对个别调查对象进行访问，了解被调查者经历、习惯、文化背景等。

3. 确定调查方法　调查方法有多种，主要有面谈访问、电话调查、邮寄或网上调查等。不同类型的调查方法对问卷设计都有影响。面谈调查法被调查者可以看见问题，与调查员面对面交谈，设计的问题可以为较为复杂的问题。但电话调查法，被调查者看不到问卷，设计的问题最好为简短的问题。在线调查的问卷可以设计为较复杂的问题。

4. 确定问题类型　问题类型主要有开放式问题、封闭式问题、半封闭式和量表应答式几种，在本节第二部分已有详细论述，这里不再赘述。

5. 设计问题及措辞　问卷调查是通过问题来和被调查者沟通的。因此，如何用文字表述问题，使被调查者能理解问题和回答问题，是十分重要而又较为困难的。每个问题应该包括什么，由此设计的问卷应该问什么，是否必要、全面、切中要害。针对每个问题，问卷制订应反复问自己：这个问题有必要吗？对本调查需要获得的信息有贡献吗？如果从这个问题得不到满意的数据，那么这个问题就可以取消了。

问题措辞也是设计问卷的关键。如果一个问题的措辞很费解，被调查者可能会拒绝回答或回答错误。一般说来，表述问题语句的基本要求是：

（1）用词要通俗、易懂、准确、简短。不要使用调查对象不熟悉的、过于专业化的术语。

（2）不要使用模棱两可、含混不清或容易产生歧义的词或概念。

（3）不要使用诱导性或倾向性的用词，避免被调查者在这些词语的诱导下产生趋同心理，违背真实意见而作了附和的回答。

（4）问题要具体，不要提出那些抽象的、笼统的或定义不明确的抽象问题。

（5）对于那些敏感性强、威胁性大的问题，应在文字表述上努力减轻敏感程度和威胁程度，使被调查者敢于坦率作出自己真实的回答。

6. 确定问题排列顺序　有经验的市场调查人员很清楚问卷设计是获得访谈双方联系的关键。问题联系越紧密，访问者越可能得到完整彻底的访谈，应答者的答案也思考得越仔细，回答得越仔细。为了形成合理的结构，通常要注意两个方面：第一，要方便被试者顺利地回答问题；第二，要便于调查后的资料整理和分析。

问卷问题的排列顺序方式有多种，常见的有：

（1）类别性顺序：把同类性质的问题尽量安排在一起，而不要让不同性质或类别的问题互相混杂。这样就便于被调查者按照问题的顺序，回答完一类问题后再回答另类问题，而不至于使他回答问题的思路经常中断和来回跳动。比如先填写事实性的问题，再回答态度性的问题。

（2）时间性顺序：将问题按时间顺序来安排，一般来说，应根据历史的线索，由过去到现在，再到将来，这样就可以使逻辑和历史统一起来。

（3）内容性顺序：把问题按其复杂和困难程度来排列，一般来说，应该先易后难、由浅入深，先一般性质的问题、后特殊性质的问题。对于敏感性强、威胁性大的问题，更应该放在各类问题的后面。这样，有利于增强被调查者的信心，有利于把他们的思路逐步引向深入,而不至于一开头便把他们难住了。

（4）逻辑性顺序：将原因性问题放在前面,结果性问题放在后面,这样便于研究者进行资料的分析。

7.评估问卷　一旦问卷草稿设计好后,问卷设计人员应再回过头来做一些批评性评估。如果每一个问题都是深思熟虑的结果,这一阶段似乎是多余的。但是,考虑到问卷所起的关键作用,这一步还是必不可少的。在问卷评估过程中,下面一些原则应当考虑：

（1）问题是否必要。

（2）问卷是否太长。

（3）问卷是否提供了调研目标所需的信息。

（4）邮寄及自填问卷的外观设计。

（5）开放式问题是否留足空间。

（6）问卷说明是否用了明显字体等。

8.预先测试和修订　在没有进行预先测试前,不应当进行正式的问卷调查。我们可通过预先测试寻找问卷中存在的错误解释、不连贯的地方,为封闭式问题寻找额外的选项以及应答者的一般反应。预先测试也应当以最终访问的相同形式进行,比如访问是入户调查,那么预先测试也应采取入户的方式。

在预先测试完成后,任何需要改变的地方应当切实修改。在进行实地调研前应当再一次获得各方的认同,如果预先测试导致问卷产生较大的改动,应进行第二次测试。测试顺利完成之后,问卷设计的主体工作宣告结束。

第三节　调查报告

调查报告是市场调查成果的集中表现,是市场调查的最后一步。同时,调查报告在调研数据的基础上加入了研究人员的理性分析,更好地阐述了事物的本质,能利用来源于第一手资料的分析结果指导实践活动,写出有助于管理者的调查报告。调查报告依据数据要完整、可靠,分析要有条不紊,提出的问题解决建议措施要有针对性。做到报告规范。

一、调研报告的写作准备

每一个市场调研报告都有明确的撰写目的和针对性,即反映情况、指出原因、提出建议,从而为眼镜店（企业）管理者制订或调整某项决策服务。而市场调研报告撰写的目的,其依据就是市场调查的目的,两者具有一致性。此外一份完整的市场调研报告还必须交代市场调查所采用的方法和实施情况。

写作准备主要包括确定报告类型及阅读对象、落实材料和提炼调查结论及建议三部分。

（一）确定报告类型及阅读对象

调查报告有很多类型,如一般性报告、专题性报告、研究性报告、说明性报告等。一般性报告就是对一般调查所写的报告,其要求内容简单明了,对调查方法、资料分析整理过程、资料目录等作简单说明,结论和建议可适当多一些。专题性报告是为特定目的进行调查后写的报告,要求报告详细明确,中心突出,对调查任务中所提出的问题作出回答。

调查报告还必须明确阅读对象,阅读对象不同,他们的要求和关心问题的侧重点也不同,例如,调查报告的阅读对象是眼镜店店长,他关心的是调查的结论和建议部分,而不是大量数字分析。但阅读的对象是市场研究员,他所要了解的是结论怎么得来的,是否科学合理,他更关心的就是调查所采用的方式方法,数据的来源等方面的问题。所以,在撰写报告前要根据具体的目的和要求来决定报告的风格、内容和长短。

（二）落实材料

整理与本次调查有关的一手资料和二手资料,并对所取得的各种相关材料进行初步鉴别、筛选、整理以及加以必要的补充,从质量上把好关,为撰写材料的客观性、针对性、全面性和实效性打下基础。

通过调查所收集的材料,初步认识调查对象,经过判断推理,提炼出报告主题,确定观点,列出论点和论据,考虑文章的内容与结构层次,拟定提纲。

（三）提炼调查结论和建议

在综合分析调研数据的基础上,提炼出主要观点,提炼的调查结论一般用判断和概念来表达,可以从以下几个方面提炼结论:

1. 调查中发现的问题。

2. 揭露的矛盾。

3. 提出产生某种现象的原因。

4. 揭露现象背后的规律。

提炼的调查结论应该明确,在调查结论的基础上,结合相关背景提出具体的建议和措施,供管理者参考,要注意建议的针对性和可行性,能够切实解决问题。

二、调查报告的结构

调查报告要坚持实事求是,遵循市场规律和各项政策规定的原则。以调查资料为依据,做到调查资料与观点相统一,表达意思要准确。调查报告一般由标题、目录、摘要、正文、附件等部分组成。

（一）标题

标题必须准确揭示调查报告的主题。调查报告可以采用正、副标题的形式,一般正标题表达调查的主题,副标题则具体表明调查的单位和问题。标题的形式有三种:

1. 直叙式标题　是反映调查意向的标题。例如,"关于我市太阳镜市场的调查报告"这种标题简明、客观,一般市场调查报告的标题采用这种标题形式。

2. 表明观点式标题　是直接阐明作者的观点、看法或对事物的判断、评价的标题,如"镜片降价竞争不可取"。

3. 提出问题式标题　是以设问、反问等形式,突出问题的焦点,以吸引读者阅读,并促使读者思考。例如"××角膜塑形镜为何如此畅销"。

（二）目录

如果调查报告的内容比较多,为了便于阅读,应当使用目录和索引形式列出调查报告的主要章节和附录,并注明标题、有关章节号码及页码,一般来说,目录的篇幅不宜超过一页。

（三）摘要

摘要是市场调查报告的内容提要,只给出报告最重要的内容,不宜过长,一般不超过报告总体字数的10%;摘要主要包括以下三个方面:

1. 简要说明调查目的,即简要说明调查的由来和委托调查的原因。

2. 介绍调查对象和调查内容,主要包括调查时间、地点、对象、范围、调查要点及所要解答的问题。

3. 简要介绍调查研究的放大,对方法的介绍有助于使人确信调查结果的可靠性,因此要对所用方法进行简短叙述,并说明选用方法的原因。

（四）正文

正文是市场调查报告最重要的部分,主要内容有统计结果的分析、发现的问题和可供解决问题选择的建议。正文部分是根据对调查资料的统计分析结果进行的全面、准确的论证,包括问题的提出到引出的结论。结论和建议是撰写调查报告的主要目的。结论和建议与正文部分的论述要紧密对应,既不可以提出没有证据的结论,也不要是没有结论性建议的论证。

正文写作要做到以下几点:

1. 观点明确　必须准确无误地表达清楚全部概念的内涵和外延以及判断的意义,这样在选择和使用材料时,才能在内容、性质及范围等方面与观点相吻合,符合观点的要求。

2. 材料充分　明确的观点必须有充分的材料作为依托,才能言之有理,使人信服。材料充分就是要用事实说话,用充足的数字材料、案例材料、对比材料等,从多方面、多角度支撑观点。

3. 分析具体　要明确观点,不仅要提供充分的材料,还要建立起观点和材料间的联系,要结合材料阐述观点,通过分析,把材料和观点结合在一起。但是,观点的阐述不能空洞,要以具体的材料为依据,用事实证明观点。

4. 结构合理　主体结构的合理安排要做到线索清楚,层次分明,反映事物本身的逻辑。主体结构安排主要有按时间顺序安排、按材料性质安排和按逻辑关系安排三种方式。

（五）附件

附件是指调查报告正文包含不了或没有提及,但与正文有关,必须附加说明的部分。它是对正文的补充或更详尽的说明,包括数据汇总表、原始资料、背景材料和必要的技术报告等。

三、撰写市场调查报告应注意的问题

1. 论证部分必须与调查报告的主题相符。

2. 调查报告要突出重点,切忌面面俱到、事无巨细地进行分析,适当选用多种不同类型的图表,具体说明和突出调查报告中的重要部分和中心内容。

3. 语言要求自然流畅、逻辑严谨、用词恰当,避免使用专业技术性较强的术语。

4. 要根据调查目的和调查内容来确定调查报告的长短,调查报告的篇幅应该是宜长则长,宜短则短。

5. 应将全篇调查报告打印成正式文稿,以方便阅读。

（丰新胜）

实训:

1. 设计《××学校周边眼镜产品价格定位的调查》的调查方案和调查问卷。

2. 设计家乡《××市眼镜行业品牌及价格调查》的调查方案。

3. 设计并实施家乡《××市青少年视力现状及防控的调查》,撰写调查报告。

参 考 文 献

1. 董国俊. 药品市场营销学. 第 2 版. 北京：人民卫生出版社, 2009.

2. 向红梅. 市场调研与需求分析. 北京：北京邮电大学出版社, 2013.

3. 张建平. 眼镜营销. 北京：中国劳动社会保障出版社, 2017.

4. 张荃. 眼镜营销实务. 北京：人民卫生出版社, 2009.

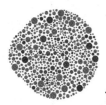

第八章　营销在眼视光门诊的应用

学习要点

1. 掌握：眼视光门诊的营销模式构建及4P在眼视光门诊的具体应用。
2. 熟悉：眼视光门诊的营销策划。
3. 了解：眼视光门诊的定义。

第一节　概念及营销模式构建

一、眼视光门诊概念

眼视光学这个概念源于英文optometry的中文翻译，为什么翻译成眼视光呢？我们可以这样理解，眼：是以眼睛为工作对象；视：以改善视觉为工作目标；光：以光学为主要方法，我们常采用的光学方法有激光、眼镜片、人工晶状体等，再综合手术和药物等医疗手段，以改善眼睛的视觉功能作为工作目标的一门物理、心理和医学的学科。眼视光学是传统眼科学与现代视觉光学相融合的一门学科，主要解决的是"功能性眼病"的问题。

世界眼视光学会（The World Council of Optometry，WCO）把眼视光的服务范畴定义为以下四个方面：第一是光学技术服务；第二是视功能服务；第三是眼的健康诊断服务；第四是部分眼的治疗服务。要求视光师（optometrist）应该具备十项基本技能，这十项技能包括：①眼镜的应用和矫正；②接触镜的验配；③儿童视力保健；④老年视力矫正；⑤低视力康复；⑥与职业相关的视力问题矫正；⑦异常双眼视的诊断和视觉训练；⑧运动视力的评估；⑨眼前段疾病处理；⑩准分子激光屈光手术的术前术后护理。这些技能既是视光从业者（以下简称视光师）的工作职责，也应该是视光从业者的工作范畴。

美国眼科医疗保健服务提供者主要包括眼科医师和视光师。眼科医师是医学的专科医师，提供全面的眼部医疗保健，包括内科、外科和光学矫正，专门从事眼部医疗和手术。视光师是独立的基本医疗保健提供者，从事检查、诊断、治疗和管理眼睛与眼附属器疾病，改善视觉功能紊乱，以及诊断全身病的眼部表现。视光师是眼保健的主要执行者，进行全面眼科检查，为眼镜或接触镜开具处方，诊断、跟踪、治疗眼睛和视觉系统的疾病，处理眼部及全身治疗用药（美国50个州中的48个州可以合法使用）。特殊服务包括特殊接触镜验配、低视力康复、视功能训练，专科包括老年医学、小儿专科服务等。

而目前国内对眼视光门诊还无统一标准，眼视光行业存在诸多不规范，为了规范其诊疗，目前国家对于与人眼球直接接触的一些诊疗行为纳入医学范畴进行管理，比如角膜塑形镜的验配、散瞳等，想在中国全面开展世界视光委员会的十项基本工作，还需要在医疗机构才能很好地开展，所以目前在中国开展眼视光服务，是以医院、眼科门诊部或眼科诊所的形式进行审批和开展的,具体条件请参考国家卫生健康委员会的要求。当然,具备了医院、门诊部或诊所的基本条件以后,还要具备视光学开展的相关条件,具体见本章第二节。

二、如何从营销的角度开展眼视光门诊

(一)营销定位

定位是企业建立在顾客心里的地位,通俗一点讲,就是人们一想到比如视觉健康等问题就首先想到你,或者一讲到你就会想到你是干什么的,是你的个性,也是你的独特魅力。

1. 服务人群的定位　做眼视光门诊首先要拥有专业人才的优势,这是必要条件,在中国且必须至少有一名眼科医师才能申请诊所,同时这位眼科医师能够娴熟地运用视光技术为患者提供相关诊疗服务,否则诊所至少还要有一名以上系统学习过眼视光专业技术的工作人员,因为眼视光门诊主要服务于有功能性眼病患者和对眼视觉健康需求的人,比如斜弱视、双眼视觉异常、近视眼防控、眼疲劳等患者以及各种眼病眼手术后的视力康复、老视的矫正、眼视觉健康体检等。对于简单的验光配镜,我们也要进行必要的眼部常规和视觉功能检查,以能全面对眼睛做体检和尽早发现眼睛可能存在的一些问题。眼视光门诊的患者集中在 18 岁以下斜弱视和近视、双眼视异常患者,以及 18 岁以上眼疲劳、各种原因造成的视功能矫正需求的患者。当然对于有眼健康需求的人,尤其对于父母有近视、远视储备不足、有先天性眼部疾病以及 7 岁之前就出现眼部疾病的患者,更需要建立一个视觉健康档案。以上人群就是我们需要服务的对象。

2. 消费层次的定位　对于上述人群,也分普通消费、中档消费和高端消费,不同的消费群体,技术需求是一致的,但对细节的服务需求是不一样的,我们也可在一个眼视光门诊里建立不同层次的诊区,以满足不同层次需求的人。层次的需求其实跟门诊所在的地理位置有关,这要看门诊所在区域主要的消费群体是哪些,也就是所谓的商圈范围内的人具体是一些什么样需求的人,所以在找诊所位置的时候,要注意周边的需求,当然也要结合自身的条件进行定位。

我们可以用 SWOT 分析的方法对自己的条件进行分析,看看自己的优势和劣势,机会和竞争。如果经济或者渠道优势明显,可以考虑做中高端诊所,如果经济或者专业人才来源非常丰富,也可以做规模较大的眼科医院或眼视光门诊部,兼容低中高端。在找店铺的时候,要结合自身的优势,如果以中高端为主,则可寻找中高端办公区、中高端住宅区或某知名办公楼,有条件的可以与医院合作建立医疗属性更强的门诊部;如果仅凭自身技术优势,经济条件还处于创业期,可以选择普通市民生活住宅区、眼视光门诊较强的医院附近,也可以在学教区寻找。地段的选择其实很重要,主要体现醒目、便利、人流,但往往这样的店铺租金比较贵,所以您要根据自身的条件进行筹备前测算,不可盲目投资,做眼视光门诊,没有几年是无法盈利的,要做好 3～5 年的准备,合理地进行投资选择,可以用时间、勤奋、用心去替代资金投入,争取患者、集聚患者。

诊所层次的不同,主要体现在细节上,比如:仪器设备是否更高级?停车是否方便?就诊是否可以预约?是否有上门服务的可能?就诊环境是否舒适?接待人员是否充裕?医师或视光师的经验是否丰富?医师或视光师是否有足够的时间来听消费者的需求?付款是否方便?售后服务是否周全?因为服务越好,投入的成本就越高,产品的引用和收费的项目就要相对应地进行调整,以支撑门诊部更好的发展。如果定位在普通消费者,我们可以提供大众化的眼健康服务体系,把服务的核心集中在技术实现方面,而其他的附带服务可以

在不需要较大成本投入的前提下尽量做好，尽量让患者舒适，方便。

3. 消费者心目中的定位　眼视光门诊在消费者心目中的定位应该是专业的，只有对专业有需求的消费者才是眼视光门诊核心和稳定的消费群体，眼视光门诊的营销核心一定是把专业的优势发挥到极致，以专业为核心的营销，但由于中国的眼镜行业来源于百货业，在未来的一段时间里，老百姓在观念里还是会把眼视光门诊的主要"光学药物"——眼镜认为是商品，所以我们在进行专业的主流宣传时，也要兼顾到眼视光门诊的商业属性，只要辅助以一定的商业营销，一定能收到很好的效果，但笔者不以为过度的商业化营销会对眼视光门诊有很大的好处，只有恰当的商业化营销才会对眼视光门诊有一定的好处，也就是说，商业营销是为了配合专业营销而采用的一些方法，让老百姓更加愿意去接触视光，走进我们的眼视光门诊，只有接触了您的视光，才有机会很好地了解您的专业水准，从而达到您为其服务的目的。

当然，随着人们健康意识的提升，会有更多人认识到视觉健康的重要性，也会有更多的视力矫正消费者愿意到眼视光门诊进行视觉健康诊疗。

（二）从营销的角度进行装修和流程建设

美国著名的营销专家菲利普·科特勒博士认为营销是一种创造性的行为、是一种自愿自由的交换行为，是一种满足人们需要的行为，更是一个系统的管理过程。营销不仅仅是把商品（包括服务）卖出去，更应该从挖掘顾客的需求出发，从计划、组织、执行和控制一系列过程来满足顾客的需求；因此从企业定位开始，到企业的理念、店铺的选择、装修和流程的建设、核心价值的体现、顾客的服务，以及各种细节，处处体现企业的营销策略。

首先不要把眼视光门诊装修成眼镜店一样，这一点我们必须明确，眼视光门诊是一个提供眼视觉健康服务的机构，而不仅仅是销售视光产品的机构，视光产品是附带销售的，如果以销售视光产品为目的，容易忽视眼视光技术服务的规范性，从而影响了眼视光门诊的长期发展，所以我们在装修的时候，一定以体现专业服务为主要核心。

首先眼视光门诊主要开设以下区域（按流程排序）：接待区、检查区（包括明室和暗室）、诊室、框架眼镜销售区、接触镜验配区、视觉训练区、眼镜加工区；如果是诊所，还要加设药房、治疗室、处置室、观察室、消毒供应室，如果开设门诊部，还要再加化验室、X光室等。也可考虑增加一些辅助的区域，比如顾客等候区、宣教区、低视力生活体验馆、视觉体验区、角膜塑形镜休息区、儿童活动区、员工休息区、仓库等。

接待区：放在患者主入口处，接待区的主要工作是建立进行视觉健康问卷调查、建立视觉健康病例档案、挂号收费、测量原戴眼镜光度（可以放在检查区）、进行电脑验光和测量瞳距（可以放在检查区）等工作。

检查区：分成明室和暗室，明室主要进行眼压、眼轴、角膜地形图等测量，暗室主要是检影、综合验光、双眼视功能检查、眼底拍照等检查。

诊室：主要放置裂隙灯、检眼镜，供眼科医师常规检查和诊断使用。

框架眼镜销售区：该区域建议不要直接面对主入口处，以免老百姓认为你是一家眼镜店，但也不主张放在太隐蔽处，毕竟眼镜是视光学的主要"光学药物"，可以顺着流程，在诊室的附近，透过玻璃橱窗还能看到眼镜柜台，毕竟这里也有配眼镜的。眼镜柜台所占的面积建议不要超过四分之一，展示的产品以儿童青少年和中老年为主，当然还有针对25~40岁的少量产品，充分展示功能性镜片和护眼台灯、握笔器等护眼辅助产品，也可以把斜弱视和双眼视训练产品放置在此区。

接触镜验配区：主要的功能是展示接触镜产品并能进行销售，接触镜配戴台，接触镜档案室（建议最好进行电子档案管理）；如果有条件还可以安排角膜塑形镜休息模拟室，接触镜宣教室,接触镜仓库和试戴片管理区等。该区可以放置一台裂隙灯,以供接触镜试戴评估和复查所用。

　　视觉训练区:分成明室和暗室,明室主要进行双眼视训练,暗室主要进行弱视训练,也可以建立 VR 视觉体验馆。

　　眼镜加工区:眼镜加工需要出入水,尤其是下水道的排污要通畅,工作台面要有防水功能,宽度合适,流程通畅,当然如果是连锁机构,有统一的割片中心,每个分店就没必要做加工区了。

　　药房、治疗室、处置室、观察室、消毒供应室按照国家卫生健康委员会的要求设置就可以。

　　店铺门面的招牌要醒目,最好夜间有灯光照亮,目前普通百姓对眼视光的概念没有行业内的人这样熟悉,建议可以在门面恰当的位置告知诊所的主要诊疗范围,比如说:近视防控、斜视弱视、异常双眼视、眼疲劳、普通眼病诊疗、各种视力矫正、验光配镜等。场地的宣传以爱眼护眼知识,角膜塑形镜等视光产品的介绍及规范的检查流程为主,减少甚至不宣传眼镜架、太阳镜等海报,以体现专业性。从营销的角度来说,整个场所的专业气氛体现很重要,包括流程的顺畅性、就诊操作的规范性、宣教和现场布置的专业科普性,处处细节体现专业优势。

(三)视光项目的领域界定

　　眼视光门诊的经营者也可以通过波士顿矩阵的分析方法,了解哪些业务领域应该开展、哪些应该保留、哪些应该收缩、哪些应该放弃。横坐标代表公司相对于最大竞争者的市场份额,纵坐标代表市场年增长率,超过 10% 就属于高速增长,该矩阵分为四个方格:问题领域、明星领域、现金牛领域和瘦狗领域。

　　问题领域位于高的市场增长和低的市场份额区域,比如角膜塑形镜,对于一家新开的眼视光门诊来说,角膜塑形镜是行业高速增长领域,但需要拥有一定的资质,投入一定的设备、场地和人员,需要较多的资金支持,以提高市场占有率,如果培育得好,将会发展到明星领域,如果发展不好,就将沦落成低市场占有率和低市场份额的瘦狗领域。

　　明星领域其实是一个企业的标杆和个性,不一定是这个企业的利润来源点,但一定是这个企业让人们津津乐道的东西,比如斜弱视和双眼视的训练,首先要有很好的场地和设备条件,训练的流程既要做的规范又要根据每位患者进行个性化的训练方案制订,并且这些方案的制订要解释给患者及家长听,赢取患者的信赖和支持,才能得到好的训练效果,而效果才是该项目能够持续发展和赢得口碑的根源,做好并包装好,明星领域的项目将会成为你的核心竞争力。当然这里仅仅举了一个例子,每个都有自己的优势,其实就是把自己的优势规范好,发展好,包装好,都能成为自己明星领域的项目。

　　对于一家在当地市场占有率较高且市场快速增长的眼镜连锁企业,如果想开一家眼视光门诊,又想借助原品牌的优势,在资金投入的时候要格外小心,刚开始建议引进一些有助于提升验光配镜的设备和人员,先提升自己原有领域的技术水平,同时不断培养专业人才,规范自己的诊疗流程,打造自己的专业声誉,然后逐步增加自己的诊疗项目,过渡成完善的眼视光门诊,转化成现金牛领域。而现金牛领域是处于低的市场增长率和高的市场份额区域,是利润最主要的来源,所以在被淘汰之前,一定要抓住机会,比如儿童青少年配镜,这是眼视光门诊比较有优势的项目,现在家长对自己孩子的眼睛健康很重视,希望能找一家技术过硬,口碑较好的眼视光门诊进行科学的验光配镜,并且希望明确自己孩子眼睛有没有什么疾病,引起近视的原因在何处,有什么办法可以控制孩子近视的发展等一系列问题,针对这些问题,他们会寻找眼视光门诊这类比较专业的机构进行诊疗,所以作为一家眼视光门诊,技术的规范性和前瞻性代表着该门诊的技术水平,只有不断提高技术水平,才能赢得顾客的信赖,才能获得好的口碑,青少年儿童的验光配镜特点是消费频次高,患者忠诚度也高,所以抓住青少年儿童的验光配镜领域,才能持续保持现金牛领域的利润来源。

瘦狗领域是处于低市场增长率和低市场份额区域,在竞争中处于劣势,比如眼视光门诊中的太阳镜,由于太阳镜是个成品,很多眼镜店都可以销售,甚至包括饰品店也在销售,人们更多的是讲究品牌和款式,作为眼视光门诊,如果仅仅在品牌和款式上与眼镜店竞争,是没有优势的,如果想做,就要结合自己的优势进行营销,比如可以为手术患者提供术后护目镜,可以开展紫外线检测证明太阳镜具有很好的防紫外线功能,总之要围绕人们对健康的需求展开营销,从而赢得有健康需求群体的支持,否则就该放弃瘦狗领域的项目。

(四)两种眼视光门诊适合的新营销模式

随着时代的发展,新的营销理论不断被提出来,除了经典的以满足市场需求为目标的4P理论,以追求消费者满意为目标的4C理论,以建立消费者忠诚为目标的4R理论以外。还提出了一些新的营销模式:

1. 口碑营销　口碑营销是企业有意识或无意识的生成、制作、发布口碑题材,并借助一定的渠道和途径进行口碑传播,以满足顾客需求、实现商品交易、赢得顾客满意和忠诚、提高企业和品牌形象为目的,而开展的计划、组织、执行、控制的管理过程。在当今信息时代,我们已经完全淹没在大量的信息中,加之虚假广告时有出现,人们没有足够的时间从如此浩瀚的信息海洋中找到对自己有用的东西,往往倾向于听信少数周围亲近人的意见。因而,口碑成了最好的广告,它在消费者中的作用日益重要,企业只有加强口碑的传播工作,再结合其他的营销手段,才能取得更好的营销业绩。

口碑营销在眼视光门诊中具有很好的运用价值,眼视光门诊是一种以诊疗为主要内容的医疗服务,服务的过程和治疗的效果很重要,只有良好的就医体验和治疗效果,近视得到控制、弱视得到治疗、眼疲劳得到解决,能配上一副清晰、舒适、持久、美观的眼镜,会在患者当中形成很好的口碑,这种口碑是很有效果的,比如角膜塑形镜的验配,对于一个没有听说过角膜塑形镜的患者来说,配一副角膜塑形镜是很困难的,但只要他周边的亲戚朋友同学有戴过角膜塑形镜,并告知效果比较好,在什么地方配的,这种患者只要需要并且适合配戴,很快就能接受,这就是口碑营销的魅力所在,很多眼视光门诊组织患者成立会员俱乐部或者××群,就是利用已经有过良好体验的患者传播好的口碑,达到宣传的目的。

2. 体验营销　伯德·施密特(Bernd H.Schmitt)博士在他所写的《体验式营销》(*Experiential Marketing*)一书中指出,体验式营销是站在消费者的感官(sense)、情感(feel)、思考(think)、行动(act)、关联(relate)五个方面进行营销设计,突破了传统意义上"理性消费者"的假设,认为消费者消费时是理性与感性兼具的,消费者在消费前、消费时、消费后的体验,才是研究消费者行为与企业品牌经营的关键。国内崔国华在《体验营销概念及其策略研究》(2004)一文中指出,体验营销能带来企业的核心竞争力,它将消费者的注意力从产品转移到消费过程中,在所提供的难忘体验中确立自己的独占领域,为企业树立核心竞争力。

关于如何开展体验式营销,提以下几个关键特点供参考:

(1)围绕顾客:关注顾客的体验,站在顾客体验的角度,去审视自己的产品和服务。以顾客的真实感受为准,去建立体验式服务,以体验为导向设计、制作和销售服务和展示疗效产品。比如眼视光门诊流程的设计,一定要顺着患者的就诊次序进行设计,以让患者少跑路为核心,进行装修,一个标准的视光诊室应该配备综合验光仪、裂隙灯、检眼镜、检影镜、笔灯、立体视检查本、反转拍等一些斜弱视、双眼视检查工具，除了一些大型设备价格比较昂贵，不可能每个诊室配置以外，尽可能在一个诊室内配置完备，患者就不需要为了检查一个立体视而跑到其他区域，增加患者良好的体验，体现以患者为中心的服务理念。

（2）情景体验：营销人员不再孤立地思考一个产品（质量、包装、功能等），要通过各种手段和途径（娱乐、店面、人员等）创造一种综合的效应以增加消费体验；不仅如此，而且还要跟随社会文化消费向量（sociocultural consumption vector，SCCV），思考消费所表达的内在价值观念、消费文化和生活的意义。体验消费情境使得在对营销的思考方式上，通过综合考虑各个方面来扩展其外延，并在较广泛的社会文化背景中提升其内涵。顾客购物前、中、后的体验已成为增加顾客满意度和品牌忠诚度的关键决定因素。

（3）体验要有一个"主题"：体验要先设定一个"主题"，也可以说：体验式营销乃从一个主题出发并且所有服务都围绕这个主题，或者至少应设有一"主题道具"。其实在设计眼视光门诊时，要标志出一个让人印象深刻的景物或服务，比如说在场所很多的地方绘制爱眼护眼的漫画故事，比如说在门面制作很大的视力表等。

眼视光是一个专业化程度要求较高的行业，对顾客的服务不仅仅在服务的形式上，更需要在服务的内容上给予顾客良好的体验，不要把视光服务定义成简单的验光配镜，眼镜只是视光服务所提供的一种工具，即便是简单的验光配镜，也要通过调节集合、双眼平衡等双眼视功能检查，以达到清晰、舒适、持久的目的。把为青少年儿童近视眼的验光配镜矫正，提升到为他们进行有效近视预防层面上来。只有这样才能让顾客通过良好的疗效体验获得对该眼视光门诊的认可。

眼视光门诊专业化服务的质量和水平是能够让消费者切实感受到的。特别是随着新技术的推广应用、专业能力的提升，相信消费者最终能获得更直接、更深刻、更全面的健康舒适感受。体验营销能将公司的核心竞争力变为可以感受的实质，它将消费者的注意力从产品转移到消费过程中，在所提供的专业体验中提升企业的形象，为公司树立了核心竞争力。

诺贝尔奖得主、心理学家 Daniel Kahneman 研究发现，人们对一件事的印象，往往只能记住两个部分。一个是过程中的最强体验，峰；另一个是最后的体验，终，这叫"峰终定律"。过程中好与不好的其他体验对记忆差不多没有影响。比如，某咖啡店的"峰"，是友善的店员和咖啡的味道，"终"是店员的注视和微笑。尽管整个服务过程中有排长队、价格贵、长时间等待制作、不易找到座位等很多差的体验，但是客户下次还会再去。又比如，一些眼视光门诊会在诊疗过程中，为了让小朋友配合检查，送给小孩子小礼物，送他爱吃的棒棒糖，这会使整个患者家属认为不会很好配合的检查变得温馨而有人情味，这个最强的体验让患者及其家属有很好的感受，从而下次有需要还会想到这里来。

口碑和体验是相结合的，获得好服务口碑的行业秘密是："多数可遗忘，偶尔特漂亮"。也就是说，给顾客的绝大多数服务都很一般，让他完全不在意就行。而好口碑则来自偶尔给他一个特别好的体验。

第二节　4P 理论在眼视光门诊的具体应用

营销和创新是企业最主要的两大功能，眼视光门诊作为新型企业，营销活动仍然是其核心功能。本书第一章第二节对营销策略（4P、4C 和 4R 理论）有了理论层面的概述讲解。

本节我们重点阐述这些策略在眼视光门诊营销中的具体应用,首先,需明确 4P 和 4C 在理论层面的区别:4P 理论的主体是企业,4 个 P 都是以企业为核心来阐述;而 4C 理论的主体是客户,4 个 C 都是以客户的利益为核心。但从营销的本质上讲,4P 和 4C 并无区别,都是挖掘客户需求并予以满足的一种活动。

本节我们将主要阐述最为经典的 4P 理论在眼视光门诊营销活动中的具体应用,其中也结合了 4C 理论从不同角度进行阐述。

一、产品

眼视光门诊为客户提供的产品由眼视光门诊的基本功能决定,这些功能主要包括:屈光不正矫正、近视防控、斜视弱视诊治康复、双眼视异常的诊断及处理、干眼视疲劳诊疗及眼保健等。在为客户提供综合的视觉健康解决方案,改善视觉生活质量的过程中,眼视光门诊的技术、产品都只是解决眼保健问题的一种手段或者工具,而眼视光门诊真正的"产品"是通过技术和有形产品的结合提供给客户的视觉解决方案。

按照眼视光门诊主要客户构成情况划分,眼视光门诊的产品大概可以分成如下几种类型:

(一)以儿童及青少年为主体的产品

近年来,儿童及青少年近视的发病率呈逐年上升的趋势,眼视光门诊中儿童及青少年客户占有主体地位。有效预防及控制近视是客户的核心需求,专业技术结合产品制订出的近视防控解决方案自然成为眼视光门诊营销的主体产品,主要包括:眼健康检测、评估;近视防控方案的制订;科学的用眼指导。其中近视防控方案中涉及的产品包括:光学框架眼镜(普通框架眼镜、近视离焦型框架眼镜、渐变焦框架眼镜)、接触镜(硬性接触镜、软性接触镜)、眼部缓解视疲劳的护理产品、双眼视异常训练产品等。从 4P 和 4C 的角度来讲,儿童及青少年客户所获得的超值价值也正体现于此。

(二)以中青年为主体的产品

除了屈光矫正的普通光学镜架、镜片、接触镜等产品外,视疲劳、眼干涩等问题是中青年客户常见的眼部亚健康状况,随着这些问题的不断深入,必然导致生活质量下降。眼视光门诊针对此类客户可提供的产品及服务包括:双眼视异常的诊断及处理;干眼视疲劳评估及处理;科学的眼保健知识。其中干眼视疲劳处理涉及的产品包括:湿房镜,蒸汽按摩仪、蒸汽热敷眼罩等眼周护理商品,双眼视异常训练产品,缓解眼部疲劳的眼镜(防蓝光眼镜等)、接触镜(硬性接触镜、软性接触镜)等。

(三)以老年人为主体的产品

眼病是老年人的常见疾病之一,由眼病引起的视力减退不是眼视光门诊完全能够解决的问题。但眼视光门诊需要具备发现老年客户潜在眼病的能力,同时还要为老年人提供基本的眼病咨询及建议。当然,对于未患眼病的老年客户,如何避免眼病的发生及老年人正常的屈光问题解决,也是眼视光门诊的重要功能。眼视光门诊的这些功能对应的服务及产品包括:眼部基础健康检查、眼前节和眼底的定期检查、无眼病科学合理的生活用眼指导及防护、有眼病科学合理的生活用眼指导及防护、专业的护目镜、渐变焦眼镜、眼周护理产品等。

二、价格

在经济学中,价格是产品同货币交换比例的指数,是产品价值的货币表现。客户以怎样的价格获得企业所创造的客户价值(产品或服务),是影响客户购买决策的重要因素。所以，不论产品或服务的差异如何，价格都是各企业完成营销活动首要解决的问题。

眼视光门诊作为传统眼镜店发展而来的新型产业，当我们以怎样的价格将产品或服务让渡给客户时，除考虑成本问题，还需要考虑客户的核心利益，同时还要考虑客户获得产品或服务后的使用成本、满意度等。

成本导向定价法是传统眼镜店和眼视光门诊都在采用的方法。

（一）传统眼镜店通常的定价策略

传统眼镜店通常的定价策略是：服务免费，产品高加价。

这样定价的好处是：

1. 客户可以享受免费的技术服务，增加客户对眼镜店的正向评价。

2. 由于技术服务是免费的，客户对技术服务的结论期望值降低，规避了眼镜店技术服务失误风险。

3. 降低了眼镜店对技术服务评估定价的成本。

但这样定价的不足是：

1. 让客户忽略了技术服务在产品质量控制中的价值体现，把更多的注意力集中在产品的显性品质和价格上。

2. 缺少技术服务的价值体现，增加了客户的议价能力及机会。

3. 产品的隐性成本增加，产品的竞争力下降。

（二）眼视光门诊的定价策略

眼视光门诊的定价策略为：技术服务和产品分别定价。

鉴于眼视光门诊提供的产品通常为两部分：

1. 有形产品，包括：光学镜架、镜片、接触镜、太阳镜、视觉训练产品、眼周护理产品等。

2. 无形产品，包括：眼健康检查、视觉解决方案、眼健康知识等。

其中有形产品是眼视光门诊视觉解决方案的工具，而无形产品是实施视觉解决方案的工具。

这样定价的好处是：

1. 显性价格分散，客户接受度提升。

2. 彰显技术服务的价值，提升企业专业品牌影响力。

3. 有形产品的显性价格降低，增加行业竞争力。

4. 改变客户的传统观念，增强科学眼保健意识。

5. 提升企业持续盈利能力。

这样定价策略的不足是：

1. 客户传统观念的转变成本高，易造成客户脱落。

2. 客户对视觉解决方案的期望值提升，易造成客户投诉，同时技术服务提升的成本增加。

3. 增加企业技术服务价值评估成本。

眼视光门诊定价策略确定后，具体价格制订时通常还要考虑如下因素：

1. 有形产品　采购成本、财务成本、销售成本及利润率，其中销售成本包括：管理成本、人力资源成本、行政成本等，销售成本通常称为固定成本，在计算产品定价时，应根据产品的预期销售数量进行分摊。

2. 无形产品　人力资源成本、耗材成本、场地租赁费用、销售成本、仪器设备采购成本及利润率，其中人力资源成本包括：技术人员工资性收入、技术培训费用等，在计算无形产品定价时应根据服务客户量进行分摊。需要说明的是，企业品牌的溢价收益，通常在利润率的确定中考量。

产品的价格确定以后,如何让客户接受眼视光门诊的定价,并按此价格购买眼视光门诊的服务和产品是营销活动关注的核心问题。各行各业在价格营销方面的创新层出不穷,有很多值得我们借鉴,但价格营销的核心是价值溢价,即客户得到的实际使用价值和心理预期远大于客户的实际支付成本,常见的价格营销方式有以下几种:

1. 价格锚定　即我们通常所说的折扣定价,给客户一个较高的目录价格,然后以折扣等方式让客户实际支付的成本低于目录价格。

2. 价格体验　重点是无形产品的体验,通过客户体验传递无形产品的价值,让客户给自己获得的利益定价。

3. 组合定价　一般应用于新产品或新项目导入期,在产品的成熟期拉动整体销量时也可以应用,主要是通过组合定价提高单个客户的消费量,即通常意义上的"薄利多销",客户消费单位商品的支付成本降低。

三、渠道

营销活动中的渠道通常指产品流通的路径,即产品从生产商到达最终消费者的路径。不同的企业对渠道的定义存在差异,生产型企业定义的渠道一般指产品流通的不同节点,比如代理商、批发商或零售终端等,渠道管理的重点是各流通节点的相互衔接;而零售或服务型企业一般直接面对最终消费者,这样的企业对渠道的定义通常是最终消费者从本企业获得产品的方法、心理感受、消费环境等,渠道管理的重点是消费环境、客户交流、客户体验、客户数据应用等要素的控制。眼视光门诊属于服务型企业,渠道营销的重点是客户管理及客户体验。

随着电子商务和人工智能技术的发展,电子商务的便利性及成本优势,人工智能精准性的大幅度提升,都对产品的传统销售渠道产生巨大的冲击,客户的消费理念也在不断升级。眼视光门诊如何应用新技术,并结合自身的优势,锁定目标受众,提升自身营销渠道的竞争力将是眼视光门诊可持续发展的必要条件。

(一)消费场景的升级

眼视光门诊多是传统眼镜店的转型或参照传统眼镜店的模式建立的,如果眼视光门诊给客户的感受是传统眼镜店的升级版,客户选择眼视光门诊的概率就会下降,因为传统眼镜店的功能不能匹配客户的核心需求。所以,眼视光门诊应该给客户提供"客户的需求能够在眼视光门诊得到满足"的场景,例如,眼健康检查设备的展示、专业技术人员的专业形象、眼视光从业人员的标准化作业流程等都会建立客户的信任。

(二)消费的便利性

高节奏的生活场景让客户的时间潜意识增强,同等消费收益的情况下,客户通常会青睐便利性。这要求眼视光门诊要建立在目标受众的高频生活场所,同时要借助外部资源(如第三方物流、电子商务、移动应用软件等)为客户提供相应服务。例如:眼视光门诊覆盖的老年人口是眼病高发人群,眼视光门诊能提供的医疗服务一般限于常见眼病的初筛查及处置。眼视光门诊可以利用互联网与专业眼科机构建立远程诊断平台及转诊机制,为客户提供全面眼健康服务的同时提升自身品牌美誉度,增加潜在客户数量。

(三)客户交流

移动应用技术的发展带来的最大变化是客户每日获取的信息量呈几何级数增长,人与人的交流互动变得无时无处不在,眼视光门诊只是客户无数生活场景之一,作为相对低频消费场所的眼视光门诊让客户时刻记住的现实意义不大。但如何让客户产生眼相关需求时想到眼视光门诊，关键在于眼视光门诊与客户的交流及因此产生的客户黏度。当然，我们还应该在与客户的交流中创造客户新的需求，例如通过提示客户如何科学预防有害蓝光对眼睛的伤害的过程中，增加客户眼相关防护产品的需求，这也是增加客户黏度的同时增加眼视光门诊收益的方法。

（四）客户深度开发

眼视光门诊提供的产品及服务通常是个性化定制，每个客户都有其自身的特点，通用性产品和服务不多。但客户也有一些共性特质，如高度近视的遗传性、客户社交圈层文化的一致性等，利用高度近视的遗传性就可以挖掘客户族系的潜在需求，而利用客户的圈层文化就可以开发客户社交圈层的共性需求。

四、促销

促销一般有两个目的：促进当期销量的提升和未来销量的提升。促进当期销量的提升多以利益拉动为主，如打折、买赠等，而促进未来销量提升多以品牌建设为主，良好的形象是客户未来选择消费的理由之一。

最佳的促销方法是既提高了当期的销量又给未来奠定基础，眼视光门诊的业务特点决定了眼视光门诊的促销活动可以兼顾当期和未来的收益，当然，在眼视光门诊的促销活动中也要适当放弃一些当期的既得利益。

（一）促进当期销量

在以提高眼视光门诊当期销售数量为目的的促销活动中，眼视光门诊宜采用的促销形式有以下几种：

1. 有形产品的低价促销　通过这种方式会刺激当期销量的提升，但存在的主要弊端是利润率的下降和透支未来销量。

2. 无形产品的免费体验活动　这种方式通常会增加有形产品当期销量提升的概率，同时易形成客户忠诚度及未来消费概率，主要弊端是无形产品当期收益丧失。

3. 有形与无形产品的组合　这种促销方式可以促进客单价提升，对于当期和未来销量都有帮助，但主要弊端是容易让客户产生被绑架营销的感觉，而且对于无形产品的价值感不强。

4. 连带销售　这种促销方式可以降低客户对商品单价的敏感度，可以有效提升当期销量，主要弊端是促销活动的执行容易出现偏差，连带商品与客户的需求匹配度降低，影响品牌美誉度。

（二）促进未来销量

在以提高眼视光门诊未来销量为目的的促销活动中，眼视光门诊宜采用的促销形式有以下几种：

1. 传统广告　多以企业品牌影响力提升为目标，包括企业经营理念、品牌背书等，优点是受众广，缺点是成本高且有效到达率低。需要说明一下，因为眼视光门诊有地域性服务机构的特性，在硬性广告投入上需谨慎。

2. 新媒体应用　优点是获客成本低，目标受众的互动性好；不足是平台资源丰富，客户消费渠道的指向性不易掌控。通常采用的方式是：建立可互动的客户资源管理系统、开发移动应用软件、公共移动应用平台的应用、第三方平台应用等；运用平台数据，实现精准营销。

3. 地面推广

（1）社区宣教：优点是空间距离和人口结构相对稳定；不足是社区人口数量也相对稳

定,对于低频消费场所的眼视光门诊的获客资源有限。通常采用的宣教方式有:社区义诊、家庭眼健康服务、爱眼讲座等。

（2）学校筛查:优点是目标受众集中,获客成本低;不足是学校筛查对象中绝大部分不是消费决策者。通常采用的方式是:眼健康体检、视力保健咨询、近视防控爱眼讲座、清洗维修眼镜、爱眼奖学金、特困资助等。

（3）异业联盟:优点是获客成本低,不足是有效到达率低。通常采用的方式是:会员资源共享、会员福利共享、大型眼健康体检、眼保健讲座等。

本节我们结合 4P 理论对眼视光门诊营销活动的基本策略进行了阐述,大家对眼视光门诊的营销要素有了基本的了解。但关于这 4 个 P 在眼视光门诊营销活动中的作用需要特别提示一下:

眼视光门诊发展周期的不同阶段,各主要营销要素的作用是存在巨大差异的,我们需要适时调整营销策略。如眼视光门诊建立初期,此期间营销的核心要素应是产品和渠道,以此增加客户对企业品牌的认知及美誉度。而大多数企业通常在此期间的重点是促销,即增加当期的销量或未来的客户数量,这样做的最大问题是,一旦产品出问题,客户脱落及脱落后的负向影响将直接影响企业的可持续成长。

随着商业环境的不断变化,眼视光门诊的营销环境也在不断变化,营销要素也需要作出相应调整并确定新的营销核心要素。如我们前面谈到的眼视光门诊与客户的交流问题,最初是面对面的沟通,现在可以借助社交软件来实现,这时候我们的营销重点应该从客户黏度控制转向客户数据的深度挖掘(不意味着不做客户黏度控制方面的活动),通过圈层文化、社交热点等要素反作用于客户黏度控制。而在眼视光门诊产品线的宽度规划方面,现在已经从传统的屈光解决方案(如光学框架镜的验配)发展为近视防控方案(如双眼视异常训练训练＋功能性光学框架镜＋饮食方案等),甚至未来要出现的眼健康管理移动端应用软件等,营销的重点应该从产品转移到促销,即增加进店客户的数量或增加进店客户消费的数量,让更多的客户了解到眼视光门诊能提供的产品及服务。这些都是眼视光门诊营销活动中要考虑的要素。

但不管企业发展处于哪个阶段,或者商业环境如何变化,客户的核心需求满足永远是眼视光门诊营销的核心。

第三节　眼视光门诊的营销策划及案例

一、营销策划思路

眼视光门诊的营销策划应该立足于门诊的实际运作。那么营销策划的时候,应该要注意些什么,怎样才能制作好的营销方案?首先要理解什么是营销,什么是营销策划。

美国市场营销协会给营销下的定义是:市场营销是创造、沟通与传送价值给顾客及经营顾客关系以便让组织与其利益关系人受益的一种组织功能与程序。麦卡锡在其《基础营销》一书中写道:营销是指某一组织为满足顾客而从事的一系列活动。由此可见,市场营销是以市场为起点,以顾客需要为中心,以市场营销为手段,来赢得顾客的满意,从而实现企业的经营目标。

市场营销在发展的不同阶段提出了不同的观点和理论,如以满足市场需求为目标的 4P 理论、以追求消费者满意为目标的 4C 理论、以建立消费者忠诚为目标的 4R 理论等,这些营销理念指导着企业本身的创新与发展。现在竞争越来越激烈和多元化,企业要在激烈竞争中达成目标,必须要有先进的营销理念引导。营销方式的不断推陈出新,涌现出了许多新时代营销理念和营销模式，其中主要有：文化营销、口碑营销、体验营销和参与感营销。

（一）文化营销

文化营销，简单地说，就是利用文化力进行营销，是指企业营销人员及相关人员在企业核心价值观念的影响下所形成的营销理念，以及所塑造出的营销形象，两者在具体的市场运作过程中所形成的一种营销模式。眼视光门诊不仅仅满足眼健康的需要，同时还有更深的文化内涵，正是这些蕴含的文化内涵让患者达到了较高的满意度。

（二）口碑营销

口碑营销是企业有意识或无意识的生成、制作、发布口碑题材，并借助一定的渠道和途径进行口碑传播，以满足顾客需求、实现商品交易、赢得顾客满意和忠诚、提高企业和品牌形象为目的，而开展的计划、组织、执行、控制的管理过程。新时代，眼视光门诊的口碑成了最好的广告，它在患者中的作用日益重要，只有加强口碑的传播工作，再结合其他的营销手段，才能取得更好的营销效果。

（三）体验营销

体验营销指通过看、听、用、参与等手段，充分刺激和调动消费者的感官、情感，并使其行动和体验，通过体验不断地传递品牌或产品的好处。体验营销将消费者的注意力从产品转移到消费过程中。在这里，消费是一个过程，因为当过程结束的时候，记忆将长久保存对过程的体验。消费者愿意为这类体验付费，因为它的每一瞬间都是一个唯一。

（四）参与感营销

互联网时代，消费者参与产品开发或是其他环节的方式变得更为简单。在新的形势下，要求企业在更高层面"以客户为中心"，不仅仅是简单地听取客户需求、解决客户问题。参与感营销是指让客户参与到商业链的环节中，从需求采集、产品构思到产品设计、研发、测试、生产、营销和服务等，汇集用户智慧，满足顾客多样化、个性化的需求。互联网时代更重视消费者在产品研发过程中的重要作用。

营销策划（marketing planning）是指根据营销目标借助科学方法与创新思维，以满足消费者需求为核心，设计和规划产品、服务、价格、渠道、促销，从而实现个人和组织交换过程的行为。简单来说，营销策划就是企业通过激发创意，激发潜能并更有效地配置和运用自身有限的资源，选定可行的营销方案，达成预定的目标或解决某一个难题。

营销策划主要遵循以下六个步骤：

1. 了解现状　"没有调查就没有发言权"，充分进行资料收集和市场研究。调查现状不仅包括对市场情况，顾客的消费需求、消费心理、消费行为，进行深入调查，还包括对市场上竞争产品的了解等。

2. 分析情况　一个好的营销策划必须对市场、竞争对手、行业动态有一个较为客观的分析。利用 SWOT 分析法通过机会、威胁分析找出外部影响企业未来的因素。通过优势与弱点分析，认清企业的弱项和强项。通过分析，为制订营销目标、营销战略和措施等打好基础。

3. 明确目标、编写方案　能否制订一个切合实际的目标是营销策划的关键。要明确想要通过此次营销活动达到什么样的目标或目的。创意出具有针对性及具备新、奇、特、简等特点的营销方案，然后编写营销策划书。营销策划书是实施营销活动的指导性文件，营销活动必须严格按照营销方案执行。营销方案编写要尽可能周全、详细、具体，越详细具体越便于操作实施。

4. 预测效益　要编制活动预算表，明确企业在市场营销策划中为达到其目标所计划的行为和活动需要的成本,预测营销活动预期效益。

5.实施和控制 营销活动方案进入正式推广实施阶段,在这个阶段,要注意严格按照营销方案和预算执行。同时要建立控制措施,便于"操对时对"计划的执行过程、进度进行监督和管理。

6.总结评估营销方案 在活动过程中或完成后,参与营销活动人员要对该次营销活动进行总结、评估,为下次营销活动做准备。

二、眼视光门诊营销策划案例

案例1:某眼视光门诊刚开业不久,门诊工作人员通过发放调查问卷、走访等方式了解到附近老年居民糖尿病的患病率较高,但大部分糖尿病患者并不了解糖尿病眼部相关并发症及其危害。为提高社区糖尿病患者眼保健意识,本着早发现、早治疗、早康复的原则,策划了一次营销活动。

1.活动口号 远离糖尿病引起的眼部并发症。

2.目标客户 门诊附近社区的老年糖尿病患者。

3.活动内容 举办糖尿病眼部并发症科普讲座,邀请附近社区的老年糖尿病患者参与并进行免费眼部检查。

4.编制预算、编写策划书。

5.活动执行 按照策划要求进行信息发布、活动执行等。

6.信息反馈 体验活动结束后1周内进行回访,调查患者满意度,听取患者建议。

7.总结评估营销方案 通过本次糖尿病眼病科普和筛查活动,共吸引近百名居民参与,发现糖尿病性白内障5例,糖尿病眼底病变12例,做到了早发现、早治疗并发症的目的,提高了糖尿病居民眼保健意识,提升了门诊的知名度和专业形象。

案例2:很多儿童有逃避阅读、写作业速度慢、注意力不集中、记忆力差等学习障碍表现,这些儿童很多伴有视觉问题,通过视觉问题的矫治可以缓解症状、提高学习效率。家长对这方面的了解甚少,只是一味批评孩子粗心、不认真。某眼视光门诊专业特长是双眼视觉功能评估与视觉训练。为提高家长对于视觉问题相关学习障碍的了解,宣传门诊专业优势和特色,策划了一次营销活动。

1.活动口号 当心学习障碍是眼睛惹的祸。

2.目标客户 视觉问题导致学习障碍的学生。

3.活动内容 通过报纸发布信息,在全城寻找10名视觉问题导致学习障碍的学生,进行免费视觉评估和矫治。

4.编制预算、编写策划书。

5.活动执行。

6.总结评估 在1个月的时间内,先后有近50名可疑视觉问题导致学习障碍的儿童到门诊就诊进行评估。最终确定10人进行个性化的免费视觉矫治方案。通过活动,让家长了解了视觉相关学习障碍相关知识,提高了门诊的专业特色和优势,起到了很好的宣传营销作用。

(黄小明 李 晶 孙 伟)

参 考 文 献

1. 菲利普•科特勒. 营销原理. 第11版. 梅青豪,译. 上海:上海人民出版社,2003.

2. 迈克•波特,W.钱•金,吉姆•柯林斯,等. 重塑战略. 陈媛熙,陈志敏,等译. 北京:中信出版社,2016.

3. 李建军. 近视眼防控与防盲模式蓝皮书. 北京: 人民军医出版社, 2015.

4. 魏峰. 眼镜销售学. 上海: 东华大学出版社, 2015.

5. 小威廉·D. 佩洛特, 尤金妮·E. 麦卡锡, 著. 基础营销学. 第 15 版. 胡修浩, 译. 上海: 上海人民出版社, 2006.